本研究得到 2022 年度河南省高等学校智库研究项目"加快我省航空枢纽经济发展与战略支撑体系建设研究"（2022ZKYJ29）、2020 年度河南省软科学项目"河南中俄国际科技创新中心建设路径分析与创新机制设计"（202400410123）、河南省教育科学规划 2022 年度一般课题"本科毕业论文抽检'新政'下大学生创新能力体系构建研究"（2022YB0174）、2021 年郑州航院研究生教改项目和研究生质量提升工程项目"基于协同创新的我省空天与民航类专业学位研究生培养机制创新研究"（2021YJSJG11）、2021 年度郑州航院研究生课程思政专项立项项目"智力资本研究专题"（2021YJSKCZX13）、2022 年郑州航院创新创业教育教学改革研究与实践项目"航空航天创新研究院组建、运行研究与实践"（zhjysc10）等资助，并获得 2022 年郑州航院本科课程思政教学研究特色化示范中心"空天报国精神与红色豫西研究中心"有关经费和政策支持。

航空技术与经济丛书·智库报告

航空枢纽经济
产教支撑研究

Research on the Support of the Integration between Industry and Education on the Economy of Aviation Hubs

张志宏／著

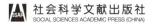
社会科学文献出版社
SOCIAL SCIENCES ACADEMIC PRESS (CHINA)

前　言

　　2021 年 4 月，全国职业教育大会召开，自此掀起了全国性的关注职业教育发展、产教融合及培养大国工匠型技能人才的热潮。

　　2021 年 9 月 5 日，第三届"空中丝绸之路"国际合作峰会在北京召开，其中，平行论坛之一是全国临空经济职业教育国际发展论坛，本人在该论坛上做了"服务'大循环、双循环'经济发展新格局的临空产教融合发展新思路"主题报告。2021 年 12 月 10 日，第五届海峡两岸民用航空人才培养论坛在郑州主会场和台北分会场同步举行，本人受邀做了"服务新发展格局的临空产教深度融合思考"专题报告。2021 年 12 月 26 日，河南省航空职业教育集团在信阳市成立，本人受邀在成立大会上做了"聚焦双循环新发展格局，谱写航空职教改革新篇"的主题报告，并受邀担任河南省航空职业教育集团专家委员会主任。

　　航空类职业教育以及辐射所有类型高校的产教融合推进工作的发展，既促使本人和团队在空天类、民航类高校学科和专业的产教融合机制方面深入思考，又促使我们进一步整合资源，将空天类、民航类高校产教融合推向深入。从 2016 年 1 月开始，本人担任省级智库"河南航空经济研究中心"主任和航空经济发展河南省协同创新中心办公室主任，在三年的智库工作中，不断探索"创新无限，协同制胜"的政产学研用协同创新机制，以协同创新服务协同办学、协同育人，以协同创新体连续三年多次举办"创新中国·中国国际航空产业技术高峰论坛"等国内外学术会议，促进了协同创新中心的牵头单位郑州航空工业管理学院与国内外航空领军人才和航空产业单位的联系，并带领学生在 2018 年"第二届国际民航组织（ICAO）下一代航空专业人才全球峰会（NGAP）暨模拟国际民航组织论坛"上夺得全球冠军。2018 年以来，本人具体推动郑州航空工业管理学院加入了国际民航组织（ICAO）牵头的"国际航空航天教育协会"（为创始单位）、"'空中丝绸之路'国际合作联盟"（为发起与创始单位）；指导郑州航空工业管理学院（简称郑州航院）民航学院成功申办"河南省民航安全与可靠性国际联合实验室"（为河南省科技厅科技攻关平台）。此外，以河南省航空业协会专家委员会主任身份推动郑州航院、河南省航空业协会、河南元捷飞行学校有限公司三家联合成立了"河南省民航教师教学发展中心"。在受聘担任某众创空间高管期间，本人深切感受到产教融合、创新创业的企业侧之艰辛，虽在 2020 年初成功助推该企业成为国家级众创空间，但也深知双创事业的脆弱和漏洞所在。2020 年 12 月 12 日，本人被选为交通大学河南校友会教育分会副会长兼秘书长。以上智库和双创工作，都为本人和团队推动职业高校和普通高校开展深度的高质量的产教融合工作奠定了较为坚实的基础。

1. 产教融合仍存在一些必须解决的问题

以职业教育为例，产教融合贯穿了从职教的高中或技校阶段、专科、本科到专硕、专博的人才链。

我们在肯定我国产教融合助推产业与区域经济发展取得一系列成果的同时，从实践的角度来看，一些问题还必须重点关注并予以解决。第一，观念问题。有人认为职业教育仅仅是职业类院校的事情。对此，国家虽然制定了普职分流与融合的一系列政策，但是对职教人才链仍缺乏全面认识。职教产业链从中小学的劳动教育、职教的高中或技校阶段、高中阶段的普职分流、职业专科院校到职业类本科，再到普通高校的应用类本科、专硕、专博，最终到企业的"新八级工"激励体系，以及终身学习体系的构建，贯穿了一个人的学生阶段和职业生涯。第二，职业教育不仅是职业能力教育，在其向下"扎根"的同时，也要重视对拔尖者科学素养的培养；普通高校的学科、专业在发展过程中，也要重视通过产学研结合、产教融合为教师和学生提供实践机会。这种"双向奔赴"的教学与实践，才符合人才培养的根本规律。在这个过程中，必须正视存在的问题，如有的院校对产教融合没有紧迫感和动力；教学过程和考核内容过于迎合学生，而在理论前沿介绍、实践进展融入方面不够深入；学生的毕业论文或毕业设计较少和企业实践结合；毕业实习造假严重，但表面上教学实践基地、产业学院却是一片"繁荣"的景象。总之，产教融合、知行合一应该成为我们培养创新型、技能型人才的根本遵循。

2. 围绕临空产业，加快形成教育、科技、人才深度融合的支撑体系

2022 年 10 月 16 日，习近平总书记在中国共产党第二十次全国代表大会上做了《高举中国特色社会主义伟大旗帜 为全面建设社会主义现代化国家而团结奋斗》的报告，在报告的第五部分"实施科教兴国战略，强化现代化建设人才支撑"里做出如下论断："教育、科技、人才是全面建设社会主义现代化国家的基础性、战略性支撑。必须坚持科技是第一生产力、人才是第一资源、创新是第一动力，深入实施科教兴国战略、人才强国战略、创新驱动发展战略，开辟发展新领域新赛道，不断塑造发展新动能新优势。"具体到某一区域，必须将"教育、科技、人才"深度融合的战略性支撑体系与当地的主导产业、战略性新兴产业的发展紧密结合。目前国家级临空经济区已达 17 个，基于临空产业的成长性、高端复合性和当地的特色，构建临空产业的"教育、科技、人才"深度融合的战略性支撑体系极为重要。

由于各地临空经济区产业不同的特性和演化路径，我们难以界定临空教育的范畴，更难以界定临空教育的学科和专业，广义来说，只要临空经济区发展需要的学科、专业都应涵盖在临空教育之内，临空教育就是临空职业教育和普通教育以及终身教育复合而成的教育体系。而航空航天类、交通运输类、物流类等是其中最紧密相关的专业门类。由此，本书主要聚焦于空天类、民航类职业院校和普通高校形成的临空产教融合支撑体系，从中解密创新链、产业链、人才链深度融合的高校发展动力机制。

3. 为党育人、为国育才的红色探索

面对风高浪急的国际环境，为我国的航空枢纽经济发展持续培养怀抱中华复兴之志的高质量临空人才面临巨大的挑战。目前，有关航天系列精神进入了党的精神谱系；航空报国精神正在迅速跨越航空工业的边界，罗阳精神和宋文骢艰难研制歼－10战机逐梦蓝天的情怀成为其中的杰出代表精神；以"三个敬畏"、当代民航精神、"中国民航英雄机长"刘传健为代表的民航风貌正在进一步沉淀和扩大影响。本书作者和团队在多年的空天人才培养中，通过建立教师与学生复合型的研究机构并指导学生成立"空天报国与红色河南研究会"，在培养敬业奉献的空天青年方面做了大量探索。当然，这种具有行业和地方特色的研究型的课程思政培养体系需要结合每个学校的特点去探索和提升。

"空天报国精神与红色豫西研究中心"作为校课程思政示范中心具有鲜明的航空航天特色，是河南省目前在航空航天领域历史最为悠久、实力最为雄厚的"学研"型研究中心。郑州航院创立该研究中心，是以弘扬党的精神谱系为宗旨的教师与学生复合型的研究中心。其创立可以追溯到2009年成立的郑航大学生人力资源实践与创新研究所，2011年成立的航空航天战略产业研究中心、新时期国家安全研究中心，2016年创立的"航空之家"社团，以及于钱学森诞辰110周年的2021年12月11日正式成立的"（钱学森）航空航天创新研究院"（以下简称空天创研院）。空天创研院依托"智力资本与企业创新研究中心"教师研究机构，在校内以民航学院、航空经济发展河南省协同创新中心等5个组织为发起单位，在校外以河南省航空学会、河南省航空业协会等9家组织为指导单位，下辖飞行器适航技术、航空枢纽与临空人才、空天报国精神与红色豫西、低空通航等4个研究中心。空天创研院按照理事会架构的协同创新模式组建，每个中心按照"首席校内指导教师＋首席校外指导教师＋指导教师团队"模式开展活动。该特色化示范中心的发展目标是：系统挖掘新中国成立以来航空航天领域丰富的空天报国精神，回顾红色中国航空的发展历史，凝练从冯如以来我国的航空航天科学家激昂的爱国热情，将其与"红色中原"密切相关的"红色豫西"

对我国空天领域的贡献紧密关联，激发学生研究新时代的空天报国精神与在建党百年征程中熠熠生辉的"红色豫西"岁月、"红色豫西"战将在空天领域的贡献的内在联系的积极性；同时依托学校的"航空文化馆"，结合学校与航空航天、民航、航空经济产业及国家级机构的联系，辐射全省并在全国产生一定积极影响，成为河南省弘扬航空航天报国精神和新时代民航精神，培养富有勇敢进取的空天报国情怀及能够为河南乃至我国空天战略产业、民航先导产业、航空经济战略性新兴产业贡献高质量人才的"红色军校"。该特色化示范中心建设对弘扬以钱老为代表的"两弹一星"精神，加快推进河南省在空天类、民航类领域的发展，培养具有空天报国精神，培养能在"空中丝绸之路"建设等领域发挥重要作用的新时代人才具有重要意义。

目前，郑州航空工业管理学院已经形成了以（钱学森）航空航天创新研究院、空天报国精神与红色豫西研究中心、"空天报国与红色河南研究会"学生社团为支撑的红色空天人才的育人体系。

4. 全书概要

全书分为五章。第一章为加快中国航空枢纽经济发展的思考，主要从航空枢纽经济理论研究动态、政策扫描、加快中国航空枢纽经济发展的路径等3个方面展示我国航空枢纽经济研究、政策设计与实践的初步情况。第二章对中国发展航空经济的河南样本进行分析，主要从中国运输航空发展现状分析，河南构建航空经济的创新生态体系，郑州机场国际货运航线开辟与布局，"四心合一"、打造河南空天创新高地，河南中俄国际科技创新中心建设设想，面向2035年的河南省通航强省发展对策建议等6个方面解剖航空经济发展的郑州模式与河南经验。第三章为中国职业教育临空产教融合实践，主要从新发展格局需要高技能人才的支撑、职业教育产教融合发展的中国方案、职业教育产教融合的四维挑战、服务新发展格局的航空职教改革对策等4个方面进行分析。第四章是中国普通高等教育临空产教协同创新实践，主要对我国空天类高校10年来的空天类学科、专业发展，以及产教融合经验进行扫描，涵盖我国内地七大航空工业高校发展动态、我国民航类高校发展动态、军事航空高校的发展动态、内地其他空天类高水平高校的发展动态、港澳台有关航空航天类专业的开设情况、在学科评估和"双一流"建设背景下高水平空天类高校的发展比较、空天类代表高校的产教融合探索等 7 个方面进行全方位分析。第五章是中国新生空天类高校发展动态，所谓新生空天类高校指的是近 10 年来诞生的空天类院校或原高水平空天类高校扩张的新情况，主要包含培育航空类高校的"河南现象"、区域战略驱动的典型新生空天类高校分析、国内知名空天类高校的扩张、"双一流"建设背景下新生空天类高校综合评价等 4 个方面。

本书来自课题组在以下 7 个研究课题中的积累和它们之中的一些中期研究成果：2020 年度河南省软科学项目"河南中俄国际科技创新中心建设路径分析与创新机制设计"（202400410123）；2022 年度河南省高等学校智库研究项目"加快我省航空枢纽经济发展与战略支撑体系建设研究"（2022ZKYJ29）；河南省教育科学规划 2022 年度一般课题"本科毕业论文抽检'新政'下大学生创新能力体系构建研究"（2022YB0174）；2021 年度郑州航院研究生课程思政专项立项项目"智力资本研究专题"（2021YJSKCZX13）；2021 年郑州航院研究生教改项目和研究生质量提升工程项目"基于协同创新的我省空天与民航类专业学位研究生培养机制创新研究"（2021YJSJG11）；2022 年郑州航院创新创业教育教学改革研究与实践项目"航空航天创新研究院组建、运行研究与实践"（zhjysc10）；2022 年本科课程思政教学研究特色化示范中心"空天报国精神与红色豫西研究中心"及其他有关省部级课题。感谢在研究过程中做出重要贡献的张翠芬、孙彤、张永旺、楚喆、孟斌、姚飞、左权、程玉芳、周博等团队老师。本人对航空枢纽经济、临空经济、国内外航空工业发展与创新管理、职业教育的产教融合有着持续研究，希望本书的出版能够进一步激发相关学者对我国航空枢纽经济发展背景下临空产教融合理论与实践问题的关注。

在全书写作和调研过程中，本人作为郑州航空工业管理学院民航学院教授、以信阳航空职业学院为理事长单位的河南省航空职业教育集团特聘教授及专家委员会主任、中国城市临空经济研究中心研究员、航空经济发

展河南省协同创新中心研究员、郑航（钱学森）航空航天创新研究院院长
得到了上述单位，以及河南省航空学会、河南省航空业协会等单位的大力
支持，在此一并表示感谢。

张志宏

2022 年 12 月 27 日

目 录 ⬈⬚⬚⬚⬚⬚

第一章　加快中国航空枢纽
经济发展的思考

　　2022 年 10 月 16 日在中国共产党第二十次全国代表大会上，习近平总书记所做的《高举中国特色社会主义伟大旗帜　为全面建设社会主义现代化国家而团结奋斗》的报告中，既回顾了党的十八大以来的 10 年间，我国在高速路网、机场港口、水利、能源、信息等基础设施建设方面取得的重大成就；又回顾了我们实行更加积极主动的开放战略，构建面向全球的高标准自由贸易区网络，加快推进自由贸易试验区、海南自由贸易港建设等开放成就。其中，对我国航空枢纽在基础设施建设方面和"空中丝绸之路"所支撑的"一带一路"国际合作平台建设方面所起的重要作用给予了充分肯定。在习近平总书记擘画的"加快构建新发展格局，着力推动高质量发展"篇章中，可以看到航空枢纽建设对建设现代化产业体系、促进区域协调发展、推进高水平对外开放等方面都会起到强有力的支撑作用。尤其是在论述"建设现代化产业体系"时，习近平总书记提出要坚持把发展经济的着力点放在实体经济上，推进新型工业化，加快建设制造强国、质量强国、航天强国、交通强国、网络强国、数字中国。而与航空业和航空运输相关的制造强国、交通强国建设都已取得了标志性的成果，如 2022 年 12 月 9 日，中国商飞制造的 C919 国产大飞机，交付东方航空公司；2022 年 12 月 19 日，中国商飞制造的 ARJ21 支线客机交付首个海外客户印度尼西亚；2019 年位于北京的现代化的大兴机场、2021 年位于成都的天府国际机场投运、2022 年湖北鄂州花湖机场投运以及新冠疫情之下，为"国际郑"添彩

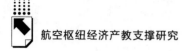

的郑州—卢森堡"空中丝绸之路"。这些都是中国航空工业与民航共同奏出的华彩乐章。

本书认为航空枢纽经济与航空港经济、临空经济都是对以航空运输为核心的产业生态的描述，只是着眼点和侧重点有所不同，而航空经济则是另外一个与之关联的概念。航空枢纽经济的发展离不开一个"原点"、一个核心圈、一个产业体系的支撑。这个"原点"就是机场，也就是航空枢纽；核心圈指的就是围绕机场的配套产业，其高级衍生形态就是美国航空学者卡萨达所说的航空城（Airport City）。产业体系就是支撑机场运力的以当地产业为主的产业支撑体系，也不排除在航空枢纽发展的某些特殊时期，当地政府以政策补贴的方式从全国吸引货源，但长期持久的发展关键取决于当地的综合经济实力。本章将从有关航空枢纽经济的理论研究动态、政策扫描、政策建议三个方面予以分析。

一　理论研究动态

（一）枢纽经济的内涵、演变与发展

李霞、王明杰（2014）首先从枢纽的地位量级、辐射范围、内部结构三个方面，对成都市的枢纽特征进行研判解读；其次以点 - 轴理论、增长极理论和流量经济理论为基础，诠释了枢纽经济内涵，并对成都枢纽经济发展阶段进行了判断；最后从载体建设、辐射区域、产业体系、通道经济、系统研究等方面对促进成都枢纽经济发展提出了若干建议。汪鸣（2018）认为，枢纽经济是借助经济要素资源聚集平台对商流、物流、资金流、信息流、客流等进行集聚、扩散、疏导而形成的规模化产业发展模式，具有高度的供应链、产业链、产业集群化组织特征。赵建军（2019）提出通过提升交通枢纽功能，促进枢纽经济高质量发展；认为枢纽经济既是通道经济、流量经济，更是门户经济、平台经济、聚合性复合型经济；必须积极拓展交通枢纽聚流辐射功能，围绕产业链、创新链、供应链、价值链的深度融合，以"枢纽+"为核心，推动各类要素资源向交通枢纽集聚布局，在更高层次上优化市场配置，更好发挥辐射引领和示范带动作用。

高传华（2019）认为枢纽经济是一种以综合交通枢纽为依托，通过整合要素资源，发展枢纽产业，继而形成枢纽城市功能的经济模式。宫银峰（2020）对交通枢纽和枢纽经济的关系进行了探讨，认为枢纽经济是以交通枢纽为经济要素资源的主要集疏平台，枢纽与产业相互作用、互动反馈而形成的特色经济。李国政（2021）在大量的国内外实践与政策比较基础上，对枢纽经济的内涵特征、运行机制及推进路径进行了分析，认为枢纽经济是以枢纽为引擎衍生出的一种新经济形态，这一现象在经济史中较早存在，其内涵和外延在不同阶段有差异化表现，但本质都是通过优化资源要素的时空配置重塑产业体系，促进生产力空间布局的提升和完善。

（二）国际航空货运与国际航空枢纽发展

从国际航空货运的角度来看，吴振坤、杨雪萍（2016）认为国际航空货运枢纽是区域发展的新动力。顾叶华、陈田星（2018）对国际航空货运航线引导资金进行了测算。孔令伟等（2019）以湖北国际物流核心枢纽为例，对航空货运视角的机场综合交通规划体系进行了研究。徐荣（2020）从发挥临港新片区制度创新优势方面，对如何提升浦东机场国际航空货运枢纽能级进行了分析。在新冠疫情冲击下，有多个学者对航空国际通道建设进行了研究，提出了很好的建议（徐刚，2020；张莉，2020；任斌，2020；石学刚、周琳，2020）。

从国际航空枢纽发展来看，张卫景（2014）分析了迪拜打造国际航空枢纽港的成功经验及特点。赵巍（2017）分析了全球大型国际航空枢纽的分布特征。刘波（2017）对"一带一路"背景下航空枢纽的建设情况进行了梳理。面对城市群和机场群协同发展的局面，多个学者进行了研究，如杨学兵（2019）分析了京津冀协同发展中国际一流航空枢纽的丰富内涵。多个学者对地方如何打造国际航空枢纽进行了研究，如张洪（2018）对成都建设中国西部国际航空枢纽进行了系统分析，惠海霞（2020）对陕西加快发展"三个经济"打造国际航空枢纽进行了系统设计。

（三）航空枢纽经济的发展路径

对航空枢纽经济概念的探讨。高传华（2017）探讨了郑州航空港枢纽经济演化发展路径，认为枢纽经济在本质上是一种开放型经济，其演化逻辑为：从交通枢纽到经济枢纽，从经济枢纽到枢纽经济。张瑞、张海川（2020）认为航空枢纽经济是以机场和城市为载体，依靠开放型综合通道网络的集散功能，在城市和经济腹地范围内吸引并配置人才、资金、信息、技术等资源要素，从而形成"单极"或者"多极网络"经济发展格局、由点到面的特定区域经济形态。

对航空枢纽经济地方特色发展路径的探讨。地方政府把枢纽经济作为新动能后，会引发当地的学者与社会各界加强对枢纽经济和航空枢纽经济的集中性研究，探讨并实践航空枢纽经济具有本地特色的战略措施，这方面最为活跃的是江苏、陕西、川渝、河南。

方豪杰（2019）认为以"空铁联运"为代表的综合交通枢纽是提高区域竞争力的重要抓手，综合交通枢纽地区遵循由交通枢纽向经济枢纽、枢纽经济演化的时间演变特征，随着大数据、物联网等新技术的发展，枢纽地区经济增长动力也由传统要素驱动转向创新驱动。成都市双流区航空经济局（2020）对成都双流区2017年以来按照市委关于打造具有国际竞争力的航空航天产业生态圈建设要求，立足发展航空枢纽经济的产业定位，以功能区为载体，以项目为中心，以生态圈理念、供应链思维为理论基础，突出发展了航空运营服务、航空维修、航空金融等核心产业，着力补齐航空产业链关键环节、提升产业显示度，全力推动双流航空经济区高质量发展的实践经验进行了解析。张瑞、张海川（2020）认为从"成渝经济区区域规划"到"成渝城市群发展规划"，再到"成渝地区双城经济圈"，成渝地区正在成为中国经济高质量发展的重要增长极。因此，加强对成渝地区民航经济发展的理论研究和实践探索具有重要的意义。

梁浩等（2019）从提升综合交通体系、优化产业空间布局、完善管理保障措施三个方面提出实现南京空港枢纽经济高质量发展的策略。钱凯法（2019）提出让航空枢纽经济成为江苏高质量发展新动能的系统设想。顾珺等（2020）对如何对标西安、郑州国际空港，打造徐州枢纽经济与门户经济增长极进行了探讨。白平等（2021）在对陕西航空枢纽经济发展的现状、严峻的竞争等问题分析的基础上，提出了统筹陕西域内机场协作以促进航空枢纽发展、培育航空供应链服务网络以引领产业经济发展、利用枢纽网络物流资源以推动陕西临空经济发展等对策。

河南在航空枢纽经济的危机、动力机制、路径方面的研究非常丰富。章锦丽（2017）提出要正视外部竞争压力、基地航空公司少与航线资源不均衡等挑战，发挥战略叠加优势，培育发展航空豫军，拓展优化航线网络，强化相关产业支撑，把郑州国际航空物流枢纽建设成郑州航空港区发展的基础和核心，开启郑州航空枢纽经济时代。高传华（2017）基于枢纽经济视角，提出郑州航空港建设路径为构建现代综合交通枢纽，形成对外开放空中通道；确立国际航空货运枢纽地位，打造国际航空物流中心；加速高端要素集聚，提升主导产业集群优势；"港－产－城"融合共生发展，塑造空港型综合枢纽城市。高传华（2019）对如何提升中国枢纽经济竞争力进行了分析，认为提升中国枢纽经济竞争力需要在打造综合交通枢纽、提升要素资源配置能力、构建枢纽偏好型现代产业体系、促进枢纽区域与腹地经济协同发展等方面采取有效措施。张占仓（2021）认为枢纽经济是郑州最大的发展优势，以航空枢纽为引领、以数字化为支撑、多式联运的智能化的枢纽经济已经成为郑州枢纽经济的4.0版本；着力打造郑州枢纽经济4.0版本、扎实推进外经贸优化升级、强化"四路协同"体制机制建设等战略举措将成为郑州枢纽经济高质量发展的着力点。

二 政策扫描

在面向第二个百年奋斗目标的进程中，如何以人民为中心，因地制宜地构建各具特色的综合交通运输体系，尤其是我国如何面向"一带一路"

开放大格局，以京津冀、长三角、粤港澳大湾区、成渝双城经济圈、韩国仁川、荷兰阿姆斯特丹等国内外航空枢纽城市为样板，通过内强外联，打造中国经济增长第五极，已经成为我国实现高质量增长的战略选择。

本书认为应该突破传统的国内外文献综述的一般形式，从主要省份"十四五"规划与《中华人民共和国国民经济和社会发展第十四个五年规划和 2035 年远景目标纲要》（本书以下简称 2035 年远景目标纲要）分析、有关省份面向"一带一路"规划及该省份自由贸易试验区进一步深化改革开放方案的政策扫描、系列"'空中丝绸之路'国际合作峰会"等角度解析本课题的研究现状及动态。

从构成来看，航空业由航空制造、军事航空、民用航空三部分构成。通用航空（简称通航）与运输航空一起构成了民航的两翼，而无人机是通航中发展最为迅速的部分。此外，在航空业的发展过程中，依托临空经济（包括航空港经济）的产业聚集方式也是一个值得注意的动向。因此，为了更好地研究航空枢纽经济，本书从航空、临空、通航、无人机 4 个维度进行文献搜集和资料整理，从而勾画我国航空枢纽经济发展的全景图。

（一）航空枢纽经济的国家层次规划分析

本书首先对代表性省份的"十四五"规划与 2035 年远景目标纲要分析进行了"航空、临空、通航、无人机"的四维政策扫描，发现国家在 2035 年远景目标纲要里面描述的推动共建"一带一路"高质量发展，建设"空中丝绸之路"以及航空枢纽、临空经济已经成为很多省份的重要政策。为了节约篇幅，本部分只呈现对国家级有关规划的扫描分析。

1. 对 2035 年远景目标纲要的解读

2021 年 3 月 12 日，新华社受权发布 2035 年远景目标纲要，以下为对其的四维分析。

（1）航空

在第八章"深入实施制造强国战略"的第三节"推动制造业优化升级"中有关航空的描述为"深入实施智能制造和绿色制造工程，发展服务型制造新模式，推动制造业高端化智能化绿色化。培育先进制造业集群，推动集成电路、航空航天、船舶与海洋工程装备、机器人、先进轨道交通装备、先进电力装备、工程机械、高端数控机床、医药及医疗设备等产业创新发展"。

在第四节"实施制造业降本减负行动"的专栏4"制造业核心竞争力提升"中与航空有关的描述包括重大技术装备、智能制造与机器人技术、航空发动机及燃气轮机、北斗产业化应用4个方面（见表1-1）。

表1-1　专栏4"制造业核心竞争力提升"中与航空有关的内容

条目	内容
02　重大技术装备	推进CR450高速度等级中国标准动车组、谱系化中国标准地铁列车、高端机床、先进工程机械、核电机组关键部件、邮轮、大型LNG船舶和深海油气生产平台等研发应用，推动C919大型客机示范运营和ARJ21支线客机系列化发展
03　智能制造与机器人技术	重点研制分散式控制系统、可编程逻辑控制器、数据采集和视频监控系统等工业控制装备，突破先进控制器、高精度伺服驱动系统、高性能减速器等智能机器人关键技术，发展增材制造
04　航空发动机及燃气轮机	加快先进航空发动机关键材料等技术研发验证，推进民用大涵道比涡扇发动机CJ1000产品研制，突破宽体客机发动机关键技术，实现先进民用涡轴发动机产业化，建设上海重型燃气轮机试验电站
05　北斗产业化应用	突破通信导航一体化融合等技术，建设北斗应用产业创新平台，在通信、金融、能源、民航等行业开展典型示范，推动北斗在车载导航、智能手机、穿戴设备等消费领域市场化规模化应用

在第九章"发展壮大战略性新兴产业"的第一节"构筑产业体系新支柱"中提出，"聚焦新一代信息技术、生物技术、新能源、新材料、高端装备、新能源汽车、绿色环保以及航空航天、海洋装备等战略性新兴产业，加快关键核心技术创新应用，增强要素保障能力，培育壮大产业发展新动能"。

在第十二章"畅通国内大循环"的第三节"强化流通体系支撑作用"中提出，"加强国际航空货运能力建设，提升国际海运竞争力"。

在第三十一章"深入实施区域重大战略"的第三节"积极稳妥推进粤

港澳大湾区建设"中提出，"加快城际铁路建设，统筹港口和机场功能布局，优化航运和航空资源配置"。

在第五十四章"全面提高公共安全保障能力"的第四节"完善国家应急管理体系"中提出，"加强和完善航空应急救援体系与能力。科学调整应急物资储备品类、规模和结构，提高快速调配和紧急运输能力。构建应急指挥信息和综合监测预警网络体系，加强极端条件应急救援通信保障能力建设。发展巨灾保险"。

在第六十一章"保持香港、澳门长期繁荣稳定"的第一节"支持港澳巩固提升竞争优势"中提出，"支持香港提升国际金融、航运、贸易中心和国际航空枢纽地位，强化全球离岸人民币业务枢纽、国际资产管理中心及风险管理中心功能"。

（2）临空经济

查不到相关内容。

（3）通用航空

在第十一章"建设现代化基础设施体系"的第二节"加快建设交通强国"中提出，"构建快速网，基本贯通'八纵八横'高速铁路，提升国家高速公路网络质量，加快建设世界级港口群和机场群。完善干线网，加快普速铁路建设和既有铁路电气化改造，优化铁路客货布局，推进普通国省道瓶颈路段贯通升级，推动内河高等级航道扩能升级，稳步建设支线机场、通用机场和货运机场，积极发展通用航空……构建多层级、一体化综合交通枢纽体系，优化枢纽场站布局、促进集约综合开发，完善集疏运系统，发展旅客联程运输和货物多式联运，推广全程'一站式'、'一单制'服务。推进中欧班列集结中心建设。深入推进铁路企业改革，全面深化空管体制改革，推动公路收费制度和养护体制改革"。内容涉及机场、通航、多式联运、空管等多个与航空有关的领域。

在本节专栏5"交通强国建设工程"中，与通航有关的内容是现代化机场、综合交通和物流枢纽两部分工程（见表1-2）。

表1-2 专栏5"交通强国建设工程"中与通航有关的内容

条目		内容
07	现代化机场	建设京津冀、长三角、粤港澳大湾区、成渝世界级机场群，实施广州、深圳、昆明、西安、重庆、乌鲁木齐、哈尔滨等国际枢纽机场和杭州、合肥、济南、长沙、南宁等区域枢纽机场改扩建工程，建设厦门、大连、三亚新机场。建成鄂州专业性货运机场，建设朔州、嘉兴、瑞金、黔北、阿拉尔等支线机场，新增民用运输机场30个以上
08	综合交通和物流枢纽	推进既有客运枢纽一体化智能化升级改造和站城融合，实施枢纽机场引入轨道交通工程，推进120个左右国家物流枢纽建设，加快邮政国际寄递中心建设

在第三十二章"深入实施区域协调发展战略"的专栏12"促进边境地区发展工程"中与通航有的内容是有关边境机场建设的规划（见表1-3）。

表1-3 专栏12"促进边境地区发展工程"中与通航有关的内容

条目		内容
04	边境机场	建设塔什库尔干、隆子、绥芬河等机场，迁建延吉机场，建设20个左右边境通用机场

（4）无人机

在第十八章"营造良好数字生态"的第二节"营造规范有序的政策环境"中与无人机有关的内容是："探索建立无人驾驶、在线医疗、金融科技、智能配送等监管框架，完善相关法律法规和伦理审查规则。健全数字经济统计监测体系。"具体在专栏9"数字化应用场景"的智能交通、智慧社区两个部分（见表1-4）。

表1-4 专栏9"数字化应用场景"中与无人机有关的内容

条目		内容
01	智能交通	发展自动驾驶和车路协同的出行服务。推广公路智能管理、交通信号联动、公交优先通行控制。建设智能铁路、智慧民航、智慧港口、数字航道、智慧停车场
08	智慧社区	推动政务服务平台、社区感知设施和家庭终端联通，发展智能预警、应急救援救护和智慧养老等社区惠民服务，建立无人物流配送体系

2. 对《国家综合立体交通网规划纲要》的分析

2021 年 2 月 24 日，中共中央、国务院印发了《国家综合立体交通网规划纲要》，目的是加快建设交通强国，构建现代化高质量国家综合立体交通网，支撑现代化经济体系和社会主义现代化强国建设。规划期为 2021 ~ 2035 年，远景展望到 21 世纪中叶。规划描述了"建设多层级一体化国家综合交通枢纽系统"，即建设综合交通枢纽集群、枢纽城市及枢纽港站"三位一体"的国家综合交通枢纽系统。建设面向世界的京津冀、长三角、粤港澳大湾区、成渝地区双城经济圈四大国际性综合交通枢纽集群。加快建设北京、天津、上海、南京、杭州、广州、深圳、成都、重庆、沈阳、大连、哈尔滨、青岛、厦门、郑州、武汉、海口、昆明、西安、乌鲁木齐等 20 个左右国际性综合交通枢纽城市以及 80 个左右全国性综合交通枢纽城市。推进一批国际性枢纽港站、全国性枢纽港站建设，其中在国际航空（货运）枢纽布局方面，提出巩固北京、上海、广州、成都、昆明、深圳、重庆、西安、乌鲁木齐、哈尔滨等国际航空枢纽地位，推进郑州、天津、合肥、鄂州等国际航空货运枢纽建设。

3. 对《"十四五"现代综合交通运输体系发展规划》的分析

2022 年 1 月 18 日，国务院正式印发《"十四五"现代综合交通运输体系发展规划》，明确提出持续推进空管体制改革，完善军民航空管联合运行机制，实施空域资源分类精细化管理，优化全国航路航线网，深化低空空域管理改革。有序推进通用机场规划建设，构建区域短途运输网络，探索通用航空与低空旅游、应急救援、医疗救护、警务航空等融合发展。优化航路航线网络，加强军民航空管基础设施建设，推广应用空管新技术。完善综合交通运输信息平台功能，研究建设无人驾驶航空器综合监管服务平台。加强适航审定能力建设，推动 C919 客机示范运营和 ARJ21 支线客机系列化发展，推广应用新舟 700 支线客机、AG600 水陆两栖飞机、重型直升机、高原型大载重无人机等，推进智能仓储配送设施设备发展。规划提出，推动区域机场群协同发展，建设京津冀、长三角、粤港澳大湾区、成渝等世界级机场群。适时启动能力紧张枢纽机场改扩建工程，强化枢纽机场综合保障能力。合理加密机场布局，稳步建设支线机场和专业性货运枢纽机场，提升综合性机场货运能力和利用率。此外，稳步推进边境地区机场建设，构建多层级航空网，扩大航空运输服务覆盖面。规划还提出，以骨干航空物流企业为主体构建航空应急服务网络。增强国际航空货运能力，提高航权、时刻等关键资源配置效率，支持航空公司构建国际货运航线网络，打造具有全球竞争力的航空物流企业，提升航空物流全球响应能力。推广无人车、无人机运输投递，稳步发展无接触递送服务。选择条件成熟的生态功能区、工矿区、城镇、港区、机场、公路服务区、交通枢纽场站等区域，建设近零碳交通示范区，优先发展公共交通，倡导绿色出行，推广新能源交通运输工具。规划还提出，推动先进交通装备应用，促进北斗系统推广应用。支持企业参与"一带一路"沿线交通基础设施建设和国际运输市场合作，推广交通与产业园区、城市一体开发建设的国际产能合作新模式。建立中国国际可持续交通创新和知识中心。

（二）中国民用航空局的规划部署

1. 部署民航强国战略

2018 年 12 月 10 日，中国民用航空局（简称民航局）发布《新时代民航强国建设行动纲要》，提出了民航强国建设的总体目标：到 21 世纪中叶，全面建成保障有力、人民满意、竞争力强的民航强国，为全面建成社会主义现代化强国和实现中华民族伟大复兴提供重要支撑。民航服务能力、创新能力、治理能力、可持续发展能力和国际影响力位于世界前列。具体表现为以下 8 个基本特征：①具有国际化、大众化的航空市场空间；②具有国际竞争力较强的大型网络型航空公司；③具有布局功能合理的国际航空枢纽及国内机场网络；④具有安全高效的空中交通管理体系；⑤具有先进、可靠、经济的安全安保和技术保障服务体系；⑥具有功能完善的通用航空体系；⑦具有制定国际民航规则标准的主导权和话语权；⑧具有引领国际民航业发展的创新能力。

和我国社会主义现代化强国建设步骤一致，从 2021 年到 21 世纪中叶，民航强国建设分为两个阶段推进。第一阶段（2021～2035年），建成多领域的民航强国。2021～2035年，实现从单一的航空运输强国向多领域的民航强国的跨越，表现之一是国际影响力、竞争力更加突出：民航旅客运输量占全球1/4，规模全球第一；形成一批全球排名靠前、竞争力强、富有创新活力的航空企业；国际航空枢纽的网络辐射能力更强，建成京津冀、长三角、粤港澳大湾区、成渝等世界级机场群。参与国际民航规则、标准等制定的话语权显著增强。第二阶段（2036年到21世纪中叶），建成全方位的民航强国。

《新时代民航强国建设行动纲要》中三个主要任务和举措值得关注。其一，打造国际竞争力较强的大型网络型航空公司。纲要分别从客运和货运两个方面，提出了世界级超级承运人、全球性的航空物流企业和超级货运代理服务商的建设目标。打造世界级超级承运人，鼓励航空公司联合重组、混合所有制改造，加大对主基地航空公司航线、航班资源配置，打造具有全球竞争力、服务全球的世界级超级承运人。打造全球性的航空物流企业，满足现代航空物流企业的基础设施需求，推进专业化航空物流设施和核心航空货运枢纽建设；改善航空物流政策环境，支持航空物流企业做大做强；规范航空货运代理市场秩序，打造若干覆盖全球的超级货运代理服务商；加快全球战略资源布局，构筑面向全球的航空物流服务网络，打造全球最具效率和竞争力的航空物流企业集团。其二，建设布局功能合理的国际航空枢纽及国内机场网络。构建机场网络体系，建设世界级机场群，推进枢纽机场建设，加快非枢纽机场和通用机场建设。其三，培育引领国际民航业发展的创新能力。打造一流科技创新平台，调动社会创新资源，构建民航创新产业集群，建成全国首家民航科技创新示范区，创建"四型"科研院所，打造科技创新"五大"基地，加强民航重点实验室和工程技术研究中心能力建设，构建和发展民航产业技术创新战略联盟，推进民航科技产学研用协同创新，促进科技成果转化。

2. 部署"十四五"民航发展总体战略

2022年1月初，中国民用航空局、国家发展改革委、交通运输部联合印发《"十四五"民用航空发展规划》（以下简称《规划》），全面开启了多领域民航强国建设新征程。《规划》全面落实了国家"十四五"规划、《交通强国建设纲要》、《国家综合立体交通网规划纲要》，与《"十四五"现代综合交通运输体系发展规划》进行了有效衔接，阐明了民航未来五年发展的指导思想、基本原则、目标要求和重大举措，是未来一段时期指导全行业发展的纲领性文件。规划期至2025年，展望至2035年。《规划》坚持安全发展底线和智慧民航建设主线，明确"十四五"时期民航"一二三三四"总体工作思路，坚持安全发展、创新驱动、改革开放、系统观念和绿色人文的基本原则，确定了"六个新"发展目标，构建六大体系、实施六大工程，加快构建更为安全、更高质量、更有效率、更加公平、更可持续的现代民航体系。"一二三三四"总体工作思路，即要牢牢坚持"发展为了人民"理念；要持续推动运输航空和通用航空"两翼齐飞"协调发展；要始终坚守飞行安全、廉政安全、真情服务"三条底线"；要构建完善系统完备的现代化国家综合机场体系、便捷高效的航空运输网络体系、安全可靠的生产运行保障体系"三个体系"；要奋力拓展民航产业协同发展新格局、智慧民航建设新突破、资源保障能力新提升、行业治理体系和治理能力新成效"四个新局面"。构建六大体系是民航"十四五"规划的主体部分，包括构建一流的民航安全体系、建设一流的基础设施体系、发展一流的航空服务体系、健全生态友好的绿色发展体系、构筑坚实有力的战略支撑体系、打造现代化民航治理体系。

　　《规划》的目的之一是发挥民航在构建新发展格局中的战略支撑作用。国内国际双循环相互促进的新发展格局加快构建，要求民航充分发挥国内国际畅通互联的比较优势，加快发展临空经济和枢纽经济，确保供应链和产业链安全可控。在建设一流的基础设施体系方面，提出加快枢纽机场建设，建成投用湖北鄂州专业性货运枢纽机场，优化完善北京、上海、广州、深圳和郑州等综合性枢纽机场货运设施；研究提出由综合性枢纽机场和专业性货运枢纽机场共同组成的航空货运枢纽规划布局；打造机场综合交通枢纽，总结上海虹桥、北京大兴、成都天府等机场实践经验，构建机场综合交通枢纽建设、运营管理等领域的标准体系。在发展一流的航空服务体系方面，通过构建世界级机场群、国际航空枢纽、区域航空枢纽联动发展的航空枢纽格局，来完善航空枢纽功能，构建通达的航空客运网；坚持补短板、锻长板、优环境、强供给，以支撑产业链、供应链为目标，以降本增效提质为核心，以打造竞争力强的企业为重点，构建优质高效、自主可控的航空物流网；稳步推进空港型国家物流枢纽建设，构建畅通周边国家、辐射全球的航空货运网络，提升货运枢纽功能；打造具有全球竞争力的航空物流企业，构建物流供应链体系。

3. 民航其他专项规划分析

2022 年以来，随着《"十四五"民用航空发展规划》的发布，中国民用航空局陆续出台了《"十四五"民航立法专项规划》《"十四五"航空物流发展专项规划》《"十四五"民航绿色发展专项规划》《"十四五"通用航空发展专项规划》《"十四五"航空运输旅客服务专项规划》等 5 个专项规划，有力地推进了民航"十四五"规划的落实。尤为重要的是，为加强智慧民航建设顶层设计，落实多领域民航强国建设要求，促进民航高质量发展，2022 年 1 月中国民用航空局印发了《智慧民航建设路线图》，为智慧民航建设做了全面的规划和指引。

（三）各省份"一带一路"规划及自由贸易试验区进一步深化改革开放方案的政策扫描

以陕西为代表，湖北、湖南、福建、江苏、浙江、广东等地，都有非常高水平的"一带一路"规划及该省份自由贸易试验区进一步深化改革开放方案的设计，值得吸收研究。尤其值得重视的是各个省份规划的有各自特色的"空中丝绸之路"和多式联运的描述。由于篇幅所限，不再展开。

（四）"15＋28"国内航空枢纽城市的四维扫描分析

对 15 个国际航空枢纽（除《国家综合立体交通网规划纲要》里所描述的 10 个国际航空枢纽之外，增加中国香港、郑州、天津、合肥、鄂州 5 个国际航空货运枢纽）、28 个区域航空枢纽所在城市的"十四五"规划和2035 年远景目标纲要进行航空、临空、通航、无人机的四维扫描分析，文件中均不同程度地对航空枢纽建设、航空物流发展、临空经济区规划进行了描述，作为城市和区域发展的重要支撑。

（五）相关省区市航空枢纽经济的四维分析

2017 年 1 月 4 日，国家发展改革委印发《关于建设通用航空产业综合示范区的实施意见》，北京、天津、石家庄、沈阳、大连、吉林、哈尔滨、南京、宁波、绍兴、芜湖、南昌、景德镇、青岛、郑州、安阳、荆门、株洲、深圳、珠海、重庆、成都、安顺、昆明、西安、银川等 26 个城市被列入国家第一批通用航空产业综合示范区，其中沈阳、大连属于辽宁，宁波、绍兴属于浙江，南昌、景德镇属于江西，郑州、安阳属于河南，深圳、珠海属于广东，所以涉及 21 个省级行政单位。

中国民用航空局于 2020 年 10 月 21 日公布了首批民用无人驾驶航空试验基地（试验区），上海金山、浙江杭州、四川自贡、广西贺州、河南安阳、江苏南京、天津滨海新区、北京延庆、陕西榆林、辽宁沈阳、山东东营、安徽安庆、江西赣州等 13 个地区名列其中。这两个"首批"名单中安阳、南京、沈阳为重复出现的城市，按省级行政单位考虑，本书将有这两类名单其中之一的 23 个地区（相对首批通航产业示范区所在的 21 个省级行政单位，合并后，只增加了上海市、广西壮族自治区）列为重点分析省级行政单位，重点分析其"十四五"规划和 2035 年远景目标纲要中有关通用航空发展的政策，把没有入围任何一类"首批"的 8 个省级行政单位作为一般省级行政单位进行政策扫描。

（1）8 个一般省级行政单位"十四五"规划和 2035 年远景目标纲要的政策扫描

虽然山西在 2019 年 1 月底获批国家通用航空业发展示范省，但是按照本章的研究原则，该省没有任何地市进入上述 2 个"首批"名单，所以只能"屈尊"与其他 7 个省区作为一般省级行政单位进行航空、临空、通用航空、无人机相关的四维分析扫描。综合来看，在各省区市"十四五"规划和2035年远景目标纲要中，福建、海南、内蒙古、甘肃4个一般省级行政单位，对上述4个维度的描述是全面的；山西倾尽全力发展通航，但是临空、无人机两方面没有描述；青海在临空方面缺乏描述；新疆在无人机方面缺乏描述；西藏在临空和无人机方面都缺乏描述。由此可见，即使在2个"首批"方面未进"国家队名单"，这8个一般省级行政单位都有与通航相关的规划；在航空、临空、无人机3个维度，8个一般省级行政单位都有不同程度的规划，特别是在福建、海南、内蒙古、甘肃4个一般省级行政单位的规划中上述4个维度是全面的。

（2）23个重点省级行政单位"十四五"规划和2035年远景目标纲要的政策扫描

对这23个重点省级行政单位的"十四五"规划和2035年远景目标纲要进行航空、临空、通用航空、无人机相关的四维扫描，分析发现，辽宁、广东没有与临空有关的描述，而这2个省级行政单位的航空枢纽发达，这是较为奇怪的。上海没有与通航有关的描述。河北、山东、江苏、浙江、宁夏、重庆没有与无人机相关的描述。其他14个省级行政单位都有与航空、临空、通用航空、无人机相关的四维描述，说明与航空枢纽经济有关的产业生态非常健全。

（六）与通航相关的"首批""市级"城市的四维分析

上文说过，2017年1月4日，成都、银川等26个城市被列入国家第一批通用航空产业综合示范区；2020年10月21日公布首批民用无人驾驶航空试验基地（试验区），安阳、金山、杭州、自贡等13个地市名列其中。

其中，北京、天津、重庆3个直辖市已经在之前的23个省级行政单位中分析过了，安阳、南京、沈阳是在2个"首批"名单中都出现的，所以以下只对2个"首批"中之前没有出现的33个地市级行政单位的通航产业生态进行航空、临空、通用航空、无人机相关的四维分析。

首先来看国家第一批通用航空产业综合示范区，从除去北京、天津、重庆3个直辖市的23个市级行政单位的相关政策来看，大连、银川竟然没有对通航的描述；景德镇、安阳、荆门、株洲、深圳、安顺没有对临空的描述；宁波、绍兴、芜湖、景德镇、荆门、株洲、珠海、安顺没有对无人机的描述。荆门只有通航方面的描述，是名副其实的"单打选手"。

其次来看13个市级首批民用无人驾驶航空试验基地（试验区），杭州竟然没有对无人机的描述，也没有对通航的描述，其他12个地市中有11个既有对通航的描述，也有对无人机的描述。北京延庆只有对无人机的描述，也属该类中的"单打选手"。

（七）评述

综上所述，我国的航空枢纽各有特色，所引领的航空枢纽经济也有自己的短板和优势，但是目前对航空枢纽经济的国内和国外比较研究不够，缺少在新冠疫情等全球危机之下中国航空枢纽经济的战略性设计，缺少双循环新发展格局下对航空枢纽经济贯通全球、引领地区经济融入世界，从而打造航空国际产能新局面的深度思考。

因此，面向未来，需要探索国内和国外内陆地区在航空枢纽支撑之下，通过航空港、产、城融合，进而通过交通运输体系演化、通道、城市群提升，揭示航空枢纽经济的发展规律；需要通过我国中部地区与东部地区、东北地区航空枢纽经济的国内比较，通过中国与美国、欧洲、韩国、新加坡等地航空枢纽经济的国际比较，为我国构建航空枢纽特色的增长极做出贡献。

三　加快中国航空枢纽经济发展的路径

（一）中国航空枢纽经济发展的思考

通过对中国航空枢纽与临空经济发展的现状扫描，我们发现了中国航空枢纽网络存在的主要危机和短板，并据此提出增干（以"空中丝绸之路"

为核心的枢纽经济发展策略）营环（如何通过与国内外航空枢纽经济、临空经济区标杆的比较，创造枢纽经济带动发展的创新生态）的发展策略组合，从而实现中西部地区航空枢纽经济与科教、人文、旅游协同并互为增强的增长体系。

当前，中国正紧抓构建新发展格局战略机遇、新时代推动高质量发展政策机遇、黄河与长江流域生态保护和高质量发展历史机遇，积极实施所规划的枢纽经济发展战略。本书研究内容拟分为 10 个方面：

①中国航空枢纽与临空经济发展的现状分析；

②基于 PEST 与 SWOT 的中国枢纽经济发展环境分析；

③基于国际比较的国外典型航空枢纽经济解析；

④国家及重要省份航空经济与枢纽经济系列政策扫描分析；

⑤中国以"空中丝绸之路"为引领的航空枢纽经济提升策略；

⑥中国航空枢纽经济网络体系研究、核心航空枢纽经济与卫星航空枢纽经济的分工竞争关系研究；

⑦中国以航空枢纽或空铁双枢纽（机场、高铁站）、港区（临空经济区）、4 条丝绸之路、多式联运为特点的航空枢纽经济与 6 个圈层的关系研究，即和省会城市的关系、城市群的关系、所在省份的关系、国家级战略经济带的关系、周边跨区域大通道连通区域的关系、面向共建"一带一路"国家和地区的开放合作关系（含最新的北冰洋"冰上丝绸之路"）；

⑧航空枢纽带动的"双国双园"模式在中国"走出去，请进来"、建立内陆开放高地与国际经营中的突破及长效机制研究；

⑨探索制度规则型开放体制机制，推动"互联网 + 服务贸易"的创新发展；

⑩基于标杆分析法（Benchmarking）的中国航空枢纽经济发展战略支撑体系创新设计。

以上研究的重点如下。①中国以航空枢纽或空铁双枢纽（机场、高铁站）、港区（临空经济区）、4 条丝绸之路、多式联运为特点的航空枢纽经济与 6 个圈层的关系研究，即和省会城市的关系、城市群的关系、所在省份的关系、国家级战略经济带的关系、周边跨区域大通道连通区域的关系、面向共建"一带一路"国家和地区的开放合作关系（含最新的北冰洋"冰上丝绸之路"）。②航空枢纽带动的"双国双园"模式在中国"走出去，请进来"、建立内陆开放高地与国际经营中的突破及长效机制研究。③探索制度规则型开放体制机制，推动"互联网＋服务贸易"的创新发展。

建设的主要目标如下：①"空中丝绸之路"带动中国国际产能的推升，推动创新要素跨境流动；②航空枢纽经济补短板、强筋骨，打造"四路协同""多区联动"的航空枢纽经济高质量增长极；③"空中丝绸之路"的运输效应与科教、人文、旅游协同并互为增强的机制。

（二）以河南省为代表的中国航空枢纽经济发展的思考

1. 河南省航空枢纽经济发展面临的问题

（1）"郑州—卢森堡'空中丝绸之路'"的品牌受到严重挑战

2021 年 9 月初在北京召开了"中国国际服务贸易交易会"，习近平总书记在开幕式上发表重要讲话。2021 年 9 月 5 日召开的"第三届'空中丝绸之路'国际合作峰会"是本届服贸会唯一的一个与航空有关的专题会议。本次"'空中丝绸之路'国际合作峰会"，发布了"空中丝绸之路"源点/始点倡议书，北京（顺义）要聚势蓄能打造"空中丝绸之路"创新示范区。从该论坛的气势来看，北京顺义"空中丝绸之路"创新示范区的打造，对2017 年以来已经产生巨大影响的"郑州—卢森堡'空中丝绸之路'"品牌造成了对冲，对河南省引以为豪的唯一一个国务院批复的航空经济先行先试区的对外宣传也产生了不利影响。

（2）河南省"空中丝绸之路"规划对带动河南省发展的双向国际产能合作考虑不够

河南省以郑州—卢森堡"双枢纽"为特征的"郑州—卢森堡'空中丝绸之路'"是我国面向"一带一路"的示范工程，受此启发，河南省近年也开辟了郑州—布达佩斯的中匈"空中丝绸之路"、郑州—雅典的中希"空中丝绸之路"、郑州—马尼拉的中非"空中丝绸之路"。这些新的"空中丝绸之路"的开发对郑州国际航空货运枢纽的形成是重要的,但也是很容易被省外和国外复制的。关键问题是,河南省对"空中丝绸之路"的开发多为重视航线的开发,没有上升到产业的国内外合作,没有形成以"空中丝绸之路"为引领的省级产业走出去的"产业园"发展模式,进而未能带动形成"双国双园",通过"走出去,请进来",为郑州航空港区和省内其他国家级高新技术区或经济开发区的国际合作提供动能。

(3)河南省面向"一带一路"的布局中对国际科技和教育合作重视不够

以陕西省为例,在其2021年初发布的《中国(陕西)自由贸易试验区进一步深化改革开放方案》中,布局了7个方面的加快优势产业聚集发展战略,具体为做大电子信息产业、做强高端制造业、做优现代农业产业、推动贸易转型升级、大力发展会展产业、加快文化旅游产业发展、促进生命健康产业发展。在其打造"一带一路"经济合作和人文交流重要支点的布局中,涵盖了深化国际产能合作、加强现代农业国际交流合作、加强科技教育领域合作、加强文化旅游领域合作、加强医疗卫生领域合作等5个方面的系统设计。尤其是在加强科技教育领域合作方面,考虑了积极争取建设西安综合性国家科学中心、推进产学研深度融合、探索与共建"一带一路"国家和组织共建联合实验室以及研究中心等科技创新平台、支持企业设立离岸研发机构和海外创新孵化基地、推进中外合作办学发展、建立留学生创新创业基地、发挥丝绸之路大学联盟和"一带一路"职教联盟作用等7个系统工程,而这些方面正是河南省布局的"十大工程"重点要解决的问题。

(4)对富士康的过度依赖与自身出口货源不足是河南航空枢纽经济发展的最大隐患

虽然河南省高度重视"一带一路",并致力于推进航空港区的发展,但郑州市整体外贸结构一直不甚合理,出口产品中代加工和贴标加工产品过多,特别是富士康一家占郑州市全市进出口额的80%左右,而郑州市又占据河南省整体进出口额的80%,这种对单一产品和单一企业依赖度过高的情况并不利于全面发展。同时，郑州市陆港和空港国际货源超过 70% 来自其他省份，这也说明了其省内出口贸易发展的滞后性。

综上所述，对富士康的过度依赖与自身出口货源不足、有关"空中丝绸之路"的政策扫描发现与"空中丝绸之路"国际论坛呈现的发展动态，值得河南省在打造河南枢纽经济 4.0 版本时百倍警惕，迎难而上，奋力进取。

2. 河南省增强航空枢纽经济的行动方案

结合 2021 年 9 月 7 日省委会议精神，对照解读《河南省国民经济和社会发展第十四个五年规划和二〇三五年远景目标纲要》，需要加强"郑州—卢森堡'空中丝绸之路'"的品牌宣传；积极谋划"空中丝绸之路"对河南省面向共建"一带一路"国家的国际产能合作带动；深化与共建"一带一路"国家的科教合作与人文交流；增强航空经济对省内高质量发展的带动作用。

（1）加强"郑州—卢森堡'空中丝绸之路'"的品牌宣传

以河南省社科院原院长张占仓为代表的高端智库专家早在 2017 年就提出了要顺势而上，建立"空中丝绸之路"创新示范区，因为多种原因没有获批。而在 2021 年 9 月"第三届'空中丝绸之路'国际合作峰会"上，既发布了"空中丝绸之路"源点/始点倡议书，北京（顺义）又瞄准打造"空中丝绸之路"创新示范区，对河南省在国内外已形成一定影响的"郑州—卢森堡'空中丝绸之路'"和先行先试的航空经济区都是一种警醒。因此，省委、省政府应调动省级智库与省内主管部门的积极性，加强与国家级智库和国务院主管部门的沟通，进一步宣传好习总书记在 2017 年与卢森堡首相会谈时，指出的"中方支持建设郑州—卢森堡'空中丝绸之路'"的指示精神，以"空中丝绸之路"引领河南省的开放发展。

（2）积极谋划"空中丝绸之路"对河南省面向共建"一带一路"国家的国际产能合作带动

"空中丝绸之路"是我国"一带一路"倡议的重要有机组成部分，已被纳入国家规划。"空中丝绸之路"国际合作联盟于 2019 年 5 月 31 日在"中国（北京）国际服务贸易交易会"期间举办的首届"'空中丝绸之路'国际合作峰会"上，极具前瞻性和开创性地提出：建设"空中丝绸之路"就是以我国航空枢纽城市和共建"一带一路"国家核心城市为服务对象，以航空运输网络实现国内外枢纽机场互联互通为核心纽带，以推动我国临空经济示范区和共建"一带一路"国家核心城市重点产业协同发展为重要抓手，以"双国双园"模式促进口岸通关便利化、临空产业集群化、发展成果共享化为创新举措，实施多领域、全方位对外开放合作的国家层级产业经济总体战略框架。

河南省需要秉持构建以国内大循环为主体、国内国际双循环相互促进的新发展格局理念，方能达成河南省与共建"一带一路"国家之间形成双边临空型产业跨国深度合作和促进多边临空型产业成链、稳链、扩链的"空中丝绸之路"总体战略目标。河南省唯有精准施策，积极拓展谋求对东南亚、中东、中亚、中东欧、西欧、北部非洲、南美等"一带一路"经济圈内发展中国家的双边和多边贸易的全新增长点，通过风险对冲维持住对外贸易领域良性局面，才能够为河南省新经济格局培育和成形争取极为重要的发展战略机遇期。

河南省要积极参加"空中丝绸之路"国际合作联盟，通过"空中丝绸之路"的辐射带动，为河南省企业走出去、实现国际产能的扩展，提供强有力的支持。

中国城市临空经济研究中心作为航空经济发展河南省协同创新中心的核心协同单位，从2018年开始，到2022年已经举办了四届"'空中丝绸之路'国际合作峰会"。河南省可以以此为平台，以深化河南省航空经济发展为抓手，"请进来，走出去"相结合，提升河南省面向"一带一路"倡议的综合开放合作能力。

（3）以陕西省为蓝本，加快谋划以国际科教合作为核心的河南省特色产业网协同提升战略

以实现"两个确保"、实施"十大战略"为强烈驱动力，河南省政产学研要加快协同创新，积极吸收陕西、浙江、江苏、湖北、湖南、广东、上

海等地在"十四五"规划、面向"一带一路"布局中的政策创新经验，加快政策谋划与创新设计。建议根据河南省的产业特点与战略目标，以高校"双一流"建设和省内国家级实验室为抓手，以资金投入、人才激励、成果转化等组合措施，鼓励和共建"一带一路"国家高水平大学和科研机构的合作，加快形成河南省国际科技创新中心，助推河南省成为国家科技创新高地。

面向"一带一路"，河南省的农业大省优势要形成和共建"一带一路"国家合作的农业产业优势。洛阳是汉唐之都，南阳方城是更早的"丝绸之路源点"，博望侯张骞封侯南阳，这些都是河南省丝路文化的厚重品牌，产业与文化的交融，将为积极谋求突破提升的河南省现代产业强链、补链、成网，从而为打造河南特色的产业网、智慧产业体赋予灵感和能量。

（4）增强航空枢纽经济对河南省高质量发展的带动作用

河南省航空经济发展战略仍然需要系统谋划。从航空经济或临空经济构成来看，有航空核心产业、航空关联产业、航空引致产业三个层次。河南省在以下四个方面需要系统规划引导。

第一，从航空核心产业来看，需要进一步与中航工业、中国航发、中国商飞三大央企合作，进一步在郑州、洛阳、新乡等地升级深化省部共建的航空产业园，深度融入航空工业、民机研发与制造领域。

第二，从民航核心产业来看，签署河南省与民航局的民航创新发展"省局"共建协议，比照四川省与民航局共建国家民航科技创新示范区的思路，将国内外民航业研发机构引入郑州航空港实验区。

第三，建构河南省航空经济发展的人才高地。在"十四五"期间，以郑州航空工业管理学院为基干，吸收省内外与航空和民航有关的学科、专业，建设升级为郑州航空航天大学。在新校区建设、经费支持、机制创新方面给予大力支持。特别建议：①河南省通过与教育部、工信部、民航局共建的方式，提升将要建设的郑州航空航天大学水平；②在国际合作办学方面对将要建设的郑州航空航天大学予以支持，在目前国际合作基础上，对面向俄罗斯、欧洲的航空国际合作办学予以倾斜。

第四，深化航空经济方面的政产学研协同创新。2013 年以来，按照国家的"2011 计划"，以郑州航空工业管理学院为牵头高校，协同河南省发展改革委、港区、机场、南航河南公司、中国城市经济临空经济研究中心等10 余家省内外单位，成立了航空经济发展河南省协同创新中心，在 2017年、2018 年前期协同研究的基础上，研发出了中国临空经济发展指数、中国航空物流枢纽发展指数，在"空中丝绸之路"国际合作方面产生了一定影响。这是包括河南省发展改革委在内的各个协同单位大力支持的结果。该中心由河南省发展改革委和郑州航院共同牵头，以省部局共建方式强力推动，搭建了河南航空经济发展的国家级智库。

第二章　中国发展航空经济的 河南样本

一　中国运输航空发展现状分析

（一）中国民航发展的基本情况分析

我们从民航的"十四五"发展规划、《2021年民航行业发展统计公报》以及民航局网站上的动态统计中获取中国民航发展的总体信息，以便分析民航发展的基本情况并为决策服务。

1.《"十四五"民用航空发展规划》信息分析

"十三五"期间，中国民航运输取得了巨大的成绩，《规划》对此进行了充分的描述和统计，表2-1为从《规划》中获取的部分"十三五"时期民航发展指标完成情况。

表2-1　"十三五"时期民航发展指标完成情况

类别	发展指标	2015年	2019年	2020年	2015~2019年年均增长率（%）
行业规模	运输总周转量（亿吨公里）	852	1293	799	11.0
	旅客运输量（亿人）	4.4	6.6	4.2	10.7
	货邮运输量（万吨）	629	753	677	4.6
	通用航空飞行量（万小时）	77.8	106.5	98.4	8.2
	旅客周转量在综合交通中的比重（%）	24.2	33.1	33	-

类别	发展指标	2015 年	2019 年	2020 年	2015～2019 年 年均增长率（%）
发展 质量	运输飞行百万小时重大及以上事故率	[0.00]	0	0	—
	航班正常率（%）	67	81.7	88.5	—
	平均延误时间（分钟）	23	14	9	—
	中国承运人占国际市场份额（%）	49	53.3	—	—

注：带"［ ］"的数据为五年年均/累计数。

资料来源：《"十四五"民用航空发展规划》，www.caac.gov.cn/XXGK/XXGK/FZGH/202201/Po 20220107443752279831.pdf。

由表 2 - 1 可以看到，到 2020 年，民航旅客周转量在综合交通中的比重提升至 33%；国际航线 895 条，通航国家 62 个，有效服务国家外交外贸和人员往来，因此战略地位更加凸显。

2.《2021年民航行业发展统计公报》信息分析

从运输航空角度分析，2021 年，新冠疫情对民航运输生产影响的深度和持续性超出预期。2021 年，全行业完成运输总周转量 856.75 亿吨公里，比上年增长 7.3%。全行业完成旅客周转量 6529.68 亿人公里，比上年增长 3.5%。国内航线完成旅客周转量 6439.12 亿人公里，比上年增长 9.7%，其中，港澳台航线完成 8.19 亿人公里，比上年下降 36.1%；国际航线完成旅客周转量 90.56 亿人公里，比上年下降 79.5%。全行业完成货邮周转量 278.16 亿吨公里，比上年增长 15.8%。国内航线完成货邮周转量 70.59 亿吨公里，比上年增长 4.0%，其中，港澳台航线完成 2.29 亿吨公里，比上年增长 10.8%；国际航线完成货邮周转量 207.57 亿吨公里，比上年增长 20.5%。

可见，2021 年，除港澳台航线、国际航线完成旅客周转量下降之外，其他客货运周转量都是同比上升的。

我国的货邮运输量和货邮吞吐量都在持续上升。2021 年，全行业完成货邮运输量 731.84 万吨，比上年增长 8.2%。国内航线完成货邮运输量 465.14 万吨，比上年增长 2.6%，其中，港澳台航线完成 18.99 万吨，比上年增长 8.0%；国际航线 2021 年完成货邮运输量 266.70 万吨，比上年增长 19.6%。2021 年全国民航运输机场完成货邮吞吐量 1782.80 万吨，比上年增长 10.9%。

3. 中国民航2022年11月主要生产指标统计

从民航局网页上获取最新的《中国民航 2022 年 11 月份主要生产指标统计》来看，运输总周转量当年累计实际完成数为 552.1 亿吨公里，比去年同期下降 30.6%，其中国内航线（含港澳台航线）、国际航线的当年累计实际完成数都是下降的，只不过国际航线下降幅度很小，比去年同期下降 0.9%。各统计指标的当年累计实际完成数分别如下：旅客运输量为 23302.7 万人、货邮运输量为 559.7 万吨、旅客周转量为 3605.6 亿人公里、货邮周转量为 234.2 亿吨公里。与 2021 年同比，以上 4 个统计数字都是下降的，形势很不乐观。

（二）航线网络与国际航空枢纽

据《"十四五"航空物流发展专项规划》信息，"十三五"以来，我国航空物流实现较快增长，发展质量和效益取得较好成绩，为经济社会发展提供了有力支撑，为新时期民航强国建设提供了新动能。

1. 货运航线网络逐步完善

2020 年，我国航空货运航班通达国内 237 个城市（不含港澳台），联通国际 62 个国家的 153 个城市，其中全货机通航国家 26 个；通达国内城市、通航国家和国际城市数量较 2015 年分别增加 33 个、7 个和 16 个，其中全货机通航国家增加 3 个。国内形成了以京津冀、长三角、粤港澳大湾区、成渝等机场群为核心的航空货运网络，国际建成了畅达东南亚、东北亚市场，通达欧美澳等区域的航空货运网络。

2. 国际枢纽机场货邮吞吐量排名上升

企业竞争力逐渐增强。"十三五"期间，国航、东航、南航等传统货运企业加快转型，服务向航空物流链条两端延伸，邮政、顺丰、圆通等寄递物流企业积极加强航空能力建设。2020 年，部分综合性枢纽机场货邮吞吐量排世界前列，上海浦东（3）、广州白云（15）、深圳宝安（19）、北京首都（22）机场位列全球 30 强，加之杭州萧山（33）、郑州新郑（38）、成都双流（40）等共 7 个机场位列全球 50 强。上海浦东机场国际出港航班电子运单总量全球第一，信息化能力大幅提升。

（三）货运航司的国际比较

1. 2021年国内航司的数量与完成货邮量分析

（1）运输航空企业数量

截至 2021 年底，我国共有运输航空公司 65 家，比上年底净增 1 家。按不同所有制类别划分：国有控股公司 39 家，民营和民营控股公司 26 家。在全部运输航空公司中，全货运航空公司 12 家，中外合资航空公司 9 家，上市公司 8 家。

（2）运输航空（集团）公司货邮生产

2021 年，中航集团完成运输总周转量 193.68 亿吨公里，比上年增长 2.4%；完成货邮运输量 176.37 万吨，比上年增长 1.1%。

2021 年，东航集团完成运输总周转量 162.16 亿吨公里，比上年增长 14.1%；完成货邮运输量 145.48 万吨，比上年增长 23.6%。

2021 年，南航集团完成运输总周转量 212.11 亿吨公里，比上年增长 2.0%；完成货邮运输量 144.20 万吨，比上年下降 1.3%。

2021 年，其他航空公司共完成运输总周转量 288.80 亿吨公里，比上年增长 11.4%；完成货邮运输量 265.79 万吨，比上年增长 11.5%。

经过计算，2021 年，以上中航集团、东航集团、南航集团三家央企航司完成的货邮运输量 466.05 万吨，占全行业完成货邮运输量的 63.7%。

2. 顺丰等国内快递企业发力航空货邮运输

以顺丰为代表的国内快递企业成为狙击国际航空货运巨头的主力。

顺丰成立新公司，继续加码空运。2022 年 12 月中旬，四川添富航空有限公司成立，注册资本 6 亿元，其中顺丰航空认缴出资 4.2 亿元，持股 70%；成都交投航空投资集团有限公司（实控人为成都国资委）认缴出资

1.8亿元，持股30%。值得一提的是，顺丰航空董事长李胜任四川添富航空有限公司董事长，该公司经营范围包括公共航空运输、民用航空维修人员培训、民用航空器驾驶员培训、民用航空器维修等。整体来看，这是顺丰在空运领域的一次大动作，也是顺丰筑高竞争壁垒的关键一步，其背后隐藏的是顺丰想要进一步巩固"空中霸主"地位的野心。

需要注意的是，2022年以来，顺丰一直在加快其在航空领域的布局。4月29日，顺丰航空第70架全货机正式投入航班运行，为顺丰进一步提升航空物流服务能力提供了重要支撑。2022年12月初，顺丰航空机队已经拥有75架飞机。从时间上来看，顺丰航空的发展速度相当惊人，2016年的时候，顺丰航空机队规模还只有30架，仅6年时间，便实现了一个巨大的跨越。2022年7月，顺丰航空倾力打造的鄂州花湖机场正式投运，更是被视为中国航空物流载入史册的里程碑事件。鄂州花湖机场投运之后，不仅可以大幅提升顺丰在快递物流领域的领先水平，还可以助力顺丰进入国际快递第一梯队。鄂州花湖机场作为"世界第四个、亚洲第一个"专业货运机场，2022年已开通两条货运航线，2023年有望开通国际货运航线，机场转运中心于2023年投入使用。预计到2025年，鄂州花湖机场将开通10条国际货运航线、50条国内航线；根据鄂州花湖机场的建设规划，届时货邮吞吐量将达到245万吨，形成辐射全国、畅达全球的国际航空货运枢纽。一边要建设机场、引入飞机，一边还要开航空公司、打造航线，这明显是一个费钱、费力还费时的活儿。然而，顺丰却一如既往地坚持布局，这是为什么？深度分析可知，不过是因为空运是快递企业筑高竞争壁垒、迈向高端化的关键。当前顺丰的国内快递主要分为顺丰即日、顺丰特快和顺丰标快，其中顺丰即日、顺丰特快主要依靠空中运力完成。显然，强大的航空运力是顺丰得以生存和发展的重要因素，也是顺丰的核心竞争力之一。除此之外，从数据上看，顺丰控股年度财报显示，2021年顺丰完成速运业务105.5亿票，同比增长29.7%；而营收从2017年上市时的710亿元，到2021年的超2000亿元，顺丰只用了五年时间。在航空货运领域，2021年，顺丰的航空总货运量高达192万吨，占全行业总货运量的26%以上，其中国内货量占全国航空货邮运输量的35.5%。截至2021年末，顺丰航空已通航53个国内站点、通达35个国际及地区站点，全球累计运营111条航线、5.78万次航班。也就是说，目前，顺丰依旧是国内航空货运的领头军，代表行业顶尖水平，在这种情况下，要想取得更大的突破，顺丰必须要乘胜追击。

事实上，发力航空货运的不只是顺丰，快递行业打响了"空中之战"。近几年，圆通、京东、菜鸟以及极兔等快递企业都在加大投入，争夺航空货运市场。以圆通为例，2016~2018年，圆通分别向西南管理区总部基地、广西区域总部基地、西北国际货运航空有限公司、华南总部及航空基地投资了30亿元、15亿元、2亿元、30亿元。2018年6月，圆通又与菜鸟、中国航空等启动建设世界级物流枢纽。同年7月，圆通投资122亿元在嘉兴机场建设全球航空物流枢纽。预计到2030年，圆通在该枢纽运营的自有全货机将达到50架，每年航空货邮量突破110万吨。截至2022年8月，圆通拥有全货机12架，累计开通国内、国际航线100余条，航线网络覆盖日韩、东南亚、南亚、中亚。另一边，菜鸟也没闲下来。2018年，菜鸟与新加坡航空达成战略合作，又在2022年，与杭州萧山国际机场签署战略合作协议。截至2022年3月31日，菜鸟直接运营300多万平方米的跨境物流仓库，每月有240多架包机用于干线运输，业务覆盖全球200多个国家和地区。从业务覆盖面来看，菜鸟绝对算得上是顺丰十分强劲的对手。除此之外，京东这几年同样在航空方面"动作不断"。2020年8月，京东物流为了进一步补齐航空运输短板，花费30亿元收购跨越速运，收获了超过620条航空货运航线。截至2021年末，京东物流的航空货运航线超过1000条，目前，跨越速运在全国已有17架全货机，在华东地区的日均航空货运量超2000吨。2022年8月，京东航空正式开始运营，给航空货运行业注入了新力量。值得注意的是，2022年8月5日，极兔紧跟拼多多出海的步伐，正式与海航货运签订了战略合作协议，双方将在全球范围内开展航空物流合作。随着京东和极兔踏入赛场，快递物流公司的"空中之战"越来越激烈。整体来看，各快递企业都不甘示弱，这场航空货运领域的好戏才刚刚开始。

在群狼环伺的空运领域，顺丰不能"躺平"，因为国际市场危机四伏，顺丰仍需持续发力。近年来，国内航空货运一路向好发展，有京东、极兔等新入局者，也有圆通、顺丰等老玩家。但是，从整个国际航空货运市场来看，60%的运力资源来自外资企业，一定程度上说明了航空货运是我国物流的短板。再加上，国内物流竞争持续白热化，发展空间一再缩小，此时，尚未进行大规模开发的国际市场又成为新的突破口。也就是说，航空货运需求还在增加，但航空货运领域的服务能力和运行效率却还有很大的提升空间。同时，在外资企业中，联邦快递（FedEx）、联合包裹（UPS）、DHL又是绕不过去的三座大山。2021 年，这三家物流公司占据了全球国际快递近 90% 的市场份额。从营业收入来看，UPS 与 DHL 营业收入突破 6000 亿元，FedEx 为 5500 亿元，稳居第一梯队。而在国内营业收入一骑绝尘的顺丰，只能屈居第四。从货机方面来看，截至 2021 年的财报数据显示，FedEx目前在役机数量为 684 架；UPS 总共有 624 架在役货机，排名全球第二；DHL 的在役机数量为 254 架，每天有 714 个固定航班。从净利润来看，UPS的吸金能力令人相当佩服，净利润高达 847 亿元，是顺丰、中通的 20 倍左右。在这样的背景下，顺丰一边要面对来自国内的竞争者，另一边也免不了与"海外三巨头"进行正面对抗。这对货机数量和航空网络水平远不及"海外三巨头"的顺丰来说，无疑是巨大的挑战。也许，这也是顺丰耗时 8年也要建成鄂州花湖机场、持续购入飞机、砸钱开物流公司的重要原因。而作为快递的龙头企业，顺丰的空运优势显著，在国内拥有不可替代的行业地位，但在国际上它还没有资格骄傲，还需要继续努力，向更高处进发。目前看来，顺丰还需不断增强自身航空运输能力，奋力打造更高效、更稳定的航空货运服务。

二　河南构建航空经济的创新生态体系

（一）探索创立副省级航空港经济综合实验区管委会

2013 年 3 月 7 日，国务院正式批复《郑州航空港经济综合实验区发展规划（2013—2025 年）》，郑州航空港经济综合实验区（简称航空港实验区）成立，航空港实验区成为我国首个、目前唯一一个由国务院批复设立的国家级航空港经济发展先行区，其战略定位为：国际航空物流中心、以航空经济为引领的现代产业基地、内陆地区对外开放重要门户、现代航空都市、中原经济区核心增长极。规划面积 415 平方公里，在国内大循环中具有承东启西、连南贯北的重要地位。同年 7 月 10 日，郑州航空港经济综合实验区党工委、管委会授牌。河南省设省市两级航空港实验区建设领导小组以形成中原崛起的强力抓手，首任河南省航空港经济综合实验区（中原经济区、省郑汴新区）建设领导小组组长是河南省委常委、常务副省长李克，下设建设领导小组办公室，组长由河南省发展改革委主任兼；首任郑州市航空港经济综合实验区建设领导小组组长是郑州市委副书记、市长马懿，下设建设领导小组办公室，组长由郑州市发展改革委主任兼。2022 年 4 月 1 日，为了提升航空港实验区的级别，更好地落实省委、省政府的战略意图，中共河南省委决定：省委常委，省政府常务副省长、党组副书记，省委军民融合发展委员会办公室主任孙守刚同志，兼任郑州航空港经济综合实验区（郑州新郑综合保税区）党工委书记。

航空港实验区自获批以来，得到了党中央国务院与河南省委、省政府与郑州市委、市政府的高度重视。2017 年 6 月 14 日，习近平总书记在会见卢森堡首相贝泰尔时指出"中方支持建设郑州—卢森堡'空中丝绸之路'"；2022 年 2 月，在会见卢森堡大公亨利时再次强调"做大做强中卢货运航线'空中丝路'"。航空港实验区相继被列入中共中央、国务院《关于新时代推动中部地区高质量发展的意见》《黄河流域生态保护和高质量发展规划纲要》等国家战略规划，被确立为河南高质量发展"名片"、高水平开放"龙头"与郑州国家中心城市建设"引领"。

2022 年 4 月，河南省委、省政府站位新发展阶段、贯彻新发展理念、紧扣新发展格局，以前瞻 30 年的眼光，对航空港实验区进行了系统性、重塑性改革，将发展区域拓展为核心区、联动区、协同区，全面赋予省辖市级管理权限，搭建"省级主导、市级主责，分类管人、直通管事，聚焦主业、差异考核"管理架构，赋予"中原经济区和郑州都市圈核心增长极"新定位与"现代化、国际化、世界级物流枢纽"新目标。

2021年，全区生产总值从2012年的206亿元增长至1173亿元，年均增长21.3%；同比增长12.1%，增速分别是全国、全省、全市的1.5倍、1.9倍、2.6倍。规模以上工业增加值2012年以来年均增长18.6%；同比增长25%，增速分别是全国、全省、全市的2.6倍、4倍、2.4倍。外贸进出口总值从1759亿元增长至5246亿元，年均增长12.6%；同比增长17.9%，占全省外贸进出口总值的64%、占全市外贸进出口总值的89%。主要经济指标增速基本上是全省平均增速的2倍左右。

航空港实验区电子信息产业国内领先，半导体、新能源、生物医药、航空制造等产业集群异军突起。"十四五"末，全区企业经营收入将突破万亿大关。

站在新起点，航空港实验区将始终牢记领袖嘱托，以省委、省政府重塑性改革为契机，以"管委会+市场主体""三化三制"改革为动力，坚定不移走好"枢纽+开放"路子，全力推进"空、陆、铁、水"四港联动、"空、陆、海、网"四路协同，全力推进"万人万企""三个一批""五链耦合"，加快科技创新、产业培育，加快建成"现代化、国际化、世界级物流枢纽"，加快打造引领中部、服务全国、连通世界的枢纽经济高地，争当全国航空经济发展的顶梁柱、制度型开放的排头兵，真正成为"中原经济区和郑州都市圈核心增长极"，为全省"两个确保"做出港区贡献，为"中原更加出彩"再添重彩。

（二）省区市多级驱动的规划和2035年远景

根据2021年4月13日河南省人民政府印发的《河南省国民经济和社会发展第十四个五年规划和二〇三五年远景目标纲要》，该《纲要》所确立的河南省2035年远景目标是：展望2035年，河南省将紧紧围绕奋勇争先、更加出彩，坚持"两个高质量"，基本建成"四个强省、一个高地、一个家园"的社会主义现代化河南。"十四五"时期经济社会发展主要目标：锚定

2035年远景目标，聚焦高质量发展、高品质生活、高效能治理，今后五年要在奋勇争先、更加出彩上迈出更大步伐，努力实现"全国新增长极培育实现更大跨越"等8个主要目标。在"融入新发展格局实现更大作为"这一主要目标中，提出的要求是：内陆开放高地优势更加凸显，"四路协同"水平显著提升，郑州航空港经济综合实验区建成更具国际影响力的门户枢纽，自贸试验区制度创新走在全国前列；更高水平开放型经济新体制基本形成，进出口总值突破7500亿元，国际化水平显著提升。

在第九篇"建设现代化基础设施体系"的第三十六章"构建便捷畅通的综合交通体系"，提出的"十四五"建设目标是：完善综合运输大通道和综合交通枢纽体系，加快构建发达的快速网、完善的干线网、广泛的基础网，全面提升综合运输网络效应、运营效率和服务品质。通过推进综合交通枢纽一体化规划建设，提升郑州国际性和洛阳、商丘全国性综合交通枢纽能级，支持南阳建设全国性综合交通枢纽，统筹推进区域性综合交通枢纽建设；加快郑州国际航空货运枢纽和国际邮政快递枢纽建设；推动干线、支线、通用机场协同发展，改扩建既有机场，形成"一枢多支"的现代化机场群，构筑多层级的综合交通枢纽。

在第十二篇"加快建设开放强省"中，提出的发展思路是：坚持内外联动、量质并重、全域统筹，提高在高质量共建"一带一路"中的参与度、链接度和影响力，推进开放通道和平台融合聚合，发展壮大开放型经济，塑造国际合作和竞争新优势。以"空中丝绸之路"为引领，全面推动"四路"（空中、陆上、海上、网上丝绸之路）联动互促、融合并进，更高水平更大范围连通境内外、辐射东中西，促进全球高端要素资源聚集，打造具有国际影响力的枢纽经济先行区，高水平建设开放通道枢纽。在"加快发展航空经济"方面做了较为全面的规划：推动临空区域高端制造业、现代服务业集聚发展，积极融入国际航空相关产业联盟，引导装备制造和电子电器企业向航空制造领域扩展，大力引进国内外航空制造维修企业，加快发展飞机租赁以及航空培训、运动、会展、保险等关联产业。加强通用航空器和无人机研发制造，完善低空飞行服务保障体系，推进通用航空作业和服务消费模式创新，争创国家通用航空产业发展示范省。加强与军民航机构会商协调，推进空域精细化管理等改革。筹建航空职业学院。

根据 2021 年 6 月 10 日郑州市人民政府印发的《郑州市国民经济和社会发展第十四个五年规划和二〇三五年远景目标纲要》，该《纲要》提出"十四五"时期郑州要着力提升城市的"四个内涵"之一是：国际综合交通枢纽和开放门户。通过坚定不移走"枢纽＋物流＋开放"路子，以郑州航空港实验区为主引擎、以自贸区建设为支撑、以综合性交通枢纽建设为抓手、以国际化便利化开放体系为保障，打造内陆地区对外开放"一门户、两高地"，构建"连通境内外、辐射东中西"的国际物流通道和集散分拨中心，在双循环新格局下，发挥好"一带一路"建设的"枢纽和引擎"的关键作用。2035 年远景目标展望：郑州将基本实现"两化五强"奋斗目标，建成具有显著国际影响力的社会主义现代化国家中心城市。其中"枢纽强"是五强之一，要求建成衔接国际国内的运输网络和物流体系，实现航空港、铁路港、公路港、信息港"四港"高效联动，空中、陆上、海上、网上四条"丝绸之路"畅通全球，成为辐射全国、链接世界、服务全球的国际综合枢纽。在加快建设国际交通枢纽门户方面，要强化机场门户功能。推进机场三期工程建设，完成北货运区和第三跑道建设，启动南货运区和第四跑道建设，终端区达到"五进五出"能力。以亚太地区为重点，积极培育国际客运航线，持续加密国际国内货运快线。强化机场与南站轨道连接，提高联运服务水平。谋划建设通用航空机场体系，支持上街机场功能提升，加快推进郑州国家通航产业综合示范区建设。到 2025 年，力争航空货邮量达到 100 万吨，年旅客吞吐量达到 4500 万人次。擦亮"四路协同"金字招牌。

以"空中丝绸之路"为引领，持续放大"四路协同"综合辐射效应，连通境内外、辐射东中西。提升"空中丝绸之路"发展势能，深化"郑州—卢森堡"战略合作，拓展"郑州—赫尔辛基"合作成果，加快"空中丝绸之路南南合作伙伴联盟"建设。用好第五航权，争取第七航权，发展飞机租赁业，参与安智贸航线建设，打造空空转运中心。适时组建本土主基地客运航空公司，培育壮大中州、中原龙浩等本土主基地货运航空公司，建设东航和邮政运营基地、德邦供应链基地，支持国内外大型航空货代企业在郑集疏货物，鼓励 DHL、UPS、FedEx 等知名物流集成商在郑扩大航空快递业务规模，争取其在郑设立区域分拨中心。谋划"空中丝绸之路"开放试验区。强化航空港实验区龙头作用，加快推进以自由贸易试验区为先导的制度型开放，放大各类平台联动集成效应，推进全方位、多层次、多元化开放合作，努力在载体能级、发展动能和影响辐射力等多方面取得新突破，推动建设高水平开放平台。打造郑州航空港实验区全省链接双循环的先导平台。发挥立体交通枢纽优势，全面提升开放门户功能，建设郑州国家中心城市副城，培育成郑州、河南乃至中部地区链接双循环的先导平台。聚焦"枢纽＋口岸＋物流＋制造"，把制造业高质量发展作为主攻方向，把服务业发展摆在更加突出位置，加速数字经济和实体经济融合发展，培育电子信息、生物医药、新能源汽车、智能装备、新型显示、航空物流、跨境电商、现代商贸会展、数字经济等千百亿产业集群。加快突破中部、启动北部、谋划西部、做实南部，加快公共文化服务中心和国际经济文化交流中心建设，持续提升城市功能，布局一批国际合作产业园区和高端品牌服务项目，提升国际化水平。加快体制机制创新，加速人口集聚，打造国际化绿色智慧航空大都市。到 2025 年，航空港实验区建成区面积突破 130 平方公里，常住人口突破 100 万人，生产总值占全市比重为 10%左右。

2021 年 9 月 3 日，《郑州航空港经济综合实验区"十四五"发展规划和二〇三五年远景目标纲要》对外发布。根据《纲要》，到 2025 年，郑州航空港经济综合实验区 GDP 将达 2000 亿元，建成区面积将达 130 平方公里，常住人口将达 100 万人；"空铁"双枢纽驱动格局基本形成，郑州机场年旅客吞吐量达到 4500 万人次、年货邮吞吐量突破 100 万吨。根据《纲要》，到 2035 年，郑州航空港实验区将基本建成枢纽地位凸显、开放体系领先、创新驱动有力、产业生态完备、社会和谐幸福的"国际美好"航空新城，人均国内生产总值达到中上等发达国家水平，在中部地区发挥更大辐射带动作用，在全国航空经济区中彰显比较优势，在国际上具有重要影响力。

锚定 2035 年远景目标，聚焦高质量发展和高水平制度型开放，郑州航空港实验区在今后 5 年将努力实现以下 5 个主要目标。第一，建成国际航空物流中心。基本建成具有突出效率优势的国际综合交通枢纽，"空铁"双枢纽驱动格局基本形成，郑州机场年旅客吞吐量达到 4500 万人次、年货邮吞吐量突破 100 万吨。第二，建成以航空经济为引领的现代产业基地。产业结构进一步优化，科技创新能力显著提高，形成具有国际影响力的航空物流、高端制造、现代服务业等产业集群，企业主营业务收入达到 8000 亿元。第三，建成内陆地区对外开放重要门户。郑州—卢森堡"双枢纽"模式持续拓展，郑州新郑综合保税区扩区、河南自贸试验区扩展区域等重大开放平台申建取得新突破。市场化法治化国际化营商环境水平显著提升，区域辐射带动作用进一步增强。第四，建成现代航空都市。空港新城、空铁新城、双鹤湖科技城三大板块核心区基本建成，建成区面积达 130 平方公里，高品质公共服务体系更加完善，生态环境质量持续改善，国家中心城市副城能级大幅提升。第五，建成郑州都市圈核心增长极。主要经济指标增速保持高于省市平均水平，经济总量占郑州比重力争达到 1/10，外贸进出口总额占郑州都市圈比重为 80% 左右，成为郑州都市圈更高水平的高质量发展核心增长极。

（三）全国首个航空经济专项规划

2022 年 1 月 26 日，河南省人民政府印发《河南省"十四五"航空经济发展规划》（简称《航空经济规划》），目前来看，这是国内首个省级的有关航空经济的"十四五"专项规划。同日，河南省人民政府印发《河南省"十四五"现代综合交通运输体系和枢纽经济发展规划》（简称《枢纽经济规划》），这是国内目前首个省级的有关枢纽经济的"十四五"专项规划，从枢纽经济类型来看，航空经济是枢纽经济的一种重要类型。由此可见，河南省在枢纽经济和航空经济的规划和实践上走在了全国前列。受此影响，"一座会飞的城市"安阳崛起，在 2022 年 5 月 18 日，安阳市人民政府发布《安阳市"十四五"航空经济发展规划》（简称《安阳规划》），展示了河南省最富有航空特色的城市发展航空经济的新主张。

以下先从枢纽经济角度了解河南省对航空经济的规划定位，然后具体解剖河南省航空经济规划，再从安阳市航空经济规划来了解地级市的规划实践，从而全方位解剖河南省发展航空经济的经验，为我国航空经济或临空经济发展贡献"河南模式"。

1.《河南省"十四五"现代综合交通运输体系和枢纽经济发展规划》解析

《枢纽经济规划》制定的目的是以综合交通枢纽为切入点，以交通物流为支撑牵引，通过创新要素集聚和产业组织方式，大力发展枢纽经济；是锚定"两个确保"、全面实施"十大战略"、建设现代化河南的时代选择。从优势和差距来看，河南省综合交通运输发展已总体适应经济社会需要，高速公路、高速铁路、航空货运等发展处于全国前列，航空枢纽经济已具规模，但与交通强省建设要求还存在差距。

《枢纽经济规划》的指导思想是以推动高质量发展为主题，以深化供给侧结构性改革为主线，以改革创新为根本动力，以满足人民日益增长的美好生活需要为根本目的，围绕当好河南省现代化开路先锋，强化通道、枢纽、网络衔接，构建安全、便捷、高效、绿色、经济的现代综合交通运输体系，强化枢纽资源要素组织和产业链、供应链协同，推动交通运输与现代产业发展、城镇开发、内需扩大、区域联动、高水平开放等深度融合和精准适配，加快交通区位优势向枢纽经济优势转变，打造具有国际影响力的枢纽经济先行区，为谱写新时代中原更加出彩的绚丽篇章提供有力支撑。

《枢纽经济规划》的发展目标是到2025年，河南省连通境内外、辐射东中西的枢纽通道优势凸显，交通区位优势向枢纽经济优势转化成效显著，以枢纽经济为牵引的交通运输与经济社会发展实现深度融合，交通强省建设取得较大进展，初步建成枢纽经济先行区。在航空经济方面的目标之一是：内陆国际开放门户枢纽基本建成，对外开放大通道和高能级开放平台载体建设全面升级，国际航线网络及通航点布局更加完善，国际班列开行数量显著增长，国内国际循环链接和流通能力不断增强，口岸型枢纽经济产业规模显著提升。在枢纽经济方面的目标之一是：枢纽经济牵引带动更加明显，枢纽经济成为枢纽城市经济发展新动能，航空经济发展质量进一步提升，高铁经济、陆港经济、临港经济、智慧平台枢纽经济、生产服务型枢纽经济等发展取得新突破，枢纽经济区建设成效显著，"港产城"融合和"站城一体"开发模式加快形成。展望2035年，基本实现交通运输现代化，交通运输与经济社会发展实现更高水平、更高质量的有机融合，枢纽经济成为经济高质量发展的重要支撑，河南省成为国内大循环的重要支点和国内国际双循环的战略链接，率先建成交通强省和具有国际影响力的枢纽经济先行区。

枢纽经济发展依托"五型支撑"。根据地理区位、要素禀赋和发展基础，结合枢纽经济承载平台运行规律特征，重点发展交通枢纽型、智慧平台型、生产服务型、商贸服务型、内陆口岸型等五类枢纽经济，支撑引领河南省经济社会高质量发展。其中交通枢纽型的特点是围绕枢纽机场、大型公铁联运枢纽、主要内河港口及邮政寄递枢纽，以便捷交通条件、规模化运量为支撑，大力发展航空经济、高铁经济、陆港经济、临港经济，带动人才、技术、资金等集聚，形成以枢纽偏好型产业为基础的区域经济发展模式。

建设高品质枢纽经济新区新城。河南省将统筹交通物流和产业、城镇发展，以枢纽城市、枢纽场站为依托，打造形成各种要素大聚集、大流通、大交易的枢纽经济业态，培育发展增长极。推进"港产城"融合发展，建设以郑州为代表的现代航空大都市；推动港城一体发展，推动"港产城"深度融合发展；有序建设高铁新城；加快建设现代枢纽经济区，探索创建郑州国家枢纽经济示范区；提升交通枢纽经济区发展质量，选择部分条件成熟的支线机场培育发展临空经济区，发挥航空运输高时效、高附加值和及时响应特征，推进现代商贸物流业、航空偏好型制造业等集聚发展。

2.《河南省"十四五"航空经济发展规划》解析

《航空经济规划》开宗明义，认为航空经济是以航空枢纽为依托，以现代综合交通运输体系为支撑，以提供高时效、高质量、高附加值产品和服务并参与国际市场分工为特征，为吸引航空运输业、高端制造业和现代服务业集聚发展而形成的一种经济形态。《航空经济规划》根据《新时代民航强国建设行动纲要》《全国民用运输机场布局规划》《河南省国民经济和社会发展第十四个五年规划和二〇三五年远景目标纲要》《郑州国际航空货运枢纽战略规划》等编制,主要阐明未来五年河南省航空经济发展的指导思想、发展目标、重点任务和重大举措,是"十四五"时期指导河南省航空经济发展的纲领性文件。规划期为 2021~2025 年,主要指标展望到 2035 年。

《航空经济规划》确立的指导思想是:以习近平新时代中国特色社会主义思想为指导,落实共建"一带一路"倡议和黄河流域生态保护和高质量发展、新时代推动中部地区高质量发展、大别山革命老区振兴发展等重大战略,锚定"两个确保",以建设新时代民航强省为目标,着力推动现代化中原机场群建设发展,着力推进航空现代流通体系建设,着力推进与航空经济相关的高端制造业和现代服务业集聚发展,着力加快航空经济发展质量、效率和动力变革,发挥航空经济对河南省高质量发展新的动力源作用,形成"一核引领、六区联动、多园协同"的航空经济空间发展格局,打造全国对外开放新高地,为谱写新时代中原更加出彩的绚丽篇章提供重要支撑。

发展目标是:到 2025 年,民航强省建设取得实质性进展,全省机场综合保障能力和运输规模大幅提升,客货运输网络更加完善,基本形成服务全国、畅达世界的航空现代流通体系;基本建成具有突出效率优势的国际航空货运枢纽、服务水平更加优质的航空客运枢纽和多式联运更加便捷的综合交通枢纽;基本建立以航空物流为基础,以高端制造业、现代服务业为支撑的航空经济产业体系。

在航空客货运输方面,河南省航空客货运吞吐量分别达到 5000 万人次、110 万吨,其中,郑州机场航空客货运吞吐量分别达到 4500 万人次、100 万吨。在航空枢纽建设方面,初步形成覆盖河南省及周边区域的中原机场群格局,郑州机场位居全球主要货运枢纽机场行列。在航空产业发展方面,航空设备制造及维修、电子信息、生物医药等航空高端制造业加快发展,形成 3~5 个航空高端制造业集群,主营业务收入超过 1 万亿元;培育 3~5

家全国知名的航空制造、维修企业。在机场综合交通方面，机场综合交通运输体系更加完善，航空服务覆盖全省90%以上人口，实现"航空＋高铁""航空＋公路"联运服务。在航空港实验区方面，建成富有生机活力、彰显竞争优势、具有国际影响力的现代航空都市，形成创新驱动引领、高端制造业支撑、深度参与国际合作的产业发展格局，地区生产总值达到2000亿元，"四上"企业主营业务收入超过8000亿元，现代服务业增加值占地区生产总值比重达到30%，营商环境达到国际一流水平，成为引领中部、服务全国、连通世界的开放高地。

展望到2035年，河南省航空经济在服务构建以国内大循环为主体、国内国际双循环新发展格局中成为关键环、迈向中高端，形成辐射功能强大的现代航空经济产业体系，全面参与全球产业链分工，建成全方位的民航强省。郑州机场实现五条跑道、三大货运区运营，年货邮吞吐量保障能力达到500万吨，年旅客吞吐量保障能力达到1亿人次，跻身世界级航空枢纽行列。适时研究启动郑州第二机场规划选址，实现"一城两场"格局。河南省机场布局更加完善，形成协同发展的现代化中原机场群。

3.《安阳市"十四五"航空经济发展规划》解读

为落实中国共产党安阳市第十二次代表大会会议精神，按照《河南省"十四五"航空经济发展规划》提出的形成"一核引领、六区联动、多园协同"的河南省航空经济空间发展格局，结合国内外环境以及行业发展动态，调整发展思路，明确未来安阳市航空经济发展路径，特制定《安阳市"十四五"航空经济发展规划》。

《安阳规划》确定的发展目标为："十四五"期间，安阳市航空经济整体发展水平进入新阶段。预计到2025年，年产值达到25亿元，并实现以下主要目标。首先，航空基础设施网络化体系初步形成。至2022年，安阳"红旗渠"民用机场建成并投入使用，安阳（汤阴）航空产业园开发建设初见雏形，到2025年时，安阳市民用机场实现年旅客吞吐量35万人次，货邮吞吐量达到1155吨。通用机场改扩建项目完成1~2个。完成国家级无人机检验检测中心申报工作，完善安阳5G泛在低空无人机管控平台并扩大运营范围。其次，航空经济产业集聚效应显著提升。至 2025 年，安阳市航空产业企业达到 70 家，其中：安阳（汤阴）航空产业园入驻企业达到 10 家，年产值达到 5 亿元；安阳国际航空运动城通航制造中心入驻企业达到 15 家，年产值达到 5 亿元；安阳无人机产业园入驻企业达到 40 家，新增龙头企业 2 ~ 3 家，年产值达到 10 亿元。最后，航空运动和航空教育品牌影响力持续扩大。至 2025 年，培育形成航空运动和航空教育龙头企业 3 ~ 5 家，年产值达到 5 亿元，林州滑翔伞年接待量超过 3 万人次，航空教育年培训达 500 人次。建成航空运动主题公园 1 个和航空小镇 1 个。优先完成林虑山国际滑翔基地项目，建成林虑山滑翔基地上山索道 1 条、滑翔运动学校 1 家、滑翔器械检测中心 1 个，制订和执行林州滑翔五年赛事计划。

《安阳规划》确定的发展布局为："十四五"期间，安阳市通过"两区三园"建设稳步形成布局合理、功能互补、特色突出的航空产业发展体系。安阳市航空产业发展依托机场设施有序开展，机场发展定位和主要功能业务决定其周边产业平台或载体的建设，安阳殷都机场、林州通用机场、安阳永和通用机场、安阳"红旗渠"民用机场等合理布局、分工明确的机场体系是安阳航空产业发展的基础条件。基于以上机场分工定位，规划构建安阳全市航空产业发展"两区三园"的空间布局结构。两区即安阳市通用航空产业综合示范区、安阳市民用无人驾驶航空试验区；三园分别为安阳航空培训与无人机产业园、安阳林州航空运动旅游产业园、安阳航空产业园。

"十四五"发展方向与内容主要包括航空基础设施、航空制造、航空运输、航空物流、航空运动、航空教育、航空会展、通航保障与服务保障八大板块，并详细列举了每个板块的重点项目。

（四）河南"空中丝绸之路"建设的多方协同

河南民航优先的发展战略，使郑州国际航空货运枢纽迅速崛起，有力助推了郑州航空港经济综合实验区在 2013 年 3 月获得国务院批复，这是我国方兴未艾的临空经济区建设热潮中唯一被国务院批复的国家级临空经济区。立足郑州航空港的郑州—卢森堡"空中丝绸之路"也成为我国"一带一路"倡议与欧洲国家合作的典范,多次被习近平等国家领导人和国家有关部门关注和肯定。本部分以郑州—卢森堡"空中丝绸之路"为例,回顾一下在其发展过程中,河南省机场集团有限公司(以下简称河南机场集团)、河南民航发展投资集团有限公司(以下简称河南航投)、国内外航司、郑州航空港经济综合实验区管委会、河南省民航办、智库型的航空经济发展河南省协同创新中心、河南省航空业协会等协同创新的辉煌历程。为突出重点,本处重点描述河南机场集团、河南航投在"空中丝绸之路"建设中做出的创造性贡献。

2022 年 11 月 16 日,国家主席习近平同卢森堡大公亨利互致贺电,庆祝两国建交 50 周年。同日,国务院总理李克强同卢森堡首相贝泰尔互致贺电。习近平指出,建交 50 周年来,中卢始终相互尊重、相互信任,成为大小国家友好相处、互利合作的典范。两国各领域交流合作成果丰硕,郑州—卢森堡"空中丝绸之路"搭建了中欧互联互通的空中桥梁。2017 年,习近平主席会见卢森堡首相贝泰尔时指出"支持建设郑州—卢森堡'空中丝绸之路'"。习近平主席高度重视郑州—卢森堡"空中丝绸之路"的建设。2022 年是中卢两国领导人提出建设郑州—卢森堡"空中丝绸之路"5 周年,也是两国建交 50 周年,因此在这个特殊时刻,举办有关论坛进行纪念,展望"空中丝绸之路"与"一带一路"发展的未来极其重要。经国家批准,"做大做强中卢货运航线'空中丝路'"论坛于 2022 年 11 月 16 日在郑州举办,由国家发展改革委、民航局、卢森堡交通和公共工程部、河南省人民政府联合主办,外交部作为支持单位。同时,还将举办三场平行分论坛:由河南航投牵头承办的航空货运工商领袖峰会,邀请卢森堡大公国驻华大使、中国驻卢森堡大使、卢森堡货航总裁兼 CEO 等与行业专家互动对话,进一步深化豫卢经贸合作;由河南机场集团牵头承办的国际航空货运枢纽论坛,邀请国内外政府官员、货运航空公司代表、专家学者共同展望"空中丝绸之路"建设和航空货运发展前景,推动航空货运枢纽建设合作走深走实;由郑州航空港经济综合实验区管委会牵头承办的航空经济发展论坛邀请美国北卡罗来纳大学教授约翰·卡萨达、国家发展改革委原副秘书长范恒山等国内外知名专家，聚焦航空都市建设和航空经济发展展开深入探讨，助力郑州航空大都市建设，推动河南航空经济发展。

1. 河南机场集团

河南机场集团是河南省人民政府直属的国有大型航空运输服务企业，于 2013 年 2 月在河南省郑州新郑国际机场管理有限公司的基础上组建而成。它见证了郑州国际航空货运枢纽从无到有、从弱到强，10 年的发展历程，是"空中丝绸之路"建设中"五年赶考成绩单"的成功密码。2013 年，习近平主席提出"一带一路"倡议，2017 年，习近平主席会见卢森堡首相贝泰尔时指出"支持建设郑州—卢森堡'空中丝绸之路'"。10 年间，河南机场集团深入践行河南省委、省政府确立的"货运为先、国际为先、以干为先"的发展战略，在民航局的大力支持下，持续致力于建设郑州国际航空货运枢纽，走向了前所未有的"空中丝绸之路"赶考路，初步交出了一份令海内外关注的生动答卷。2021 年，郑州机场年货邮吞吐量突破 70 万吨，跻身全球货运机场 40 强，其中国际地区货运量占比 77% 以上，全货机航线网络联通欧、美、亚三大经济区 28 个国家和地区的 48 个城市，货物集疏范围覆盖中国长三角等主要经济区的 90 余座大中城市，郑州航空港已成为 21 世纪现代制造业高地和出口引擎，郑州机场"空中丝绸之路"载体功能正在放大，在全球航空货运中的地位越来越重要，让河南更好地融入了世界，也让世界通过"空中丝绸之路"认识了河南。

作为"空中丝绸之路"的起点，郑州机场以航空货运枢纽建设为契机，构建了辐射欧、美、亚、非的航线网络，实现了"空中丝绸之路"由"串点连线"向"组网成面"的转变，形成了 4 小时覆盖全国、24 小时通达全球的航空货运综合交通体系，对国内国际双循环供应链、产业链的支撑和引领起到巨大的示范效应。更为重要的是，枢纽经济的初步显现，为原材料和产品在全球的快速流动提供了高效的物流解决方案，使世界各国人民以最快捷的方式获得更优质的资源和产品，为提升中国在国际上的正面形象做出积极贡献。

近年来，河南机场集团致力于建设郑州国际航空货运枢纽，大胆创新，不懈探索，在推进航空枢纽发展进程中形成了"郑州模式"，正在迈向高质量发展的 3.0 阶段。在 1.0 阶段，河南机场集团加强基础设施建设，大力引进运力和货源，增强保障能力，形成了航线通达、设施完善、通关便利、保障高效四大优势，解决了航空枢纽基本要素和"四梁八柱"的问题。2.0 版以 2018 年为节点，民航局和河南省政府联合印发《郑州国际航空货运枢纽战略规划》，按照规划，河南机场集团不断探索智慧物流、多式联运、区港联动等新模式，大力培育市场主体，引进航空公司、货代企业、大型物流集成商等航空物流上下游企业，集聚发展快邮件、跨境电商、生鲜冷链等新兴业态，带动航空指向型产业全链条、集群式落地发展。当前，郑州国际航空货运枢纽向 3.0 版迈进，未来将实现 3 个转变：从航空货运单一通道向国内国际双循环体系转变、从资源依赖型向创新驱动型转变、从相互竞争向模式创新转变。下一步河南机场集团将积极承接行业创新试点项目，在口岸通关、海外货站、电子运单、空空中转、智慧物流、多式联运等领域改革创新，探索积累经验，积极参与行业政策和规则标准的制定，在打造综合性国际航空货运枢纽上发挥示范引领作用，努力为民航强国建设和全球民航领域国际货运枢纽建设提供新实践、新方案。

五年来，河南机场集团作为"空中丝绸之路"的建设者和践行者，认真落实"货运为先、国际为先、以干为先"的发展战略，以"空中丝绸之路"建设为核心，推动郑州国际航空货运枢纽高质量发展，为枢纽经济建设做出了贡献。主要有以下 5 个方面的做法。

第一，以郑州—卢森堡"双枢纽"为抓手，不断拓展枢纽航线网络，增强辐射带动能力。货运规模连续突破 60 万吨、70 万吨，国内排名居第 6 位，跻身全球 40 强；开通全货机航线 43 条（国际地区 35 条），在全球货运前 20 位机场中开通 17 个航点，前 50 位机场中开通 28 个航点，连通共建"一带一路"国家 17 个。河南机场集团已成为国内外航空货运企业重点关注的货运枢纽机场，河南对外开放的亮丽名片。郑州机场连续两年跻身全球货运机场 40 强。卢森堡芬德尔机场货邮吞吐量增长了 40.3%，在全球货运机场排名从第 20 位提升至第 18 位。目前，郑卢两地开通的全货机国际航线实现对全球主要经济体全覆盖，货运保障能力位居全球前列。

第二，坚持硬件先行，适度超前规划货运基础设施。高质量投运多功能、智慧化的国际货站，为抢抓发展机遇、匹配枢纽快速发展需要提供重要支撑。河南机场集团正在启动郑州机场三期工程建设，重点建设第三、第四跑道和南货运区工程和北货运区二期工程。2022 年 8 月 16 日，郑州机场北货运区已建成投用，具有冷链功能，成为运单电子化、设备自动化、操作无人化的新型超级智慧货站。截至 2022 年，郑州机场年货邮保障能力为 110 万吨以上，并首开"保税＋空港"货站模式，实现保税和空港货站功能融合。

第三，注重创新驱动，培育持续竞争优势。在海关等驻场单位支持下，通关环境持续优化，通关效率快速提升；创新"电子货运""海外货站""空空中转"试点项目，形成行业典范和行业标准；机场特货保障能力、短途驳运安保模式全国领先；建立与高风险地区"直通车"制度、运输企业"白名单"制度，提升了应急状态下的保通能力；完成了 CEIV 药品资质认证，加快推进国际航协 ISAGO 审计，全面提升保障能力。

第四，大力引进大型物流集成商、大型航空公司和大型货代企业，形成集聚效应。

第五，关注自身能力的提升。实施循环班制、计件工资制，按区域整合业务板块，建立货运保障全流程监管系统，全面提升保障效率；对标国内一流，实施库区操作准入制，提升服务能力，与国际知名企业开展合作，增强货站管理能力。

近年来郑州机场进出口货值占全省总货值的 60% 左右，为全省带来超过 212 亿元的增加值。郑州新郑综合保税区也实现自 2011 年封关运营以来进出口总额的"十连增"，被海关总署誉为"小区推动大省"的典范。

在郑州—卢森堡"空中丝绸之路"国际合作论坛上，河南机场集团取得了丰硕的成果，签订了 8 个重大项目合作协议：如与卢森堡芬德尔国际机场签订《深化航空"双枢纽"战略合作协议》，与德国中部机场集团公司签订《中德航空货运枢纽项目战略合作框架协议》，与马来西亚航空集团公司货运有限公司签订《中马航空货运枢纽项目战略合作框架协议》。河南机场集团还发布了《"十四五"及中长期推进"空中丝绸之路"建设的工作方案（2022—2035年）》；成立了全国首家航空物流高质量发展研究院。

未来，河南机场集团将以"空中丝绸之路"建设为抓手，主动参与"一带一路"建设，通过超前布局枢纽基础设施，抢占发展先机，通过海外货站、异地货站、第五和第七航权使用，提升自身保障能力，确保在世界形势多变的情况下供应链的稳定；持续优化提升服务保障效率，提升枢纽竞争力；坚持创新引领，以"电子货运""海外货站""空空中转"为抓手，不断完善电子货运标准，努力成为国际航空运输协会的专业标准，持续巩固试点优势，布局多个海外货站，设立"异地货站"增强货源集疏能力；对标国内国际一流，深度参与全球市场竞争，提升区域影响力，成为国内对外开放的重要门户和全球航空货运核心战略枢纽；为河南省的开放和产业集聚做出更大贡献，实现枢纽向枢纽经济的转变。

2. 河南航投

河南民航发展投资集团有限公司于2011年8月29日注册成立，主要承担加快河南民航产业发展、参与国内外航空公司重组合作、引领带动郑州航空港经济综合实验区建设发展的责任使命。

河南航投紧紧围绕省委、省政府的战略部署，主动融入国家"一带一路"建设，做大航空运输，做强航空物流，做优航空关联产业，重点发展航空运输、航空物流、通用航空、金融、航空制造、航空培训、民航基础设施、文化旅游等产业板块，努力构建重点突出、多元发展、特色鲜明、综合竞争力强的航空产业集团。

河南航投以"双枢纽""双货航""双基地"叠加优势，推动"空中丝绸之路"建设走深走实。2014年1月，河南航投收购欧洲全货运航空公司——卢森堡国际货运航空公司（以下简称卢森堡货航）35%的股权，架起郑州—卢森堡"空中丝绸之路"，开通多条洲际航线，构建了以郑州为中心，"一点连三洲，一线串欧美"覆盖全球的航空货运网络骨架。以郑州为亚太物流中心、卢森堡为欧美物流中心的"双枢纽"战略效应凸显，卢森堡货航累计国际货运量、国际货运航线、航班数、国际通航点等主要业务指标在郑州机场连年领先。合作以来,卢森堡货航借助中国大市场,盈利水平连年攀升,年平均增长率达到139%,盈利及增速屡屡创下其成立50余年来的最佳纪录;卢森堡货航的世界综合排名也从合作之初的全球第9位上升至现在的全球第5位。卢森堡货航目前已累计运营超过5500个航班,为郑州枢纽贡献货运量超过93万吨,推动郑州机场跻身全球货运40强。"空中丝绸之路"的运输货物种类,由单一的传统轻工业品逐步发展到涵盖精密仪器、活体动物等10余个大类200多个品种;法国小矮马、荷兰鲜切花、丹麦三文鱼,大型设备、冬奥会器材等都搭乘卢森堡货航的全货机,飞出新时代贸易的加速度,郑州亚太物流枢纽建设正稳步推进,河南的枢纽经济优势进一步凸显。

2019年5月,河南航投重组成立中原龙浩航空有限公司,明确郑州—广州"双基地"运营策略,与郑州—卢森堡"双枢纽"形成战略协同,累计开通68条货运航线,其中国际及地区航线36条,覆盖RCEP主要城市,实现洲际与区域航线衔接互补,进一步推动河南交通区位优势转化为枢纽经济优势。

组建河南本土客运航空公司,客货运业务"两翼齐飞"。河南航投与中国南方航空股份有限公司合作,组建中国南方航空河南航空有限公司。中国南方航空河南航空有限公司不断完善航线网络布局,加大运力投放力度,形成以郑州为中心通达全球的航线网络,不断优化航班时刻,扩大客运规模,助力郑州航空港经济综合实验区发展。

河南航投秉持"求、抢、借、聚、合"的理念,促进航空关联产业协调发展。提升物流服务能力,充分发挥客运腹舱及"双货航"优势,积极推进货运代理业务,逐步向国际物流服务大集成商发展。探索创新航空金融服务,设立民航产业基金,与阿维亚租赁集团合资成立阿维亚融资租赁(中国)公司,实现河南省专业飞机租赁"零"的突破;成立内资租赁公司,双轮驱动,助推河南航空租赁产业集聚发展。布局通航产业,积极参与全省通用机场和通航产业园区建设,打造通航一体化发展生态圈。加快民航基础设施建设，围绕航空主业和对外开放，积极参与相关项目建设和管理；郑州航空港经济综合实验区（郑州新郑综合保税区）内的高端商务综合体——国际贸易服务中心项目、位于郑东新区龙湖金融中心的航空经济服务中心项目均已投用。成立航空培训中心，为河南省民航产业发展提供人才支撑。整合资源优势，发展航空关联型、偏好型文旅产业；卢森堡旅游签证（郑州）便捷服务平台揭牌，实现河南省签证业务"零"的突破，努力开通河南通达欧美的客运航线。航空制造产业强势启动，河南省首个航空制造产业园——河南航投集团航空制造产业园投产运营，以航空仿真模拟设备研发制造为突破口，实现河南省高端制造业的提升。

面向未来，河南航投将继续抢抓机遇，务实创新，力争为河南省民航产业发展和郑州航空港经济综合实验区建设做出新贡献！

三 郑州机场国际货运航线开辟与布局

（一）郑州机场国际航空货运航线建设的必要性

1. 提升国际货运能力，加快国际航空货运枢纽建设

《郑州国际航空货运枢纽战略规划》中对本枢纽的功能定位是全球航空货运枢纽、现代国际综合交通枢纽、航空物流改革创新试验区、中部崛起的新动力源。其分别从基础设施、航空货运、航空客运、发展质量、综合交通、临空经济6个方面提出了2025年、2035年发展目标，制定了三个阶段的实施路径，规划了加强基础设施建设、完善航空货运体系、大力发展航空经济等8项战略重点。对上述规划中制定的极具挑战性的航空货运发展目标和国际化目标，需要总结经验、吸取教训，加快国际货运航线的总体布局、开发与设立。在重视专业性全货机运输发展的同时，充分重视客机的腹舱运输对货邮量的支撑，通过货运为先、客货协同的理念，实现总体货邮量与国际货邮量的增长。从而实现以郑州机场为支撑，满足河南人民对美好生活的向往、对良好的国际政治氛围和商贸交流的需要。

2. 引领中原发展战略，助力河南快速发展

《中国共产党河南省第十届委员会第十次全体会议决议》及2019年河南省委经济工作会议为河南省以航空为引领的“四路协同”“五区联动”战略举措指明了方向。河南省委十届十次全会认为要发挥开放通道优势，积极融入共建“一带一路”，深化空陆海网“四路协同”畅通高水平开放通道，强化“五区联动”打造高能级开放平台，对标国际标准打造一流营商环境，完善口岸体系，奋力构建内陆开放高地。2019年河南省委经济工作会议指出要推进全方位、高水平开放，持续抓好全省对外开放大会精神的贯彻落实，以“空中丝绸之路”为核心深化“四路协同”，以“五区”为“试验田”推动制度创新和政策集成，推动招商引资和承接产业转移向高端化迈进，引导支持企业推进产品升级换代，开拓多元化出口市场。针对河南省委的总体部署，河南省、郑州市在2020年的政府工作报告及2020年的工作任务中明确将“四路协同”“五区联动”作为当年和今后发展的总体战略。结合中原城市群和郑州大都市发展战略，开封、许昌、新乡、焦作分别在郑汴、郑许、郑新、郑焦一体化规划获批基础之上，通过对接郑州航空港发展、自贸区建设等方式建设中原开放新高地。河南省委十届十次全会提升洛阳赋能定位，从“副中心、增长极”到“都市圈、新引擎”，洛阳将发力都市圈、提升辐射力、打造增长极、形成新引擎，实施更加积极主动的开放战略，统筹推进空陆海网“四路协同”，加快构建现代开放体系，推动形成全方位高水平开放格局。

“四路协同”“五区联动”凝聚了河南省战略期望。中原城市群发展战略，使郑州大都市、洛阳副中心和核心辐射城市对“空中丝绸之路”的首位功能、对郑州航空港经济综合实验区的首区功能寄予厚望，给予当地经济高质量发展和开放型经济架构的全力支撑，因此以国际货运为主、国际客货协同的国际航线布局与航线设立肩负河南省开放发展的重要使命。

3. 谋划“空中丝绸之路”布局，做出“一带一路”河南贡献

“一带一路”倡议是中国为了构建人类命运共同体而提出来的宏大国际合作计划，以郑州—卢森堡“空中丝绸之路”为核心打造多向的“空中丝

绸之路"是具有河南特色的重要贡献。

2017 年 8 月，河南省委常委会召开会议，研究推进郑州—卢森堡"空中丝绸之路"建设专项规划和工作方案，通过了《郑州—卢森堡"空中丝绸之路"建设专项规划（2017—2025 年）》和《推进郑州—卢森堡"空中丝绸之路"建设工作方案》，在工作方案中提出了拓展货运航线网络、增开国际客运航线、建设合资飞机维修基地等 13 项重点任务。2019 年 6 月，中共河南省委、河南省人民政府又通过了《关于以"一带一路"建设为统领加快构建内陆开放高地的意见》（以下简称《意见》）和《河南省参与"一带一路"建设三年工作要点（2019—2021 年）》（以下简称《工作要点》），在《意见》中提出"深化郑州和卢森堡'双枢纽'战略合作，优化通航点布局，加密国际货运航线航班，推动新开直飞欧洲、大洋洲、美洲等洲际客运航线。积极落实中卢两国航权协议，推进航权开放协作"。从而提升开放通道优势。在《工作要点》中提出了推动"空中丝绸之路"客货运发展提质增效、拓展枢纽航线布局、加快基地航空公司建设等 11 条加快"空中丝绸之路"建设的部署。由此可见，从河南省承担的构建"空中丝绸之路"的"一带一路"倡议使命来看，它们都对郑州国际航空货运枢纽建设和郑州国际客货运的布局提出了紧迫要求。

4. 助力中心城市建设，实现国际国内"双循环"新发展

以美国和中国在经济、科技方面的竞争为标志，世界进入了全球化与"逆全球化"的博弈阶段，而新冠疫情全球大流行使这个大变局加速，全球产业链、供应链因非经济因素而面临冲击，世界进入动荡变革期。面对中华民族伟大复兴的历史使命和社会主义现代化强国的建设目标，我国将以畅通国民经济循环为主构建新发展格局，推动形成以国内大循环为主体、国内国际双循环相互促进的新发展格局。河南必须以经济和社会发展的"内生"增长与"空中丝绸之路"的带动发展互为支撑，实现经济、科技、社会、教育的高质量创新发展。

郑州在世界城市中的排名提升就充分说明了这个逻辑关系。在全球化与世界城市（GaWC）研究网络编制的全球城市分级排名——《世界城市名

册 2020》中，郑州晋升全球二线大城市。GaWC 是全球最著名的城市评级机构之一，通过量化世界城市在金融（银行、保险）、广告、法律、会计、管理咨询五大行业的全球连通性，将城市划分成 Alpha、Beta、Gamma、Sufficiency（＋／－）四大类，以衡量城市在全球高端生产服务网络中的地位及其融入度。2020 年，Alpha 等级城市中有 6 座中国城市，其中香港、上海、北京同为 Alpha＋，广州、台北和深圳入选 Alpha－。位于二线 Beta 等级城市的中国城市有 13 座，郑州位列 Beta－（二线 B－），郑州和西安是首次晋升为 Beta－城市，分别比上次排名提升 37 个、25 个位次。评审专家认为"物流的影响、城市本身重要性的提升以及在'一带一路'下的节点功能，均可能是两座城市快速增长的原因"。

所以在"内生"增长与"空中丝绸之路"领航的国内国际双循环新发展场景中，进一步增强郑州国际航空货运枢纽地位、强化国际货运网络，形成全球综合交通枢纽和全球物流中心，不但可以引领河南的全面发展，而且对郑州全球城市排名的进一步提升有强大的支撑作用。

（二）国际航空货运网络发展思路和目标

1. 发展思路

围绕国家中心城市建设，服务郑州市建设内陆地区对外开放的重要门户，依托产业、消费升级和贸易新模式的发展，依据 2018 年河南省人民政府与中国民用航空局联合下发的《郑州国际航空货运枢纽战略规划》，将郑州机场打造成国际航空货运枢纽，更好地发挥郑州航空港经济综合实验区和中国（河南）自贸区的对外开放平台功能，加快形成内陆开放高地，促进河南省建成更高水平的开放型经济。按照"货运为先，以货带客；国际为先，以外带内；以干为先，公铁集疏"的发展思路，打造客货协同、服务优质的国际航空货运网络，实现全货机运输和腹舱运力优势互补，全面提升郑州机场航线网络的综合服务能力，探索差异化发展新路径。

在郑州机场打造国际航空货运枢纽"货运为先，国际为先，以干为先"的战略思路的基础上，对于郑州机场近远期货运航线的开辟与布局，本书提出以下建议：

①坚持重点扶持和引进以郑州机场为主运营基地的货运航空公司；

②完善机场基础设施，提升综合保障能力；

③强化航线规划与河南省战略契合度，重点培育新增长点；

④建立航空货运生态体系，打造货邮分拨中心；

⑤发挥地面综合交通优势，拓展腹地市场空间；

⑥兼顾亚洲货运市场，充分利用以客带货、客货联运；

⑦以"郑州—卢森堡'空中丝绸之路'"建设为核心，打造郑州与欧洲之间的高频洲际货运航线网络，进一步巩固郑美洲际货运核心航线网络，加强郑州机场国际货运枢纽地位。

2. 发展目标

基于货运特点，未来郑州机场的货运航点开辟方向需要重点面向全球排名前50位的货运枢纽机场，尤其是与我国贸易联系最为密切的亚太、北美和欧洲地区的货运枢纽机场。通过北美枢纽点形成连接南美重要航点的航线，通过欧洲枢纽点形成联通非洲重要航点的航线，随着货运量的增加、对频次需求的提高，适时开通直接通达南美和非洲的货运网络。

2025年（近期）发展目标：机场终端区形成"五进五出"航线格局，四跑道高效运行，年保障起降46万架次以上；基本建成南、北货运区协同发展的货运保障体系，建成T3航站楼；加强郑州—卢森堡"空中丝绸之路"货邮航线建设，深化"双枢纽"战略合作，加密卢森堡、亚太地区货运航线，连接国际主要枢纽节点城市；吸引更多集疏能力强、覆盖范围广的货运航空公司开辟和加密货运航线，扩大全货机航班运营规模，打造郑欧、郑美空中快线，连接亚欧、美、澳、非全球货运点，初步构建覆盖全球的货运航线网络；实现全口岸进口功能，建设卢森堡货航亚太物流分拨中心，物流生态系统初步形成；完善现有"空铁公"多式联运，加强航空电子货运工作，实现货运一单到底；吸引2~3家国际知名物流集成商和快递企业入驻建立运营基地；建立国际通行的货运服务指标体系。

2030年（中期）发展目标：高频联通全球排名前30位的货运枢纽机

场；形成国际领先的多式联运货运服务标杆，欧美地面集疏运体系形成；物流生态系统进一步完善，逐步吸引全球领先物流企业入驻建立转运中心；郑州机场成为中国主要快件转运中心之一。

2035 年（远期）发展目标：逐步联通货邮吞吐量排名前 50 位的机场，打造辐射全球的空中网络和高效集疏的地面网络，吸引国内外货运航空公司和物流集成商建立运营基地，持续提高货运服务效率，形成完善的货运生态系统。

3. 决策依据

（1）坚持重点扶持和引进以郑州机场为主运营基地的货运航空公司是未来郑州机场跨越式发展的基本保障

长期以来，河南缺少真正意义上的本土航空公司的现实严重限制了河南民航的发展。首先，国航、南航、东航三大航的国际航权和国际运力在郑州机场投放不足，各地方航空公司又重点服务本地航空市场，导致郑州机场在没有本土航空公司支撑、缺乏航空运输资源等不利情况下，才提出了"货运为先，以货带客；国际为先，以外带内；以干为先，公铁集疏"的发展思路。自 2015 年河南民航发展投资集团有限公司与卢森堡国际货运航空公司成立中国合资货运航空公司以来，成功架起郑州—卢森堡"空中丝绸之路"，构建了以郑州为中心，连接欧亚美三大洲的国际航空货运网络。2014～2018 年，郑州—卢森堡航线共实现利润 4 亿美元，货运量以 10 倍速度发展，累计为郑州机场贡献国际货运量近 50 万吨，对郑州机场货运增长量贡献率为 79%，带动郑州机场货邮吞吐量跻身全球 50 强。2019 年 5 月，河南民航发展投资集团有限公司与广东龙浩航空有限公司组建中原龙浩航空有限公司，实现郑州机场和广州机场"双基地"运营。目前中原龙浩航空有限公司在郑州机场先后开通了郑州至大阪、郑州至河内、郑州至杭州、郑州至济南至大阪、郑州至合肥至河内、广州至郑州至首尔等多条货运航线。2020 年 5 月，作为河南省首家以郑州机场为主运营基地的中州航空公司开航并陆续开通了郑州至无锡至泉州、郑州至深圳、郑州至淮安、郑州至海口、郑州至乌鲁木齐等多条航线。依托卢森堡货航"双枢纽"、中原龙浩航空"双基地"、中州航空"主运营基地"，河南民航发展史掀开了崭新的一页。未来叠加干线和支线的民航货运资源优势，有助于郑州成为国际航空货运枢纽。事实证明，只有郑州机场主基地航空公司，特别是主运营基地航空公司，才能真正为郑州机场的货运发展提供新活力。其次，郑州到达南美、南亚、非洲等地的货运航线从时效性和航权上来讲，卢森堡货航已经无能为力，也就是说目前的郑州航空港缺乏新的增长点。如果没有本土货运航司的接力，随着阿里入股的圆通、京东合作的天津货航以及顺丰鄂州基地逐步发力，郑州的货运优势有可能会被削弱。因此，主运营基地货航、合资货航是未来郑州货运发展应重点扶持的对象。河南省应在航权、时刻、资金、土地等方面给予大力支持，使其迅速做大做强，与机场形成战略协同，航线网络覆盖全球主要区域，在此基础上，积极吸引国内外货运航空公司来郑州开展业务，对核心货源市场和快速增长区域形成良好覆盖。

（2）完善机场基础设施和提升综合保障能力是提升郑州机场核心竞争力的需要

根据《郑州国际航空货运枢纽战略规划》，2025年发展目标是：郑州机场货邮吞吐量保障能力在300万吨以上并成为我国跨境电商进出口贸易总值最大的空运口岸，同时货运吞吐量达到500万吨。未来面向500万吨货运保障规模，郑州机场应超前谋划机场货站布局，确保充足的货物处理能力。近期以集中布局货站便于操作为主，远期以多货站功能区之间的有效衔接运营为主；尽快配套设置海关二级监管区、异地货站等功能区，提高货站运行效率，满足普货、快件和跨境商品物理隔离的要求，推进货运设施功能集约化、模块化、信息化、自动化发展，与货运专用快速通道、货运铁路直通连接，满足航空货运高效率和专业化的发展需要，实现运营效率的优化。

此外，还需建立完善的货运服务体系。完善的货运服务体系是机场的核心竞争力。相对而言，郑州机场货运升降平台车、传送车等硬件设备较为先进，可以满足现有保障能力，但应提前布局，特别是在货运服务体系和联动效率方面有待进一步加强。上海浦东机场和香港机场作为全球领先的货运枢纽机场，货物处理能力较强，且形成了一整套完整的可复制的货物处理效率指标。现在就应该着手比照和借鉴香港和上海货站管理和服务准则以及完整的货运服务体系，设置高标准的关键运营环节服务准则并定期评估，加强对员工货运处理效率的常态化保障。将效率作为衡量一切工作的核心指标，让效率优先的思想成为货运企业文化的精髓。从卡车等待区的建设、货物安检和操作的自动化和信息化水平、货物存储空间的分配、货站之间调拨的流程等各个方面进行服务优化，增加货站分单接货和组合集装的能力和保障能力。建立机场航空邮件快件"绿色"通道，提供快速通关、安检、配载、装卸和交接服务。建设以郑州机场为核心的多式联运信息平台，推进航空网、地面网和信息网的智能化融合发展，强化货运专业服务能力和机场集疏转运功能，实施空地协同的国际货运网络效率优先战略，构建"一单到底、运行高效、全球通达"的国际航空物流服务体系。

（3）强化航线规划与河南省战略契合度是未来郑州机场货运发展新的增长点

物流产业是贸易实现的工具，贸易本地化能够极大地提高物流的组织效率。航空货运是现代物流的重要组成部分，是国际贸易中贵重物品、鲜活货物和精密仪器运输不可或缺的方式。相比其他货运方式，航空货运具有运输速度快、空间跨度大、运输安全准确、不受地面限制等特点，适用于运输小件商品、鲜活商品、季节性商品及贵重商品等高附加值货物。目前河南省外向型产业发展不足，人均收入水平低，高端消费市场亟须拓展。郑州机场周边布局的产业集群结构较为单一，除智能终端、电子产品外，生物医药、航空维修、冷链物流、电商物流等产业尚未形成规模，本地外向型产业规模较小，导致河南省现有的货邮出口量支撑度不足，未来将直接导致机场货运持续快速增长的内生动力不足。但根据河南省2014年发布的《先进制造业大省建设行动计划》，河南省未来将着力推动三大产业升级工程：以电子信息、装备制造、汽车及零部件、食品、现代家居、服装服饰等产业为主的高成长性制造业发展工程；以生物医药、节能环保、新材料、新能源等产业为主的战略性新兴产业培育工程；以冶金、建材、化学和轻纺等工业为主的传统支柱产业转型工程。此外，自贸区的批复为郑州市建立内陆贸易中心奠定了良好的政策基础，未来要强化与港区的联动，吸引更多临空指向型高的产业，将生产、总部、物流分拨、结算等功能落户郑州空港区，实现物流、资金流、信息流融合发展。根据河南省现有产业结构特点和未来临空产业发展方向，应提前布局航空货运策略，着力强化运输网络规划与河南省战略契合度。郑州机场如今已是国家一类航空口岸（包括水果进口口岸、冰鲜水产品进口口岸、食用水生动物进口口岸、冰鲜肉类进口口岸、活体动物进口口岸、国际邮件枢纽口岸、药品进口口岸），成为国内进口指定口岸数量最多、种类最全的内陆机场，这是郑州机场巨大的航空货运优势。因此，郑州机场需要认真研究自身发展的优劣势，做好精准定位，寻求可持续发展路径。在原有优势的基础上（包括电子产品、服装服饰、汽车零部件等），大力引进航空货运指向型企业，重点培育跨境电商、生鲜冷链和航空医药冷链等。

（4）建立航空货运生态体系、打造货邮分拨中心是郑州机场发展的内在驱动力

如今的郑州机场左有雄心勃勃的西安，右有珠三角的上海、杭州、南京等，上有背靠京津冀一体化战略的北京、天津，下有武汉和携手顺丰虎视眈眈的鄂州，更有长沙、南昌等地的奋起直追，可谓是强邻环伺。但是河南省承东启西、连南贯北，是我国重要的综合交通枢纽中心和战略腹地，基本形成了以高速铁路、普通铁路、高速公路、民航等为主体的综合交通体系。中欧班列（郑州）、郑州机场卡车航班等多式联运品牌效应初步形成，铁路、公路、航空也基本构成了通达便捷的立体交通体系。因此，优越的地理位置和通达便捷的立体交通体系赋予了郑州建立全国货邮分拨中心的特殊优势。郑州机场需要在认真研究自身发展的优劣势和竞争对手情况的基础上，寻求差异化、可持续化的发展路径。根据现有物流集成商在中国的布局以及郑州机场目前货运市场的吸引力，短期内引入全球物流集成商的可能性不大。初期重点吸引、培育国内物流企业（如中国邮政）和引进航空货运代理公司，将郑州作为其国际货邮分拨中心，同时争取国际集成商建立郑州至其各自枢纽的专线网络，打造重要二级节点。通过建立

完善的航空货运生态体系，增强郑州机场货运市场的吸引力，后期逐步引进 FedEx、UPS、DHL 等国际快递巨头，最终在郑州机场建立国际快件分拨中心、国际邮政分拨中心、跨境电商分拨中心和国际冷链物流中心等，从而形成具有国际影响力的航空物流、高端制造、现代服务业等产业集群。

（5）发挥地面综合交通优势、拓展腹地市场空间是郑州机场开拓货源的最佳路径和发展模式

"多式联运 – 中枢辐射式"运营模式将是郑州机场货物集疏的最佳解决方案。郑州位于米字形高铁的中心，且地面公路运输到国内大多数经济发达城市在卡车航班 800 公里黄金距离圈内。目前郑州依托地面卡车航班和空中网络的配合形成了相对完善的联运体系，下一步应重点研究和打通"空铁公"多式联运，以现有郑州高铁南站和郑州机场三期工程建设为契机，建设货运空陆联运中心，探索建立中国第一个高铁快运场站与机场货运场站高效连接、转运便捷的空铁物流联运设施。这将对郑州货运发展起到非常重要的支撑作用。

（6）兼顾亚洲货运市场，充分利用以客带货、客货联运的发展模式是目前郑州机场打造国际枢纽的有利补充

目前国航、南航、东航三大航将主要的国际客运运力配置在北上广区域内的大型枢纽机场，在郑州航空客运公司投放的国际运力不足。因此大部分在郑州机场开展客运的航空公司要么缺少欧美洲际航权，要么没有运营洲际航线的宽体机（如 B747、B787、A330、A350 等系列飞机）。目前亚洲国家和地区航权限制相对较少，而中程飞机（如 B737、A320 等系列飞机）是各个航空公司运营的主流机型，其航程可以基本满足郑州至大部分亚洲区域的国家和地区的需求。因此，郑州机场可以鼓励中小型航空公司利用中程飞机执飞客货运航班。客运航班除优越的客运性能以外，货载能力也很强大，简单地说，每四班客机的腹舱货载能力就相当于一架全货机航班。客运班次的增加，也变相地提升了货运的运载能力，而且客运航班货邮运输成本比全货机运输成本低。在这种情况下，客货联动就显得尤为重要。河南省人口众多，但商务等高端旅客较少，国际旅游的主要目的地

也是周边国家和地区，特别是东南亚、东北亚、我国港澳台地区等在 4～5 个小时航程内的经济热点地区或旅游热点城市，譬如东京、大阪、首尔、仁川、曼谷、清迈、金边等。通过兼顾亚洲货客市场，一方面客源相对稳定，而且进出口货物互补，贸易往来频繁；另一方面以腹舱运力作为有效补充，发挥协同效应，有利于进一步扩展郑州机场国际货运吞吐量。

（7）以"郑州—卢森堡'空中丝绸之路'"建设为核心，打造郑州与欧洲之间的高频洲际货运航线网络，进一步巩固郑美洲际货运核心航线网络，加强郑州机场国际货运枢纽地位

聚焦开辟与布局货运吞吐量排名前列但仍未在郑州机场开通航线的世界各大地区货运枢纽机场，譬如北美的美国（孟菲斯国际机场、路易斯维尔国际机场）、亚洲的迪拜（迪拜国际机场）、欧洲的英国（伦敦希思罗国际机场）、德国（莱比锡哈雷机场）、法国（巴黎戴高乐国际机场）等。在欧美等成熟发达的航空货运市场，大型枢纽机场往往是"干线中枢辐射式航线网络＋支线点对点航线网络"纵横交错、相互补充。从空间上讲，大型枢纽机场以支线形式由轴心机场辐射至附近各小城市机场，以汇集和疏散客货流。在这种有机的航线网络中，一方面把四面八方的货源汇集到一个枢纽机场中转后集中运往其他枢纽机场，另一方面又把来自其他枢纽机场的货流经本枢纽机场中转后分散运往四面八方。中枢辐射式航线网络可以减少航空公司的基础飞机配置，扩大货源覆盖范围，具有明显的规模经济性和范围经济性。因此，郑州机场通过开辟和布局与世界各大货邮枢纽机场之间的航线，将郑州和全球经济热点地区进行连接，最终形成以郑欧、郑美空中货运快线为核心，辐射全球的航空货运网络。在货源充足的基础上保证航空企业盈利能"飞回来"。

四　"四心合一"，打造河南空天创新高地

从 2022 年初到现在，在河南省出台的多个省级专项规划中对航空航天产业都有所涉及，但是河南省的航空航天产业建设仍存在很多薄弱环节。

据此,本书提出了"四心合一"的河南建设航空航天创新高地的思路,描绘了空天科技创新高地建设的若干支撑体系。

(一)河南空天领域规划与产业发展现状

从2022年初到现在,在河南省出台的6个省级专项规划中对航空航天产业都有所涉及。

2022年1月24日发布的《河南省人民政府关于印发河南省"十四五"战略性新兴产业和未来产业发展规划的通知》中,在"加强创新突破和融合应用,培育壮大高成长产业"部分,除强调行业用无人机、农用无人机之外,还专门论述了航空航天产业的发展思路,即要发挥现有产业基础和区域特色优势,大力发展航天工业、北斗应用、航空制造维修等航空航天产业,打造国内重要的航空航天产业集群。

2022年1月26日发布的《河南省人民政府关于印发河南省"十四五"现代综合交通运输体系和枢纽经济发展规划的通知》提出,"依托郑州新郑国际、洛阳北郊等机场发展航空维修、航空制造等航空核心产业,建设国内重要的航空航材维修基地,积极发展电子信息、智能制造等航空偏好型产业"。

2022年1月26日发布的《河南省人民政府关于印发河南省"十四五"航空经济发展规划的通知》提出到2025年,基本建立以航空物流为基础,以高端制造业、现代服务业为支撑的航空经济产业体系。要形成3~5个航空高端制造业集群,主营业务收入超过1万亿元;培育3~5家全国知名的航空制造、维修企业。飞机租赁、商业保理等航空金融业实现突破,飞机租赁业务量居全国前列。

2022年1月26日发布的《河南省人民政府关于印发河南省"十四五"制造业高质量发展规划和现代服务业发展规划的通知》中,在"高端装备"专节,提出在航空航天装备领域,发展高端系列泵阀产品、宇航级管路件、高端航空航天发动机管路系统等,推动航天特色连接器等在宇航产品上批量应用,加强高端紧固件新型材料应用等技术研究。发展通用航空研发制造链，培育 1~2 家具有一定国内影响力和竞争力的通用航空整机制造企业，推动一批航空维修项目落户，建设国内重要的航空修造基地。

2022 年 6 月 17 日，河南省人民政府办公厅下达的《河南省通用机场中长期布局规划（2022—2035 年)》中的"保障措施"之五，专门描述了"发展通用航空产业"，要积极发挥通用机场对产业转型升级的支撑带动作用；培育壮大维修制造、无人机应用等通用航空产业，形成特色鲜明的通用航空高端制造业和现代服务业集群。

2022 年 9 月 2 日，河南省发展改革委发布的《河南省通用航空产业中长期发展规划（2022—2035 年)》中，提出了提升整机研发制造能力、加快通用航空零部件制造产业发展、提质发展无人机产业的组合式提高研发制造能力的思路。

从航空航天目前在河南省的布局来看，航天产业在河南省布局较为分散，实力较弱。航空产业以中航工业（中国航空工业集团有限公司）为主体，主要布局在洛阳（2 个研究所、1 个制造企业）、郑州（郑飞集团）、新乡（新航集团）；此外，在郑州上街、安阳、新乡、焦作、洛阳等地有较为集中的以民营资本为主的通航制造、无人机制造等相关企业。河南民航发展投资集团有限公司近年在"空中丝绸之路"的整体推进方面卓有成效。自 2021 年 6 月起，河南航投用不到一年的时间，先后将西安飞宇航空仿真技术股份有限公司、广东优翼航空技术有限公司、北京东方瑞丰航空技术有限公司三家行业领军企业收入麾下，产品体系囊括高等级飞行模拟机、乘务训练模拟器、通航飞行训练器等，一条涵盖了运输航空、通用航空训练设备类型的完整产业链已清晰可见；2022 年 6 月 14 日，在省委书记楼阳生同志见证下，一套崭新的波音 737 - 800 客舱训练设备在郑州航空港区完成总装，随即装车运往坦桑尼亚——河南航投集团航空制造产业园正式运营。

（二）河南发展航空航天产业的困境与挑战

通过调研，本书分析认为，当前制约河南省航空航天产业发展的主要问题及成因有以下几个方面。①河南省没有专门的航空航天产业发展的规划，通过以上分析，可以发现有关航空航天产业的发展都是有关规划的"附属品"。②在航空航天等领域，缺乏行业级的研发机构。③在航天领域，没有主导企业；在航空领域，没有整机制造企业，无法辐射与引领配套企业，对航空制造的整个产业链带动作用小。④通航产业发展缺少政策、资金等多方面的支撑。

（三）"四心合一"的河南建设空天创新高地的建议

本书作者长期从事航空技术与经济领域的协同创新及国际合作研究，从2018年以来，具体推动郑州航空工业管理学院加入了国际民航组织（ICAO）牵头的"国际航空航天教育协会"（创始单位）、"'空中丝绸之路'国际合作联盟"（发起与创始单位）。为了形成河南的空天创新高地，特提出以下"四心合一"的航空航天产业建设方案。

1. 成立北京、郑州双研发中心

充分利用空天领域院士等一批国内外知名专家的影响，在北京与北京航空航天大学（简称北航）、中国航空工业集团有限公司（简称中航工业）、中国航空发动机集团有限公司（简称中国航发）、中国商用飞机有限责任公司（简称中国商飞）、中国航天科技集团有限公司、中国航天科工集团有限公司等知名高校或央企联合成立河南省重点攻关的航空航天细分领域的研究所。同时在河南选择郑州航空工业管理学院等航空航天类高校，外与北京、西安等联合，内与河南省科学院联合，设立有关航空航天领域研究院所。加快空天领域院士、知名专家工作室落户河南，实现北京、郑州空天创新的同频共振。

2. 建立空天技术转移郑州中心

经过前期调研，经空天领域院士推荐，拟引进并可以在河南产业化的典型项目如下。

项目1：临近空间飞艇。

项目2：使用氢气的某型发动机研制。

项目3：使用重油的某型发动机研制。

项目4：某新型直升机研发。

项目5：某新机制磁性动力飞行器研制。

3. 空天郑州制造中心

在中原科技城或郑州航空港建立空天制造产业园，打造空天制造中心。

4. 空天"数字经济"服务应用中心

立足空天服务型制造，在智能化、数字化支撑下，利用大数据、云计算，面向空天产业链，为空天产品的客户服务，为空天产业链的用户赋能，建设空天数字化转型的高质量服务应用中心。

（四）空天科技创新高地建设的若干支撑体系

1. 省市用地、经费支持

争取在郑州东区的中原科技城获得13.33公顷左右的产业用地，用于研发、试制、制造及专家公寓配套。

争取获得郑州市、河南省的战略性新兴产业的专项研发资金，获得郑州市、河南省、科技部、国家（如国家自然科学基金河南省地方合作项目）的专项重点科技计划支持。争取获得支撑学校，特别是有关院士争取的国家配套经费支持。

2. 重点研发人员聚集

除了汇聚上述5个典型项目的核心人员之外，应充分整合、调动郑州航院3个与航空航天有关的学院的硕博士加入。目前郑州航院与空天有关的研发力量主要集中在航空宇航学院、航空发动机学院、民航学院，应建立激励机制，以这3个学院为主，吸收智能工程学院、无人机研究院等各方力量集智攻关，与河南省科学院共建河南空天产业技术研究院有限公司，与有关院士指导的北京等国内外研发力量共同打造郑州航院乃至郑州航空航天"智造"名片。

3. 体制机制创新

充分利用郑州市、河南省的人才政策，为汇聚于此的航空航天研发人才提供安家费、津贴、科研绩效、项目引进奖励、成果转化奖励、人才公寓等有竞争力的一揽子人才激励方案。对能参与该工程的郑州航院的硕博士也可以建立航空航天研发专门系列政策，在职称晋升、科研贡献津贴、研发贡献、产业化贡献等方面完善激励方案。

五 河南中俄国际科技创新中心建设设想

对以"国家创新高地"为建设目标的河南省来说，除当前的重振河南省科学院、建设中原科技城、建设国家技术转移郑州中心、建设"双一流"高校、高水平建设国家实验室等举措之外，瞄准中俄战略合作的契机，聚合中俄力量，建设中俄国际科技创新中心，对河南省"国家创新高地"战略目标的实现将起到强有力的推动作用。

（一）河南中俄国际科技创新合作的现状分析

俄罗斯与河南省高校学科、专业与科技合作近年有可喜进展，2022 年 6月 17 日，河南省俄乌白教育国际合作联盟在郑州成立。截至 2022 年 11 月20 日，对河南省"双一流"建设中的 2 个"航母"（郑大、河大）、9 所特色骨干大学建设高校、8 所特色骨干学科建设高校，目前仍在进行的与俄罗斯开展国际合作办学的情况进行了扫描，相对数量众多的与欧美等西方国家的合作办学，河南省"双一流"高校群的 19 所高校，只有 6 所高校与科技仍有世界独特地位的俄罗斯开展国际合作办学，提升余地很大。中原工学院通过建立中原彼得堡航空智能仪器与复合材料协同创新中心，河南科技大学依托托木斯克理工大学建设先进材料、机器人 2 个研究院等都展示了河南省高校与俄罗斯合作的巨大潜力。

（二）河南中俄国际科技创新中心的建设对策

为了构建中俄科技创新中心，全力支持河南省建设"国家创新高地"，必须在以下几个方面进行体制机制的设计与创新突破。

第一，尽快与科技部、教育部、外交部、中国驻俄罗斯大使馆等联合成立河南中俄科技合作战略领导小组，发挥上述部门在河南省对俄合作中的指导作用。

第二，优先成立省市两级中俄科技创新牵头部门。在外国专家局系统整合到科技系统之后，省科技厅、各级市科技局都是非常合适的推动中俄合作的机构。

第三，建构河南省发挥主导作用的"中俄科技创新联盟"。推动俄罗斯高水平科研机构、高校科技创新联盟与河南省科学院、高校、央企、上市公司、骨干企业构建科技合作联盟机制。

第四，设立河南省国际科技创新战略咨询委员会，聚焦中俄科技与高等教育合作，为河南省（委）科技创新委员会战略决策服务。

第五，充分发挥中俄科技合作在河南省科学院重建重振中的战略支撑作用。依托《河南省科学院发展促进条例》，充分吸收之前河南省科学院与白俄罗斯科技合作的经验，在河南省科学院的各学部、下属研究所、地市分院建设中，注重与俄罗斯在河南省所需、俄方有优势领域的科技创新合作。

第六，建设洛阳、郑州两个中俄科技创新高地。在洛阳，应以河南科技大学前期与托木斯克理工大学、俄罗斯国立研究大学莫斯科动力学院合作设立的非独立法人中外合作办学机构——河南科技大学莫动理工学院为基础，整合"一五"期间在洛阳设立的7个苏联援助的重点工程项目，吸收中国科学院、河南省科学院、有关"985"高校的研发力量，设立洛阳俄罗斯创新研究院。在郑州，充分利用华北水利水电大学乌拉尔学院、中原工学院中原彼得堡航空学院、郑州航空工业管理学院南乌拉尔学院的办学基础，以及河南大学、河南财经政法大学与俄罗斯的国际合作办学，在加强双方高校本科生、研究生、教师双向交流，合作培养研究生的基础上，尽快设立有关高校的俄罗斯创新研究院（所），与河南省科学院的国际化相呼应，形成郑州创建中俄科技创新高地的集群效应。

第七，完善优化俄罗斯高校中国创新研究院建设方案。以已经和郑州市郑东新区管委会签约的俄罗斯托木斯克理工大学中国产业技术研究院为龙头，进一步推动俄罗斯高校创新联盟的高校与河南省有关地市、高校、科研机构、企业等加快合作，建设多种类型与产业密切结合的新型研发机构，构建俄罗斯高校全面支撑郑洛新国家自主创新示范区的国际科技创新高地布局。

第八，中俄科技城规划与建设。在国家中心城市郑州规划建设中俄科技城，与目前的中原科技城建设有力契合，形成河南省构建中俄科技创新中心的强力支撑。拟包含九大板块：俄罗斯托木斯克理工大学中国产业技术研究院、中俄高科技产业园、中俄国际科技大学、中俄高新技术转移孵化区、国际科技成果展示交易中心（线上和线下相结合，基于人工智能和大数据进行专利导航分析，促进成果转化）、国际政商服务区（主要实现俄罗斯等独联体国家大使馆和商会等功能）、苏（俄）国际风情园、留苏（俄）创业园和国际专家高新人才生活区。河南省将在此基础上全力打造中俄科技合作创新示范区。此外，要设计好路线图，打造中俄科技谷，建设现代科技城。在科技谷的建设中，俄罗斯托木斯克理工大学（TPU）将引进以院士、诺贝尔奖得主领衔的国际创新资源，最终通过研究院和中俄科技谷的建设，增强科技强省建设实力，加快河南省、郑州市创新驱动发展，打造特色鲜明的国际科技创新高地，助推中俄新时代全面战略协作伙伴关系深化提升。

六　面向2035年河南省通航强省发展的对策建议

在中国通用航空产业起飞的战略关键期，河南省应抓住战略机遇，采用加快成立河南省通航战略新兴产业集群领导小组、制订河南省通航发展三年滚动行动计划等系列举措。应突破通航是民航两翼之一的传统观点，认识到通用航空业是包含通航制造、军事通用航空、民用通用航空在内的具有丰富产业网络的战略性新兴产业。只有将通航上升为河南省建设制造业强省、经济强省的重要基石，认识到河南省通航产业集群的发展决定着能否满足人民对美好生活的向往，决定着河南省现代化强省的发展水平，将通航鲜明地融入河南省的"十大战略"之中，才能带动河南省经济和社会发展质量的全面提升。

截至 2020 年底，河南省建成取证或备案的通用机场 6 个，在建通用机场 5 个，运营通用航空企业 22 家。郑州、安阳 2 个国家级通用航空产业综合示范区加快建设，郑州上街机场开通 3 条短途运输航线，安阳获批建设全国首批民用无人驾驶航空试验区，航空器研发制造、航空培训、低空旅游等通用航空新业态初步形成集聚；郑州上街航展、安阳航空运动文化旅游节连续多年成功举办，且安阳航空运动文化旅游节连续两年被评为"中国体育旅游精品赛事""中国体育旅游十佳精品赛事"。但是与全国领先的通用航空产业综合示范区和首批民用无人驾驶航空试验区相比，河南省在产业规模、创新水平等方面还有较大差距，需要认真研判，高度重视通航（含无人机）作为战略性新兴产业的重要带动作用，制定通航的创新引领发展战略。

（一）河南省通航发展面临的现状

从全国通航发展、河南省省级规划、郑州与安阳两个国家首批通航产业综合示范区的规划、部分通航示范区的具体数据等四个方面可以基本勾画河南省通航发展的基本环境。

从全国来看，通航运营在疫情冲击之下有一定韧性。根据 2022 年 1 月 10 日召开的 2022 年全国民航工作会议披露的数据：2021 年，我国大陆通用航空飞行 118.2 万小时，同比增长 20.1%，无人机企业达 1.27 万家，实名登记无人机约 83 万架，飞行时间达到千万小时量级。根据 2023 年 1 月 6 日召开的 2023 年全国民航工作会议有关数据，2022 年我国大陆通用机场有 399 个。

2023 年 2 月，民航局飞标司统计发布信息通告《2022 年通用和小型运输运行概况》，截至 2022 年 12 月 31 日，我国有 399 家实际在运行的通用及小型运输航空公司，从业飞行人员 3371 名（含中国籍飞行员 3349 人，外籍飞行员 22 人），航空器 2234 架，暂停或终止运行种类的通用及小型运输航空公司累计 220 家。此外，对于一般商业运行种类不再采取行政许可管理，目前已注销 89 家仅涉及该运行种类通航公司的运行合格证。另据《"十四五"民用航空发展规划》《"十四五"通用航空发展专项规划》，截至 2020 年底，我国内地在册 339 个通用机场的飞行总量（含无人机）超过 280 万小时。

基于对《河南省国民经济和社会发展第十四个五年规划和二〇三五年远景目标纲要》的分析，其中与通用航空有关的规划内容有以下两个方面：推动干线、支线、通用机场协同发展，改扩建既有机场，形成"一枢多支"的现代化机场群；加强通用航空器和无人机研发制造，完善低空飞行服务保障体系，推进通用航空作业和服务消费模式创新，争创国家通用航空产业发展示范省。《河南省"十四五"航空经济发展规划》，除规划了河南省通航机场布局、发展通航服务业之外，重点强调了发展通用航空研发制造链，培育 1~2 家具有国内影响力和竞争力的通用航空整机制造企业，培育壮大郑州上街、安阳北关、周口西华等无人机研发制造产业集群，推动"5G+无人机""北斗+无人机"走在全国第一方阵。鼓励国有企业、军民融合企业和社会资本参与组建一批轻型航空器研发、制造和维修企业。

郑州、安阳两个通航产业综合示范区的规划分析。2017 年 1 月 4 日，国家发展改革委印发《关于建设通用航空产业综合示范区的实施意见》，郑州、安阳等 26 个城市被列入国家第一批通用航空产业综合示范区。中国民用航空局于 2020 年 10 月 21 日公布首批民用无人驾驶航空试验基地（试验区），河南安阳等 13 个地市名列其中。这两个"首批"名单中安阳、南京、沈阳为重复出现的城市。从目前获得的规划资料来看，郑州及郑州上街区对通航发展的规划较为粗浅。而安阳作为我国首批通用航空产业综合示范区和首批民用无人驾驶航空试验基地（试验区），建设了全国首个 5G 泛在低空飞行测试基地，通过《安阳市国民经济和社会发展第十四个五年规划和二〇三五年远景目标纲要》和《安阳市"十四五"航空经济发展规划》，倾力打造机场、通航、无人机全产业链创新增长体系，带动豫北航空经济协作区发展。

河南省两个代表性通航产业园发展现状。据本书作者作为主持人的2021年河南省科技智库项目进行的调研，安阳通航产业园纳入统计通航企业12家，2021年1~11月，生产总值为3345.7万元，缴税227.7万元。其中安阳猎鹰消防科技有限公司产值为886200元，安阳迈杰航空科技有限公司产值为146.8万元，河南美鹰航空科技有限公司产值为2397345元。上街通航产业园形成销售规模的通航企业也不多。

（二）制约河南省通航发展的主要问题与成因分析

通过调研，本书分析认为，制约河南省通航发展的主要问题与成因是：①企业资金困难，销售不畅，但是要获得政府的政策性补助周期很长；②河南省没有获得低空空域使用权，所以在航空器试飞、购买、使用方面受到制约；③通航发展缺乏强有力的政策支持，产业集群没有形成；④通航制造企业没有很强的研发能力，主要受地域和政策影响，无法吸引通航领域的专家到本地工作。

（三）加快培育通航战略新兴产业集群，建设通航强省的主要对策

1. 加快成立河南省通航战略新兴产业集群领导小组

2021年中国民用航空局对通航工作指导思想进行了调整，河南省必须高度重视通用航空这一战略性新兴产业，尽快成立统筹通航发展的河南省通航战略新兴产业集群领导小组。

2021年2月26日，民航局通用航空工作领导小组第六次全体会议在北京召开。这次会议传递出一个重要信息：通用航空发展要在充分发挥地方政府主体责任上定支点，支持协调配合地方政府发展通用航空，向有条件、有积极性的地方政府优先、重点倾斜行业支持政策，以点带面，逐步推开，避免"一刀切""撒芝麻"。从本书跟踪民航局近年对全国"两会"有关通航的建议或提案的答复来看，民航局认为通航发展，特别是通航机场发展的主体单位是其所在的省级政府。

机不可失，时不我待！本书认为河南省通航发展首先要实现观念更新。

不要受民航类教科书的影响，简单地认为通用航空与运输航空是民用航空的两翼，而要深刻地认识到通用航空业是包含通航制造、军事通用航空、民用通用航空在内的具有丰富产业网络的战略性新兴产业。中部六省，除湖北省目前重心在鄂州花湖机场的建设运营上之外，湖南省、江西省、安徽省、山西省在通航战略性新兴产业及低空空域开放方面都走在全国前列，河南省应从省委、省政府层面充分重视通航发展，直面竞争，尽快研究建立河南省通航战略新兴产业集群领导小组，统筹省内外、国内外资源发展通航产业，为河南省崛起一个通航战略性新兴产业而竭尽全力，丰富河南省制造业强省、经济强省的根基。

领导小组的牵头单位可以放到河南省发展改革委，省内主要参加单位有河南省军区、省委军民融合办、郑州市通航战略新兴产业集群领导小组、安阳市通航战略新兴产业集群领导小组、河南省交通运输厅、河南省应急管理厅、河南省文化和旅游厅、河南省体育局、河南省工信厅、河南省航空业协会、河南省通用航空协会、河南省航空学会。省外协同单位主要有中央空中交通管理委员会办公室、军方、民航局、中航工业、中国航发、中国商飞等单位。

河南省通航战略新兴产业集群的发展目标建议为：到 2025 年，形成 300 亿元产值规模；到 2035 年，形成 2000 亿元产值规模；到 2050 年，形成 6000 亿元产值规模。

2. 制订河南省通航发展三年滚动行动计划

从全国来看，《"十四五"通用航空发展专项规划》于 2022 年 6 月 13 日发布。从其他省份来看，在通用航空（民航）发展专项规划制定方面，黑龙江、内蒙古、海南、重庆、江苏等省份都制定了"十四五"通用航空（民航）发展专项规划。

综合分析，河南省关于通航发展的规划已经融入《河南省"十四五"航空经济发展规划》之中，在河南省"十四五"的综合交通运输体系和枢纽经济、文化旅游、应急管理、战略性新兴产业、制造业高质量发展、先进制造业集群等 6 个专项规划中都有与通航、无人机等相关的描述，没有必要再制定专门的"十四五"通用航空发展专项规划，但是需要制订"大通航"的专项行动计划，绘制通航全产业链图谱，用滚动的三年行动计划，统筹融合扩展有关通航的发展方略，调动有关方的积极性。否则容易陷入，有关通航规划齐全，但缺乏综合推进通航战略性新兴产业发展的有效力量，通航只是有关方面发展的配角，而缺乏持续有效的战略行动的尴尬局面。

3. 重点推进中小微通航机场群建设，创新交通强省实现路径

通航产业是国家战略性新兴产业，是促进经济社会高质量发展的新基建、新动能和新增长点，是落实交通强国和航空强国战略的重要支撑。当前加快构建新发展格局、发展通航对促进产业和消费升级的意义和作用重大。本书认为要加快建设低空通航交通运输网络体系，希望从国家层面，制定"十四五"低空通航运输体系发展规划，明确发展目标和路线图，开发和培育通航市场潜力，充分发挥通航带动投资、促进消费、推动转型的重要作用。

截至 2022 年底，河南省仅有郑州上街、安阳殷都、新乡唐庄、周口西华、安阳永和、中牟雁鸣湖等 6 个通用机场，在《河南省"十四五"航空经济发展规划》中规划建设安阳林州、郑州登封、洛阳万安、驻马店平舆、商丘民权等 14 个通用机场。但是经过本书作者与国内外通航专家交流论证，认为除上述较大投资的通航机场之外，河南省一定要因地制宜，按照县县通的原则，大力发展中小微机场和直升机起降点。这种方法投资少、见效快，对各类通航运营可以起到强大的支撑作用。这种 500 万元人民币左右的中小微机场群战略将是河南省通航产业发展的正确道路选择。

此外，建议将河南省中小微机场群的发展及其与其他交通运输方式的衔接融合，上报到交通运输部作为"十四五"期间河南省综合交通运输体系创新，建设交通强省，助力交通强国建设的重要工程。本书对多年来交通运输部所列的各省市上报并列入交通强国建设工程的项目进行了分析，几乎没见到河南省在该领域的创新项目。因此该建议意义重大，既凸显了河南省发展中小微通航机场群的亮点，又通过通航机场进公路、进港口（包括陆港）、进铁路枢纽、进医院、进景区、进森林等重点应急保障区域

提高衔接融合程度，获得国家政策与资金支持，拓宽河南省通航发展的空间，形成在全国的交通强国建设品牌。

4. "多链"融合的河南省通航产品研发与制造工程

从河南省更出彩的角度，突出通航的战略地位，省委、省政府要把通用航空列入"十四五"率先发展的产业，谋划面向 2035 年的通航发展规划，实现通航与航空运输的双飞跃，打造更强劲、更全面的民航产业，实现国内国际双循环新格局。在战略谋划过程中，从通航产业链、供应链、创新链、价值链、要素链、人才链、政策链等"七链同构""多链融合"角度激发河南省制造业大省的能量，形成持续发展的局面。

梳理通航技术发展知识图谱，构建技术突破与智库功能的创新链体系。在通航领域的研发与技术突破中，获得先进合理的通航技术知识图谱非常重要。河南省要下决心，通过"揭榜招标"方式获得通航发展的知识图谱。此外，通航领域的规划、管理与决策建议能力也非常重要，河南省要依托通航产业学院，打造具有技术突破与智库功能的中国（中部）通航技术研究院，和国际民航组织（ICAO）、国际航空运输协会（IATA）建立密切联系，以获得国际民航和通航前沿发展的指导；瞄准通航运输需求，做好空域划分和低空目视飞行航图的开发绘制；加快研发，打造通航安全、通航适航性管理体系。推动西北工业大学、西安交通大学和河南省的省校合作机制，将航空领先高校的创新研究院设在郑州航院，打造耦合创新的国家级通航研发平台和智库平台。

在引育通航创新人才方面，深入实施"航空聚才"计划、"挂职博士"百人计划，完善"全职＋柔性"引才引智机制和"全生命周期"人才服务体系，推行"候鸟式"聘任、"双休日"专家等灵活用才方式，畅通高层次人才引进常态化"绿色通道"，引进培育高层次通航类创新创业人才与科技创新创业团队。完善创新平台，推动河南通航研究院建设，在北京、上海、南京建立河南（上海）通航创新发展研究院，聚焦国内外通航人才为河南省所用。

加快通航"飞地"招商。深化与俄罗斯、京津冀、长三角、粤港澳大湾区、西安、成都等地的经贸合作，支持先进地区在河南省建设通航"飞地"园区，吸引通航产业的核心领域和关键环节项目落地。

5. "通航＋"的文旅、体育产业振兴工程

在"大通航"之下的民用通航在国民经济和社会发展方面具有广泛的应用。以"通航＋文旅"为例，关键是通航和文旅如何结合。本书认为加快河南省通航文旅的发展，可以采取以下三种方式。①通航企业往文化旅游产业渗透，发挥自身拥有轻型飞机、无人机、通航机场、通航起降点等优势，开展通航文旅项目，形成特色品牌，获取收入。②景区或文旅公司利用自身的资源优势，购买通用航空器，开启通航机场或起降点，申请开展通航文旅产品服务。③通航企业和景区、文旅公司合作，采取合作经营、设立股份制公司等多种方式，发挥各自优势，打造具有地方特色的通航文旅产品。因为通航企业的开办门槛很高，所以第三种方式是最快开展通航文旅项目的合理选择。

安阳和上街之所以有通航发展的基础，是与他们分别有国家体育总局安阳航空运动学校、河南省体育局管理的郑州上街机场分不开的。所以安阳逐渐成为一座"会飞的城市"，将通航与体育、旅游有机结合，航空体育是最大的中介。河南省可以总结安阳通航体育的发展经验，进一步吸收国内外其他地方发展通航体育的实践经验，推动河南省其他地区在通航体育项目开展、通航娱乐形式创新方面开拓进取。

6. 加快构建通航应急救援与通航医疗救护体系

（1）充分发挥通航应急救援在航空救援中的重要作用

2018 年，国家成立应急管理部，大力推动航空应急救援制度和能力建设。从 2021 年我国航空应急救援的发展可以看出，航空应急救援体系建设正在向体系化、专业化、规模化方向发展，将在国家构建"全灾种、大应急"的救援力量体系中发挥更大作用。2021 年，航空应急救援在河南省和陕西省的抗洪救灾、多地森林灭火、航空医疗救护中大显身手，发挥了重要作用。

从上述政策分析与通航救援事例来看，在洪灾、地震等地质灾害面前，

航空救援有快速、机动灵活的优势，河南省应该通过以下四种方式建立通航救援体系：①建立必要的直属政府应急管理体系的通航救援力量，要购买一定数量的通航飞机，有训练有素的通航救援人才、指挥体系、通航机场和起降点；②面向省内外通航救援力量，签订协议，购买通航救援服务；③建立特殊时刻的通航紧急动员体系；④建立在应急管理部指导下的国家支持与区域协作相结合的通航应急救援支持体系。

（2）加强航空医疗救护体系建设

根据中国民用航空局与国家卫生健康委员会于2022年2月15日印发的《关于深化航空医疗救护联合试点工作的通知》，目前河南省进入航空医疗救护联合试点医疗机构名单的只有郑州市和南阳市两地，郑州市入选医院有河南省人民医院、郑州大学第一附属医院，南阳市入选医院有南阳市第二人民医院、南阳市中心医院、南阳南石医院。进入航空医疗救护联合试点通用航空企业名单的河南省内企业是河南省美邦通用航空有限公司。由此可见，对作为人口大省、医疗大省的河南而言，目前能提供航空医疗救护的通航企业和对接医院还非常稀少，远远不能满足潜在的需求和快速及时进行医疗救护的需要。应该从培育提升医疗救护通航企业、筛选有影响力的三甲医院、增加直升机起降点、增加医疗救护通航飞机临时起降点等多方面增强河南省的通航医疗救护力量，减少病人痛苦，增加救治率，拉动通航产业发展。

7. 以低空通航研究与应用形成河南特色

目前，中央空管委办公室在已批准海南省、四川省、湖南省、江西省等开展低空空域管理改革试点的基础上，2021年又新批准安徽省加入低空空域管理改革拓展试点的行列，使全国参与低空空域管理改革的省增加到5个。在乔海通航集团主席陈伟的建议下，"搭建大众低空通航交通运输天路网络，制定发布低空目视航图，为全省通用航空产业发展创造条件"已经吸收到《河南省"十四五"航空经济发展规划》之中。

除此之外，本书的建议是，河南省应在将要组建的河南省通航战略新兴产业集群领导小组带领下，积极向中央空管委申请加入低空空域管理改革拓展试点，为通航发展创造空域条件；并整合省内航空宇航科学与技术学科的研究力量，以通航尤其是低空通航研究与应用为定位，避开国内北京航空航天大学、南京航空航天大学、西北工业大学、哈尔滨工业大学等的正面竞争，错位发展，以低空通航研究与应用形成河南特色，为河南省乃至我国通航产业发展提供技术与智库支撑。

从系统工程的角度，提出如下需要着力研究的 6 个方面。

第一，通航知识图谱与产业链分析：在分析河南省通航技术知识图谱基础上，提出具有河南省特色的通用航空产业链。

第二，创新链与人才链分析：针对制约我国和河南省通航发展的薄弱环节，通过开放式、国际化协同创新的方式，增强创新链，通过资源组合和资金投入，建好河南省低空通航产业学院、智库型的中国（中部）通航技术研究院，强化通航产业的创新链和人才链，推动具有中国特色的通航产业作为战略新兴产业的快速崛起，提升中国的综合国力。

第三，协同创新模式探索：如何强化与国际民航组织（ICAO）、国际航空运输协会（IATA）等国际组织的联系；如何取得军方在空管和低空开放领域的政策支持，发挥军民融合的政策效应；如何发挥郑州航空工业管理学院在河南省和全国通航方面的人才培养和智库优势，聚集省内外通航的政产学研力量，切实引导教师和科研人员将论文写在中国的大地上。

第四，通航产业学院建设：以郑州航空工业管理学院为中心建设河南省通航产业学院，一方面整合郑州航空工业管理学院的有关资源，如包括航空工程学院、民航学院、智能工程学院、土木建筑学院、数学学院、商学院、经济学院、文法学院在内的这些学院实际上是一种跨学院的"通航学部"；另一方面在外与省内的安阳工学院、中原工学院、中国民航飞行学院洛阳分院以及未来入驻港区的北航、西交大等"985"高校的研究院形成一种区域联盟，打造河南省通航产业学院，形成强大的通航人才建设高地。

第五，通航技术型智库建设：以郑州航空工业管理学院的无人机研究院、智慧通航研究中心、（钱学森）航空航天创新研究院等航空类研究平台为基础，以低空通航研究、氢能无人机研制为基础，主动和国际民航组织

（ICAO）专家结合，与河南省航空业协会、河南省通用航空协会协作，打造国际高端的通航技术研究院。

第六，智慧通航在智慧城市、智慧物流、智慧文旅、智慧农业等领域的引领与应用。不管是传统通航运输，还是多种智能型无人机的研制与应用，通航技术的发展与应用，都将对我国智慧城市、智慧物流、智慧文旅、智慧农业等领域的建设起到支撑与引领作用。

8. 构建通航人才培养的河南方阵

（1）架构理事会治理的通航产业学院

要用开阔的胸怀，采用政产学研协同创新的模式建设河南通航产业学院。在这方面，南京航空航天大学采用理事会的治理模式发展该校民航学院和通用航空与飞行学院的经验值得借鉴。通航产业学院的建设要抓住以下三个关键。

第一，理事会的构建。除河南省发展改革委、河南省交通运输厅之外，河南省航空业协会是河南省所有民航元素的集合体，再加上有郑州、安阳两个通航示范城市及其通航产业承载地。所以，河南省用协同创新模式，打造开放性的通航产业学院条件充分，建议主抓民航的副省长担任理事长。

第二，充分发挥富有航空工业血脉、省局共建的郑州航院优势，围绕通航产业需求，布局学科、专业与课程，培养通航人才。积极打造通航研究生高端人才培养体系。

第三，积极吸收安阳工学院、中原工学院等高校加入，打造通航人才培养联盟。建议河南省教育厅副厅长兼任通航产业学院院长，郑州航院校级领导担任常务副院长。

（2）军民融合培养通航专业人才

在通航方面，通过军民融合的方式，构建民参军、军转民的畅通人才通道，释放人才活力。

如在信阳市，军事航空院校有原空军第一航空学院，2017年7月成为地处西安的空军工程大学内设的航空机务士官学校，主要培养航空机务维修保障士官人才，包括士官高等职业技术教育、士官升级培训、预选士官培训以及直招士官和定向培养士官，同时还承担新兵接训、生长军官上岗前型号理论培训和外军留学生培训等任务，该校建有以"七楼三场一基地"为主体的实践教学体系，拥有140多个实验（习）室和专业教室。在飞机维修测试、飞机战伤抢修、维修模拟训练等研究领域处于全军院校先进水平。因此，该校通过人才外溢，可以为信阳市和河南省通航发展提供一定支持。

郑州航院、安阳工学院可以通过申请为海军、空军和陆航建立士官学校的方式，为部队培养航空类（包含通航）人才。

以郑州航院为代表的高校通过和民航局协商，设立通航类各专业人才进入民航与通航的认证课程与鉴定体系、培训与复训体系，从而为部队航空类人才转型为通航专业人才提供转换通道，实现通航人才培养的最大化利用。

（3）"从无到有"带动河南省通航战略性新兴产业集聚

面向未来发展，应该更加重视包括轻型飞机、无人机（新通航）在内的战略性新兴产业的培育，及时抓住"军民融合"通航人才的转型支撑战略机遇，尽快建设辐射全国的"军转民"通用航空人才转型培训与认证学院。

在中国人民解放军建军95周年之际，中国民用航空局运输司、退役军人事务部移交安置司和军队有关方面联合印发了《明确退役军人进入通用航空领域工作机制的会议纪要》，会议纪要同步印发了《促进航空专业退役军人顺畅稳定进入通用航空领域工作方案》和《退役飞行员便捷获取民航运动驾驶员执照的工作程序》两项工作文件，建立"飞行、空管、维修、安保等四类航空专业"退役军人进入通用航空领域的便捷工作机制，力争让具备航空专业技能的已退役军人重新"飞起来"，既能实现已退役军人"重返蓝天"的夙愿，也能快速扩大通用航空专业人才规模。

对此战略机遇，河南省应该与军方、民航、退役军人事务部加强联系，充分利用河南省较为充裕的通航资源，尽快建设辐射全国的"军转民"通用航空人才转型培训与认证学院，形成支撑河南省、辐射全国的"军转民"

通航人才培养高地。

9. 建立"财政投资＋政府引导基金＋社会投资"的混合资本支持模式

推进"政产学研金服用"融合发展，建立"财政投资＋政府引导基金＋社会投资"的混合资本支持模式为河南省通航产业集群发展提供强有力的金融支持。如通过"BOT＋EPC""TOT＋特许经营"等模式创新，打通资源—资产—资本—资金转化通道，破解融资难题，加快通航项目建设。以造飞机的奇瑞为例，其以资本、技术为纽带，打造了芜湖钻石航空发动机有限公司。该公司由奇瑞控股集团有限公司、中电科航空投资发展（四川）有限公司和芜湖航空投资发展有限公司三方共同投资成立，2013 年 12 月注册，规划占地面积约 13.33 公顷，总投资为 16.5 亿元人民币，是安徽省通用航空发动机产业龙头企业。而中电科芜湖钻石飞机制造公司作为中国电科与芜湖市政府签约落地项目，引领芜湖市通航产业发展进入快车道，生产的 DA42 "钻石"飞机，是第一架"安徽造"通用飞机，2022 年底销量已突破 100 架，连续多年位居国内同类型通用飞机出货量第一。所以，"财政投资＋政府引导基金＋社会投资"的混合资本支持模式也必然是缺乏资金支持的河南省通航产业集群突围的重武器。

为了推进通航的"多链"融合，尤其是人才链和创新链的增强，河南省需要制定系统的政策和经费保障体系。如比照省内产业学院的经费增加机制（在常规生均拨款基础上，再按照技能型人才培养的产业学院生均拨款的 60% 增加经费）；按照省和国家级科研机构的培育方式，对通航研究院进行经费投入，吸引国内外高端通航领军人才来豫工作。大力吸引我国通航研发、制造、规划国家队落户河南，但需审慎引进国外通航企业。

第三章　中国职业教育临空产教融合实践

一　新发展格局需要高技能人才的支撑

（一）新发展格局的内涵与背景

贯彻新发展理念，构建新发展格局，实现高质量发展，是我们新时期加快建设社会主义现代化强国，奋力实现第二个百年奋斗目标的重要方针。而在 2020 年 10 月 29 日中国共产党第十九届中央委员会第五次全体会议通过的《中共中央关于制定国民经济和社会发展第十四个五年规划和二〇三五年远景目标的建议》（以下简称《远景目标建议》）中，对为什么及如何构建新发展格局做出了重要部署和说明。

《远景目标建议》描述了 2035 年基本实现社会主义现代化的远景目标。党的十九大对实现第二个百年奋斗目标做出分两个阶段推进的战略安排，即到 2035 年基本实现社会主义现代化，到 21 世纪中叶把我国建成富强民主文明和谐美丽的社会主义现代化强国。展望 2035 年，我国经济实力、科技实力、综合国力将大幅跃升，经济总量和城乡居民人均收入将再迈上新的大台阶，关键核心技术实现重大突破，进入创新型国家前列；基本实现新型工业化、信息化、城镇化、农业现代化，建成现代化经济体系；建成文化强国、教育强国、人才强国、体育强国、健康中国，国民素质和社会文明程度达到新高度，国家文化软实力显著增强……形成对外开放新格局，参与国际经济合作和竞争新优势明显增强。而"远景目标"里所提的"新格局"到底是什么，在《远景目标建议》的"'十四五'时期经济社会发展指导思想"里有准确的描述：高举中国特色社会主义伟大旗帜，深入贯彻党的十九大和党的十九届二中、三中、四中、五中全会精神，坚持以马克思列宁主义、毛泽东思想、邓小平理论、"三个代表"重要思想、科学发展观、习近平新时代中国特色社会主义思想为指导，全面贯彻党的基本理论、基本路线、基本方略，统筹推进经济建设、政治建设、文化建设、社会建设、生态文明建设的总体布局，协调推进全面建设社会主义现代化国家、全面深化改革、全面依法治国、全面从严治党的战略布局，坚定不移贯彻创新、协调、绿色、开放、共享的新发展理念，坚持稳中求进工作总基调，以推动高质量发展为主题，以深化供给侧结构性改革为主线，以改革创新为根本动力，以满足人民日益增长的美好生活需要为根本目的，统筹发展和安全，加快建设现代化经济体系，加快构建以国内大循环为主体、国内国际双循环相互促进的新发展格局，推进国家治理体系和治理能力现代化，实现经济行稳致远、社会安定和谐，为全面建设社会主义现代化国家开好局、起好步。

在《远景目标建议》的第五部分，对如何形成强大国内市场、构建新发展格局有系统完备的描述。坚持扩大内需这个战略基点，加快培育完整内需体系，把实施扩大内需战略同深化供给侧结构性改革有机结合起来，以创新驱动、高质量供给引领和创造新需求。为了构建新发展格局，需要做好相互关联的四个方面的工作：畅通国内大循环，促进国内国际双循环，全面促进消费，拓展投资空间。

习近平总书记受中央政治局委托，对《远景目标建议》起草的有关情况向全会做说明，并对七个重点问题做了简要说明，其中第二个就是对"构建以国内大循环为主体、国内国际双循环相互促进的新发展格局"的阐述。构建新发展格局，是与时俱进提升我国经济发展水平的战略抉择，也是塑造我国国际经济合作和竞争新优势的战略抉择。改革开放以来特别是加入世贸组织后，我国加入国际大循环，市场和资源"两头在外"，形成

"世界工厂"发展模式，对我国快速提升经济实力、改善人民生活发挥了重要作用。近几年，随着全球政治经济环境变化，逆全球化趋势加剧，有的国家大搞单边主义、保护主义，传统国际循环明显弱化。在这种情况下，必须把发展立足点放在国内，更多依靠国内市场实现经济发展。我国有 14 亿人口，人均国内生产总值已经突破 1 万美元，是全球最大和最有潜力的消费市场，具有巨大增长空间。改革开放以来，我们遭遇过很多外部风险冲击，最终都能化险为夷，靠的就是办好自己的事、把发展立足点放在国内。构建新发展格局，要坚持扩大内需这个战略基点，使生产、分配、流通、消费更多依托国内市场，形成国民经济良性循环。要坚持供给侧结构性改革的战略方向，提升供给体系对国内需求的适配性，打通经济循环堵点，提升产业链、供应链的完整性，使国内市场成为最终需求的主要来源，形成需求牵引供给、供给创造需求的更高水平动态平衡。新发展格局绝不是封闭的国内循环，而是开放的国内国际双循环。推动形成宏大顺畅的国内经济循环，就能更好吸引全球资源要素，既满足国内需求，又提升我国产业技术发展水平，形成参与国际经济合作和竞争新优势。

2022 年 10 月 16 日，习近平总书记在中国共产党第二十次全国代表大会上做了《高举中国特色社会主义伟大旗帜　为全面建设社会主义现代化国家而团结奋斗》的报告。报告共分 15 部分，其中第四部分专门阐述了构建新发展格局与实现高质量发展的重要关系。高质量发展是全面建设社会主义现代化国家的首要任务。发展是党执政兴国的第一要务。没有坚实的物质技术基础，就不可能全面建成社会主义现代化强国。必须完整、准确、全面贯彻新发展理念，坚持社会主义市场经济改革方向，坚持高水平对外开放，加快构建以国内大循环为主体、国内国际双循环相互促进的新发展格局。我们要坚持以推动高质量发展为主题，把实施扩大内需战略同深化供给侧结构性改革有机结合起来，增强国内大循环内生动力和可靠性，提升国际循环质量和水平，加快建设现代化经济体系，着力提高全要素生产率，着力提升产业链供应链韧性和安全水平，着力推进城乡融合和区域协调发展，推动经济实现质的有效提升和量的合理增长。具体要做五个方面的工作：构建高水平社会主义市场经济体制；建设现代化产业体系；全面推进乡村振兴；促进区域协调发展；推进高水平对外开放。概括起来，本部分提出了"七个强国"和数字中国的建设目标，即建设制造强国、质量强国、航天强国、交通强国、网络强国、农业强国、贸易强国、数字中国，从而为人才培养树立了鲜明的指向。

（二）新发展格局的论断对航空产业发展的战略布局产生了深远影响

我们从航空工业和民航两个维度对新发展格局产生的深远影响进行了扫描分析。

2021年1月20日，中国航空工业集团有限公司2021年工作会在北京召开。总经理罗荣怀做了航空工业2021年工作会报告：《把握历史机遇、保持战略定力，实现"十四五"改革发展高质量开局》。他认为面向第二个"一百年"目标，我们应深刻认识新时代军工央企的使命和责任，党中央决策部署国企改革三年行动，标志着国企改革进入了新的发展阶段，对国资国企贯彻新发展理念、构建新发展格局、服务国家战略提出了更高要求。集团编制的《"十四五"及2035年中长期发展规划纲要（送审稿）》，明确了集团今后的发展思路和重点任务。产业发展集团《规划纲要》明确提出，全面落实党中央关于加快发展现代产业体系、促进国内国际双循环的重大战略决策部署，发挥战略引领和产业带动作用，聚焦制约航空产业发展的问题，补齐航空创新链、产业链短板，推动航空产业和产业链转型升级，保障航空装备供应链的稳定性和健壮性，打赢攻坚战，加速建立现代产业体系。航空工业党组书记、董事长谭瑞松在《贯彻新发展理念，构建新发展格局，走实新时代航空强国发展之路》的总结讲话中指出，要努力提升认清大局、服从大局、贡献大局的能力；要发挥领军企业作用，加快构建新时代航空工业发展新格局；要打造善创新、强韧性、敢成长的领军和骨干人才队伍。

民航在服务构建新发展格局中展现新作为。2021年1月12日，在民航局2021年工作会议上，冯正霖局长做了题为《深入贯彻党的十九届五中全

会精神 开启多领域民航强国建设新征程》的报告。会议明确指出，"十四五"时期，民航业在国家经济社会发展中的战略作用必将更加凸显，中国民航将进入发展阶段转换期、发展质量提升期和发展格局拓展期，机遇与挑战并存。根据行业发展规律和"十四五"民航发展阶段性特征，民航局党组对"十三五"时期"一二三三四"总体工作思路进行了适当调整，形成了"十四五"时期民航总体工作思路：践行一个理念、推动两翼齐飞、坚守三条底线、构建完善三个体系、开拓四个新局面。"开拓四个新局面"是指民航产业协同发展有新格局、智慧民航建设有新突破、资源保障能力有新提升、行业治理体系和治理能力有新成效。

多链融合支撑新发展格局。由上述内容可以看到，产业链、创新链、教育链、人才链等多链融合，共同塑造我国经济发展新格局。以加快构建纵向贯通、横向融通的中国特色现代职业教育体系，大幅提升新时代职业教育现代化水平和服务能力，为促进经济社会持续发展和提高国家竞争力，提供多层次高质量的技术技能人才为支撑的长链条贯通的中国职业教育"类型体系"，必将以不断深化的产教融合、工学结合、知行合一为抓手，为"技能中国"建设提供高素质技术技能人才，助推新发展格局获得高质量发展。

二 职业教育产教融合发展的中国方案

我国职业教育如何发展，如何建立宏大的包含技能人才的人才大军，一直是党中央和国务院倾力谋划和推进的大事。2022 年 10 月 16 日，习近平总书记在中国共产党第二十次全国代表大会上做的《高举中国特色社会主义伟大旗帜 为全面建设社会主义现代化国家而团结奋斗》报告中，第五部分为"实施科教兴国战略，强化现代化建设人才支撑"。该部分首先明确：教育、科技、人才是全面建设社会主义现代化国家的基础性、战略性支撑。必须坚持科技是第一生产力、人才是第一资源、创新是第一动力，深入实施科教兴国战略、人才强国战略、创新驱动发展战略，开辟发展新领域新赛道，不断塑造发展新动能新优势。因此其指导思想是：我们要坚持教育优先发展、科技自立自强、人才引领驱动，加快建设教育强国、科技强国、人才强国，坚持为党育人、为国育才，全面提高人才自主培养质量，着力造就拔尖创新人才，聚天下英才而用之。要做好以下四方面的工作。一是，办好人民满意的教育。统筹职业教育、高等教育、继续教育协同创新，推进职普融通、产教融合、科教融汇，优化职业教育类型定位。二是，完善科技创新体系。坚持创新在我国现代化建设全局中的核心地位。三是，加快实施创新驱动发展战略。强化企业科技创新主体地位，发挥科技型骨干企业引领支撑作用，营造有利于科技型中小微企业成长的良好环境，推动创新链、产业链、资金链、人才链深度融合。四是，深入实施人才强国战略。完善人才战略布局，坚持各方面人才一起抓，建设规模宏大、结构合理、素质优良的人才队伍。加快建设世界重要人才中心和创新高地，促进人才区域合理布局和协调发展，着力形成人才国际竞争的比较优势。加快建设国家战略人才力量，努力培养造就更多大师、战略科学家、一流科技领军人才和创新团队、青年科技人才、卓越工程师、大国工匠、高技能人才。

回顾 2019～2022 年我国在教育方面的总体布局和职业教育规划，可以更清晰地看到我国在职业教育方面的全方位谋划。

（一）《中国教育现代化2035》与"职教20条"

2019 年 2 月底，中共中央、国务院印发了《中国教育现代化 2035》，中共中央办公厅、国务院办公厅印发了《加快推进教育现代化实施方案（2018—2022 年）》（以下简称《实施方案》）。《中国教育现代化 2035》提出的 2035 年主要发展目标是：建成服务全民终身学习的现代教育体系、普及有质量的学前教育、实现优质均衡的义务教育、全面普及高中阶段教育、职业教育服务能力显著提升、高等教育竞争力明显提升、残疾儿童少年享有适合的教育、形成全社会共同参与的教育治理新格局。部署了面向教育现代化的十大战略任务，战略任务之二是：发展中国特色世界先进水平的优质教育。其中，对创新人才培养方式进行了全面的部署：创新发展素质教育的有效途径；建立完善的学生实习实训和社会实践保障激励机制，落实社会企事业单位育人责任；在中小学普遍开展劳动和职业启蒙教育，在职业院校全面推行产教融合、校企合作的人才培养模式，积极推行职业教育项目教学、案例教学、情景教学、工作过程导向教学，注重培养学生工匠精神，加强和改进公共基础课教学，为学生职业发展奠定较为扎实的科学文化基础；全面推行科教融合、产学研用协同育人的高等教育人才培养模式，推进研究生教育综合改革，改进培养方式，着力提高研究生的创新能力和实践能力；健全社会资源有效开发配置的政策体系；探索发现与培养具有特殊才能和潜质学生机制，为创新人才培养和成长提供更加有利的环境；鼓励有条件的学校与军队院校合作培养国防后备人才。

战略任务之六是：提升一流人才培养与创新能力。其中要求加快发展现代职业教育，建立完善的职业教育和培训体系。坚持面向市场、服务发展、促进就业的办学方向，不断优化职业教育结构与布局。进一步发挥行业、企业、学校和社会各方面的积极作用，探索更加适应市场需求的职业学校办学模式，激发办学活力，推动职业教育与产业发展有机衔接、深度融合，与技术进步、生产方式变革以及社会公共服务要求相适应。推动职业院校和行业企业形成命运共同体，支持行业企业参与人才培养全过程，推行现代学徒制和企业新型学徒制，形成符合技术技能人才成长规律的职业教育人才培养模式。支持发展一批品牌化、连锁化和中高职衔接的职业教育集团。持续实施现代职业教育质量提升计划，按照鼓励竞争、扶优扶强的原则，集中力量建成一批中国特色高水平职业学校和专业，成为高技术技能人才的培养培训基地、技术技能创新与积累平台。多种形式大力发展面向农业农村的职业教育，培养以新型职业农民为主体的农村实用人才，支撑乡村振兴。

《实施方案》提出了推进教育现代化的 10 项重点任务，其三是深化职业教育产教融合。其内容如下。构建产业人才培养培训新体系，完善学历教育与培训并重的现代职业教育体系，推动教育教学改革与产业转型升级衔接配套。健全产教融合的办学体制机制，坚持面向市场、服务发展、促进就业的办学方向，优化专业结构设置，大力推进产教融合、校企合作，开展国家产教融合建设试点。建立健全职业教育制度标准，完善学校设置、专业教学、教师队伍、学生实习、经费投入、信息化建设等系列制度和标准，制定并落实职业院校生均拨款制度。建立国务院职业教育工作联席会议制度。

《国务院关于印发国家职业教育改革实施方案的通知》（国发〔2019〕4号）（以下简称"职教20条"）于2019年2月13日正式发布，"职教20条"作为贯彻落实全国教育大会精神的文件，与《中国教育现代化2035》和《实施方案》等的明确目标是相衔接的，既立足当前，又着眼长远，确保如期完成历史交汇期各项既定任务，把奋力办好新时代职业教育的决策部署细化为若干具体行动，提出了7个方面20条政策措施。这7个方面分别如下所述。一是完善国家职业教育制度体系。完善学历教育与培训并重的现代职业教育体系，源源不断为各行各业培养亿万高素质的产业生力军。二是构建职业教育国家标准。启动"1＋X"证书制度试点工作，培养复合型技术技能人才。三是促进产教融合校企"双元"育人。狠抓教师、教材、教法改革，打一场职业教育提质升级攻坚战。四是建设多元办学格局。着力激发企业参与和举办职业教育的内生动力。五是完善技术技能人才保障政策。落实提高技术技能人才待遇的相关政策，健全经费投入机制。六是加强职业教育办学质量督导评价。建立健全职业教育质量评价和督导评估制度，支持组建国家职业教育指导咨询委员会。七是做好改革组织实施工作。加强党对职业教育工作的全面领导，完善国务院职业教育工作部际联席会议制度。其中有六条是关于多元办学、促进产教融合、校企"双元"育人的内容，其中第一条：健全国家职业教育制度框架。深化产教融合、校企合作，育训结合，健全多元化办学格局，推动企业深度参与协同育人，扶持鼓励企业和社会力量参与举办各类职业教育。第九条：坚持知行合一、工学结合。借鉴"双元制"等模式，总结现代学徒制和企业新型学徒制试点经验，校企共同研究制订人才培养方案，及时将新技术、新工艺、新规范纳入教学标准和教学内容，强化学生实习实训。第十条：推动校企全面加强深度合作。职业院校应当根据自身特点和人才培养需要，主动与具备条件的企业在人才培养、技术创新、就业创业、社会服务、文化传承等方面开展合作。第十一条：打造一批高水平实训基地。第十二条：多措并举打造"双师型"教师队伍。第十三条：推动企业和社会力量举办高质量职业教育。

（二）2021年4月全国职业教育大会

全国职业教育大会于2021年4月12～13日在北京召开，会上传达了中共中央总书记、国家主席、中央军委主席习近平对职业教育工作做出的重要指示，在全面建设社会主义现代化国家新征程中，职业教育前途广阔、大有可为。要坚持党的领导，坚持正确办学方向，坚持立德树人，优化职业教育类型定位，深化产教融合、校企合作，深入推进育人方式、办学模式、管理体制、保障机制改革，稳步发展职业本科教育，建设一批高水平职业院校和专业，推动职普融通，增强职业教育适应性，加快构建现代职业教育体系，培养更多高素质技术技能人才、能工巧匠、大国工匠。各级党委和政府要加大制度创新、政策供给、投入力度，弘扬工匠精神，提高技术技能人才社会地位，为全面建设社会主义现代化国家、实现中华民族伟大复兴的中国梦提供有力人才和技能支撑。

中共中央政治局常委、国务院总理李克强做出批示，职业教育是培养技术技能人才、促进就业创业创新、推动中国制造和服务上水平的重要基础。近些年来，各地区各相关部门认真贯彻党中央、国务院决策部署，推动职业教育发展取得显著成绩。要坚持以习近平新时代中国特色社会主义思想为指导，着眼服务国家现代化建设、推动高质量发展，着力推进改革创新，借鉴先进经验，努力建设高水平、高层次的技术技能人才培养体系。要瞄准技术变革和产业优化升级的方向，推进产教融合、校企合作，吸引更多青年接受职业技能教育，促进教育链、人才链与产业链、创新链有效衔接。加强职业学校师资队伍和办学条件建设，优化完善教材和教学方式，探索中国特色学徒制，注重学生工匠精神和精益求精习惯的养成，努力培养数以亿计的高素质技术技能人才，为全面建设社会主义现代化国家提供坚实的支撑。

中共中央政治局委员、国务院副总理孙春兰出席会议并讲话。她指出，要深入贯彻习近平总书记关于职业教育的重要指示，落实李克强总理的批示要求，坚持立德树人，优化类型定位，加快构建现代职业教育体系。要一体化设计中职、高职、本科职业教育培养体系，深化"三教"改革，"岗课赛证"综合育人，提升教育质量。要健全多元办学格局，细化产教融合、校企合作政策，探索符合职业教育特点的评价办法。各地各部门要加大保障力度，提高技术技能人才待遇，畅通职业发展通道，增强职业教育认可度和吸引力。

习近平对职业教育工作做出重要指示的核心是：加快构建现代职业教育体系，培养更多高素质技术技能人才、能工巧匠、大国工匠。李克强做出批示的核心是：瞄准技术变革和产业优化升级的方向，推进产教融合、校企合作，吸引更多青年接受职业技能教育，促进教育链、人才链与产业链、创新链有效衔接。

在此次会议上，"优化职业教育类型定位""加快构建现代职业教育体系""职普融通"等内容备受瞩目。

截至 2021 年全国职业教育大会召开之际，我国共有职业学校 1.13 万所，在校生 3088 万人，职业教育在快速发展的同时也面临更多机遇与挑战，世界最大规模的职业教育体系有力支撑了"中国奇迹"。2019～2021 年，高职每年扩招 100 万人。截至 2020 年底，全国已有 2340 家企业纳入地方产教融合型企业建设培育库，72 家企业申报国家产教融合型企业培育库，21 个城市申报国家产教融合型城市，确定 150 家示范性职业教育集团（联盟）培育单位。

本次大会是对我国"十三五"以来高等职业教育成绩的一个充分展示，会议之前紧锣密鼓出台的一系列文件，也对大会之后职教进一步的高水平发展奠定了坚实的基础。"十三五"期间，我国重点建设了 197 所特色高水平职业院校，集中打造创新服务平台，对接科技发展新趋势，职业教育服务产业升级的能力显著提升。面向"十四五"，教育部发布了职业教育专业最新目录，其中，高职专科专业调整幅度为 56.4%，重点服务制造业强国建设、破解"卡脖子"关键技术等，面向战略性新兴产业九大重点领域设置了对应专业。"十三五"期间，在现代制造业、战略性新兴产业和现代服务业等领域，一线新增从业人员 70% 以上为职业院校毕业生。"十四五"期间，教育部将在已有 27 所本科层次职业院校的基础上，稳步发展本科职业教育，构建起中等职业教育、专科高职教育、本科职业教育和专业学位研究生层次教育的完整体系，推动人才培养向高素质创新型提升。

（三）教育部牵头的职教系统推进工程

2020 年 9 月 23 日，教育部、国家发展改革委等九部门印发了《职业教育提质培优行动计划（2020—2023 年）》（以下简称《行动计划》），这是贯彻落实党中央、国务院关于职业教育决策部署的创新之举，是对"职教 20 条"宏伟蓝图的再细化和具体化。《行动计划》规划设计了 10 项任务 27 条举措，创新构建了"国家宏观管理、省级统筹保障、学校自主实施"的推进机制。《行动计划》的指导思想的核心是：以习近平新时代中国特色社会主义思想为指导，坚持服务高质量发展、促进高水平就业的办学方向，坚持职业教育与普通教育不同类型、同等重要的战略定位，着力夯实基础、补齐短板，着力深化改革、激发活力，加快构建纵向贯通、横向融通的中国特色现代职业教育体系，大幅提升新时代职业教育现代化水平和服务能力，为促进经济社会持续发展和提高国家竞争力提供多层次高质量的技术技能人才支撑。《行动计划》的重点任务之四是"深化职业教育产教融合、校企合作"，其中提出了以下三条举措。①深化职业教育供给侧结构性改革。建立产业人才数据平台，发布产业人才需求报告，促进职业教育和产业人才需求精准对接。②深化校企合作协同育人模式改革。建好用好行业职业教育教学指导委员会，提升行业举办和指导职业教育的能力。③完善校企合作激励约束机制。健全以企业为重要主导、职业学校为重要支撑、产业关键核心技术攻关为中心任务的产教融合创新机制。

《行动计划》制定了"重点任务（项目）一览表"作为附表，对 56 项

任务的责任部门在教育部、有关行业部门、人力资源社会保障部、各地有
关部门之间予以明确,以提高计划的成效。

(四)教育部、省共建职业教育创新试点

2020 年以来,教育部先后启动山东等 7 个部省共建职业教育创新发展
高地试点,以及"苏锡常"等 5 个城市试点,作为职业教育提质培优的先
行者、探路者。本部分对其分析、归纳如表 3 - 1 所示。

表 3 - 1　12 个部省共建职业教育创新试点的总体特征

共建地区	共建文件名称	成文时间及条数	目标	产教融合机制	任务清单
山东	《教育部　山东省人民政府关于整省推进提质培优建设职业教育创新发展高地的意见》	2020 年 1 月 10 日,30 条	为全国其他地区探索可复制的经验和模式,为推动全国职业教育大改革大发展找准突破口和着力点	建设产教深度融合的校企命运共同体	教育部支持政策清单 9 项;山东省工作任务清单 45 项
天津	《天津市人民政府教育部关于共建国家职业教育改革试验区的意见》	2005 年 9 月 10 日	2015 年进一步升级为唯一的国家现代职教改革创新示范区		
辽宁	《教育部　辽宁省人民政府关于整省推进职业教育实用高效发展提升服务辽宁振兴能力的意见》	2021 年 1 月 7 日,14 条	为辽宁全面振兴、全方位振兴服务	深化产教融合,全面推进校企协同育人	教育部支持政策清单 9 项;辽宁省工作任务清单 54 项
江西	《教育部　江西省人民政府关于整省推进职业教育综合改革提质创优的意见》	2020 年 7 月 30 日,31 条	为中西部地区探索可复制的经验与模式,为建立新时代中国特色职业教育制度提供"江西方案"	以负面清单制度为突破,促进院校企业深度合作	教育部支持政策清单 9 项;江西省工作任务清单 50 项
湖南	《教育部　湖南省人民政府关于整省推进职业教育现代化　服务"三高四新"战略的意见》	2021 年 2 月 18 日,9 个方面 29 条具体任务要求	为办好新时代职业教育提供湖南经验和模式	深化职业教育产教融合	教育部支持政策清单 7 项;湖南省工作任务清单 30 项
河南	《教育部　河南省人民政府关于深化职业教育改革推进技能社会建设的意见》	2021 年 1 月 7 日,28 条	打造深化职业教育改革、推进技能社会建设的"河南样本"	深化产教融合,大力推进校企"双元"育人	教育部支持政策清单 6 项;河南省工作任务清单 35 项

续表

共建地区	共建文件名称	成文时间及条数	目标	产教融合机制	任务清单
甘肃	《教育部 甘肃省人民政府关于整省推进职业教育发展打造"技能甘肃"的意见》	2020年7月27日,30条	为西部职业教育改革发展提供甘肃经验,为构建中国特色现代职业教育体系贡献甘肃方案	开创产教融合发展新局面	教育部支持政策清单7项;甘肃省工作任务清单33项
"苏锡常"	《教育部 江苏省人民政府关于整体推进苏锡常都市圈职业教育改革创新打造高质量发展样板的实施意见》	2020年9月16日,24条	服务先进制造业发展,探索形成以城市群为载体、具有中国特色、国际影响力和对外输出实力的职教模式	落实产教融合型企业激励政策;打造一批示范性产教融合园区;共建共享联合产业学院和优质实训基地等4条	教育部支持政策清单7项;江苏省支持政策清单18项;苏锡常都市圈(苏州、无锡、常州)工作任务清单34项
浙江温台	《教育部 浙江省人民政府关于推进职业教育与民营经济融合发展助力"活力温台"建设的意见》	2020年12月25日,10条	服务长三角一体化发展和浙江"重要窗口"建设	实施温台产教融合型企业培育计划;组建职业教育集团;建设产业学院等6条	教育部支持政策清单5项;浙江省支持政策清单10项;温州市、台州市工作任务清单23项
广东深圳	《教育部 广东省人民政府关于推进深圳职业教育高端发展 争创世界一流的实施意见》	2020年12月1日,20条	对接国家所向、湾区所需、深圳所能,先行先试、改革创新,为国家和世界职教事业贡献"深圳方案"	创新产教融合体制机制;建设产教融合重大平台;实施产教融合重大项目	教育部支持政策清单5项;广东省支持政策清单8项;深圳市工作任务清单54项
福建厦门	《教育部 福建省人民政府关于支持厦门职业教育高质量发展助力两岸融合的意见》	2021年3月9日,20条	探索具有闽台特色的"厦门职教"范式		
四川成都	《教育部 四川省人民政府关于推进成都公园城市示范区职业教育融合创新发展的意见》	2021年4月16日	打造践行新发展理念的"中国匠谷",努力建成人才谷、创新谷、产业谷、就业谷、智慧谷	面向成都市产业体系新增或调整专业,项目支持、共建特色(产业)学院等	支持成都大学建设特色鲜明、国内一流的应用型城市大学

(五)关于推动现代职业教育高质量发展的意见

为深入贯彻全国职业教育大会精神,扎实推动职业教育高质量发展,2021年10月,中共中央办公厅、国务院办公厅印发了《关于推动现代职业教育高质量发展的意见》，共分 7 部分 22 条。从产教融合角度分析，相关内容如下。在总体要求中，其指导思想为：以习近平新时代中国特色社会主义思想为指导，坚持党的领导，坚持正确办学方向，坚持立德树人，优化类型定位，深入推进育人方式、办学模式、管理体制、保障机制改革，切实增强职业教育适应性，加快构建现代职业教育体系，建设技能型社会，弘扬工匠精神，培养更多高素质技术技能人才、能工巧匠、大国工匠，为全面建设社会主义现代化国家提供有力人才和技能支撑。工作要求是：坚持立德树人、德技并修，推动思想政治教育与技术技能培养融合统一；坚持产教融合、校企合作，推动形成产教良性互动、校企优势互补的发展格局。主要目标是到 2035 年，职业教育整体水平进入世界前列，技能型社会基本建成。技术技能人才社会地位大幅提升，职业教育供给与经济社会发展需求高度匹配，在全面建设社会主义现代化国家中的作用显著增强。

第三部分和第四部分分别规划的是产教融合、校企合作。第三部分是完善产教融合办学体制，其内容包含 3 条：优化职业教育供给结构；健全多元办学格局，构建政府统筹管理、行业企业积极举办、社会力量深度参与的多元办学格局；协同推进产教深度融合，各级政府要统筹职业教育和人力资源开发的规模、结构和层次，将产教融合列入经济社会发展规划。第四部分是创新校企合作办学机制，其内容包含 3 条：丰富职业学校办学形态；拓展校企合作形式内容，职业学校要主动吸纳行业龙头企业深度参与职业教育专业规划、课程设置、教材开发、教学设计、教学实施，合作共建新专业、开发新课程、开展订单培养；优化校企合作政策环境，各地要把促进企业参与校企合作、培养技术技能人才作为产业发展规划、产业激励政策、乡村振兴规划制定的重要内容，对产教融合型企业给予"金融＋财政＋土地＋信用"组合式激励，按规定落实相关税费政策。

（六）2022 年以来国家级有关职业教育的立法和文件扫描

2022 年 4 月 20 日，中华人民共和国第十三届全国人民代表大会常务委员会第三十四次会议修订了《中华人民共和国职业教育法》，自 2022 年 5

月 1 日起施行。此次职业教育法修订，深入贯彻了习近平总书记重要指示批示精神和党中央、国务院关于职业教育改革发展的决策部署，系统总结了职业教育改革发展的政策举措和实践成果，进一步完善了新时代职业教育法律制度体系。新修订的职业教育法坚持目标导向，着力完善现代职业教育体系，推动职业教育高质量发展；坚持问题导向，着力创新制度机制，推动破解职业教育改革发展中的热点难点问题；坚持效果导向，着力多方位提高职业教育地位，推动形成全社会关心支持职业教育发展的局面。贯彻实施新修订的职业教育法，对于深化全面依法治教，推动职业教育高质量发展，建设教育强国、人力资源强国和技能型社会，推进社会主义现代化建设具有重要意义。新修订的职业教育法，将深入推进育人方式、办学模式、管理体制、保障机制改革，增强职业教育适应性，加快构建现代职业教育体系，培养更多高素质技术技能人才、能工巧匠、大国工匠，为全面建设社会主义现代化国家、实现中华民族伟大复兴的中国梦提供有力的人才和技能支撑。

2022 年 10 月，中共中央办公厅、国务院办公厅印发了《关于加强新时代高技能人才队伍建设的意见》（以下简称《建设意见》），认为技能人才是支撑中国制造、中国创造的重要力量。加强高级工以上的高技能人才队伍建设，对巩固和发展工人阶级先进性，增强国家核心竞争力和科技创新能力，缓解就业结构性矛盾，推动高质量发展具有重要意义。《建设意见》共分总体要求、加大高技能人才培养力度、完善技能导向的使用制度、建立技能人才职业技能等级制度和多元化评价机制、建立高技能人才表彰激励机制、保障措施等六部分，包含 19 条内容。《建设意见》提出，到"十四五"时期末，技能人才规模不断壮大、素质稳步提升、结构持续优化、收入稳定增加，技能人才占就业人员的比例为 30% 以上，高技能人才占技能人才的比例达到三分之一，东部省份高技能人才占技能人才的比例达到 35%。

2022 年 12 月，中共中央办公厅、国务院办公厅印发了《关于深化现代职业教育体系建设改革的意见》（以下简称《改革意见》），《改革意见》

的出台是为深入贯彻落实党中央关于职业教育工作的决策部署和习近平总书记有关重要指示批示精神，持续推进现代职业教育体系建设改革，优化职业教育类型定位；共分总体要求、战略任务、重点工作、组织实施等四部分，包含 14 条内容。《改革意见》充分反映了党的二十大对职业教育发展的要求，坚持和加强党对职业教育工作的全面领导，把推动现代职业教育高质量发展摆在更加突出的位置，坚持服务学生全面发展和经济社会发展，以提升职业学校关键能力为基础，以深化产教融合为重点，以推动职普融通为关键，以科教融汇为新方向，充分调动各方面积极性，统筹职业教育、高等教育、继续教育协同创新，有序有效推进现代职业教育体系建设改革，切实提高职业教育的质量、适应性和吸引力，培养更多高素质技术技能人才、能工巧匠、大国工匠，为加快建设教育强国、科技强国、人才强国奠定坚实基础。

三 职业教育产教融合的四个挑战

职业教育的产教融合面临 4 个挑战，即产教融合冷热不均、用人单位终极疑问、学生家长疑虑重重、社会各界仍有观望。面对挑战，我们要迎难而上，因此我们发展职业教育的目标是：做好职业教育贯通培养，职普融通，培养未来的大师与专家。

针对职业教育产教融合的四维挑战，本书分析其产生原因如下。①产教融合冷热不均。产教融合"合而不深"、校企合作"校热企冷"是一直以来制约现代职业教育发展的难题，"职教 20 条"发布以来，这一发展难题进一步"破题"，但是深度融合始终是一个挑战。②用人单位终极疑问。"学历证书＋若干职业技能等级证书"制度虽然激发了学生考取技能等级证书的积极性，但是用人单位仍会有能力之问。③学生家长疑虑重重。即使在职业教育迎来大发展的 2022 年，某些省份高职招生分数仍是多次征求志愿，降分录取，学生和家长疑问难消。④社会各界仍有观望。社会各界对赋予重任的职教作为一个教育类型，仍持观望态度。

四 服务新发展格局的航空职教改革对策

(一)给予企业更大政策创新激励组合

深入推进职业教育的产教融合,关键是进一步激发企业的积极性。因此,本书提出以下六个方面的政策创新维度:①加大对产教融合型企业的激励;②建设混合所有制的职教高校;③创建灵活多样的产业学院;④解决企业人员在职教高校的兼职取酬等问题;⑤鼓励企业以股份制等多种方式参与建立职教集团;⑥构建校企行(行业学会)协(协会)多方共赢的职教体系。

(二)职教新专业目录引导航空职教产教融合

2021 年 3 月,教育部印发《职业教育专业目录(2021 年)》(以下简称《目录》),共设置 19 个专业大类、97 个专业类、1349 个专业,其中中职专业 358 个、高职专科专业 744 个、高职本科专业 247 个。《目录》与《中等职业学校专业目录(2010 年修订)》及近年增补专业相比,中职保留 171 个,调整(含新增、更名、合并、撤销、归属调整、拆分)225 个,调整幅度为 61.1%;高职专科较《普通高等学校高等职业教育(专科)专业目录(2015 年)》及历年增补专业,保留 414 个,调整 439 个,调整幅度为 56.4%;高职本科较试点专业清单保留 39 个,调整 208 个,调整幅度为 260%。教育部相关负责人介绍,保留的专业主要是符合产业人才需求实际、职业成熟稳定、专业布点较广、就业面向明确、名称科学合理以及特种行业领域专业。专业调整的情形主要是:适应经济社会发展新变化新增专业,根据产业转型升级更名专业,根据业态或岗位需求变化合并专业,对不符合市场需求的专业予以撤销。新版《目录》按照 2035 年远景目标纲要对职业教育的要求,在科学分析产业、职业、岗位、专业关系的基础上,对接现代产业体系,服务产业基础高级化、产业链现代化,统一采用专业大类、专业类、专业三级分类，一体化设计中等职业教育、高等职业教育专科、高等职业教育本科不同层次专业。本次职业教育三个层次的专业目录调整，将有力地带动我国职业教育高水平高质量发展。本部分将聚焦于装备制造大类和交通运输大类，分析航空业（涵盖航空制造业、军事航空、民用航空三个领域）有关专业的三级设置情况。

根据《职业教育专业目录（2021年)》获取中等职业教育、高等职业教育专科、高等职业教育本科的航空装备类、航空运输类专业如表3-2、表3-3和表3-4所示。

表3-2　中等职业教育航空类专业

序号	专业代码	专业名称
66 装备制造大类		
6606 航空装备类		
138	660601	无人机操控与维护
70 交通运输大类		
7004 航空运输类		
208	700401	民航运输服务
209	700402	航空服务
210	700403	飞机设备维修
211	700404	机场场务技术与管理

表3-3　高等职业教育专科航空类专业

序号	专业代码	专业名称
46 装备制造大类		
4606 航空装备类		
263	460601	飞行器数字化制造技术
264	460602	飞行器数字化装配技术
265	460603	航空发动机制造技术
266	460604	航空发动机装配调试技术
267	460605	飞机机载设备装配调试技术
268	460606	航空装备表面处理技术
269	460607	飞行器维修技术

续表

序号	专业代码	专业名称
270	460608	航空发动机维修技术
271	460609	无人机应用技术
272	460610	航空材料精密成型技术
273	460611	导弹维修技术
50 交通运输大类		
5004 航空运输类		
389	500401	民航运输服务
390	500402	民航通信技术
391	500403	定翼机驾驶技术
392	500404	直升机驾驶技术
393	500405	空中乘务
394	500406	民航安全技术管理
395	500407	民航空中安全保卫
396	500408	机场运行服务与管理
397	500409	飞机机电设备维修
398	500410	飞机电子设备维修
399	500411	飞机部件修理
400	500412	通用航空器维修
401	500413	飞机结构修理
402	500414	航空地面设备维修
403	500415	机场场务技术与管理
404	500416	通用航空航务技术
405	500417	航空油料

表 3 - 4　高等职业教育本科航空类专业

序号	专业代码	专业名称
26 装备制造大类		
2606 航空装备类		
85	260601	航空智能制造技术
86	260602	飞行器维修工程技术
87	260603	航空动力装置维修技术

续表

序号	专业代码	专业名称
88	260604	无人机系统应用技术
30 交通运输大类		
3004 航空运输类		
126	300401	民航运输服务与管理
127	300402	航空机电设备维修技术
128	300403	智慧机场运行与管理
129	300404	通用航空航务技术

通过分析以上中等职业教育、高等职业教育专科、高等职业教育本科三个层级的航空类专业设置，可以看到高等职业教育专科层次设置的专业最多，航空装备类有 11 个专业、航空运输类有 17 个专业。

职业教育有其自身的特点，以高等职业教育本科"航空运输类"的"民航运输服务与管理"专业为例，其面向民航客运员、民航货运员和运输代理服务员等职业；职业技能等级证书为民航旅客地面服务、民航货物运输。以高等职业教育本科的"航空装备类"的"航空智能制造技术"专业为例，其面向飞机制造工程技术人员、智能制造工程技术人员、航空产品装配与调试人员等 3 个代表性职业，可以面向工艺设计、生产管理、智能装备与产线集成应用、运行维护、数字化装配、航空零部件加工等 6 个典型岗位（群）；职业技能等级证书为航空柔性加工生产线管控与操作、智能制造单元集成应用、智能制造设备操作与维护。

当然专业目录不是一成不变的。我们应当以航空核心专业门类为牵引进行产教融合，并根据行业变化，增设新专业，以满足技术进步和行业发展需要。

（三）面向"一带一路"，打造航空国际职教品牌

1. 高铁、电子信息国际职业教育品牌的启示

中国高铁是中国在世界上的名片，而电子信息产业是我国出口中的优

势产业，我国有关高铁和电子信息的职教学院与我国具有国际优势的企业与产业共成长，获得国际竞争力，可以为临空职教的发展提供有益的借鉴。

陕西铁路工程职业技术学院创办于1973年，前身是铁道部渭南铁路工程学校，2002年划归陕西省人民政府，2003年改制升格为高职学院，现为中国特色高水平高职学校立项建设单位（C档）、国家优质高职学校、教育部首批"1＋X"证书制度试点单位、首批国家级职业教育教师教学创新团队立项建设单位、首批全国高职诊改试点复核"有效"院校、教育部"百千万交流计划"中方项目院校。其是我国铁路和城轨工程建设与管理人才培养的重要基地，也是中俄交通大学校长联盟、中国－欧亚交通大学联盟、中国－东盟轨道交通培训联盟、中俄合作办学高校联盟等成员单位。与俄罗斯萨马拉国立交通大学联合创办萨马拉交通学院，办学规模为1200人。该校主动服务中国铁路"走出去"战略，承担肯尼亚蒙内铁路员工培训，三年培训5.1万人次，培训质量得到肯方高度赞誉。"引进来"为菲律宾国家铁路局及马来西亚吉隆坡建设大学开展铁路技术培训。每年选派师生赴德国、澳大利亚、俄罗斯、新加坡等国（境）外研修学习。该校牵头成立了"陕西铁路建筑职业教育集团"，与300余家企业形成了紧密型校企合作和人才供求关系，2020年入选全国首批示范性职业教育集团培育单位。先后组建了校企合作订单班133个，联合培养学生6532人。与中铁一局等5家央企单位共建"轨道交通未来产业创新研究院""国家级企业技术研发基地""陕西省重点科技创新团队研发基地""省级高性能混凝土工程实验室""城市轨道交通新材料陕西省工程研究中心"。学校的中长期目标是努力把学校建设成为"引领改革、支撑发展、中国特色、世界水平"的铁路高职院校。

湖南铁道职业技术学院始建于1951年，是一所以工科专业为主，文管经等专业共同发展的公办综合性高职院校。2019年12月，该校入选56所中国特色高水平高职学校建设单位，为高水平学校建设单位（C档），为国家和湖南地方经济社会发展做出了积极贡献。学校深耕轨道交通装备制造全产业链，共开办铁道机车车辆制造与维护、动车组检修技术、城轨车辆等高职专业（方向）35个，形成覆盖高铁、普铁、地铁等轨道交通装备制造、运用、管理与维护产业链的专业体系。学校坚持走产教融合、校企合作之路，不断提升社会服务能力。依托牵头成立的"全国高铁装备制造职业教育产教联盟"、"湖南省示范轨道交通装备制造与运用职教集团"以及与中国中车株机公司共同成立的智能制造产业学院等实现资源共享，提升人才培养质量和服务企业能力。依托校办企业、学校科研创新团队和生产型实训基地，为湖南轨道交通千亿产业开展研发、技术服务以及轨道牵引机车部件生产，年产值达1.5亿元。被评为教育部现代学徒制立项试点学校、全国职教师资培训基地、国家骨干教师师资培训基地、中德师资培训国内基地、国家高职高专先进制造技术学生实训（师资培训）基地、首批"国家高技能人才培训基地"。学校实施"家国情怀、宽广视野、阳光心态、火车头精神"四大核心"特质"培养体系，毕业生以"下得去、留得住、用得上、有潜力、能发展"而受到用人单位的青睐。学生中现代学徒制等订单培养学生有70%以上，据不完全统计，毕业生中成为"全国劳模"、中国中车"高铁工匠"及全国、全路技术能手等的学生达126名。学校与俄罗斯、德国、泰国、马来西亚等13个国家（地区）的30个教育机构、跨国企业建立了合作关系。学校建成铁路工坊1个、鲁班工坊1个、海外分校1个、"一带一路"产业学院1个，合作开发的国际化专业标准有8个、国际化课程门数为20门；输出国际化员工培训标准10个、专业教学标准10个、实训课程标准20个；与俄罗斯圣彼得堡国立交通大学合作开办铁道机车等3个中外合作办学专业，办学规模达448人，共招收有来自泰国、孟加拉国等5个国家的98名留学生；为"蒙内铁路"等援外项目和泰国、尼日利亚等共建"一带一路"国家培训轨道交通行业人才3000人以上。

深圳职业技术学院创建于1993年，是国内最早独立举办高等职业技术教育的院校之一，为全国高水平学校建设单位（A档）。2021年7月，深圳职业技术学院探索构建的"六融合""六个共同"产教深度融合模式被国家发展改革委列入向全国推广借鉴的"深圳经验"。毕业生在世界500强企业及行业领军企业的就业率、毕业生创新创业率、毕业生起薪水平等高于全国同类院校多项人才培养质量指标的平均水平，均位居全国高职院校前列。学校一直把人才培养作为中心工作，以培养适应智能时代需要的复合式创新型高素质技术技能人才为目标，瞄准未来社会和经济发展，紧贴深圳四大支柱产业和新兴产业布局专业，打造品牌专业，与华为、ARM、阿里巴巴、平安、比亚迪、裕同、天健等一流企业紧密合作，截至 2022 年 12 月，共建有华为信息与网络技术学院、ARM 智能硬件学院、比亚迪应用技术学院、裕同数字图文学院、天健建工学院等 15 所特色产业学院，校企共同制定专业标准、共同开发课程、共建师资团队、共同培养技术技能人才，在服务一流企业中成就自身一流。学校开设专业文化课程，大力培育工匠精神，厚植工匠文化，全面推进职业院校文化育人工作。学校坚持"产学研用"一体化的科研导向，重视技术转移和科技成果转化。近年来，学校不断深化科研体制机制改革，大力加强与政府职能部门以及行业企业合作，组建成立了应用技术研究院、文化创意产品研究院、经济与社会发展研究院等三大综合性研发平台。学校紧扣国家发展战略，加快国际化办学步伐，充分利用区域与自身优势，深化国际教育交流与合作。

2. 航空工业、军航职业教育品牌的启示

我国的航空工业和有军队航空血脉的航空职业高校有很强的培养航空航天类、民航类人才的实力。西安航空职业技术学院、成都航空职业技术学院为 2020 年 10 月公布的我国第一批示范性职业教育集团（联盟）培育单位；长沙航空职业技术学院为 2021 年 6 月公布的第二批示范性职业教育集团（联盟）培育单位，它们的建设经验值得重视和推广。

西安航空职业技术学院是国家示范性高职院校、国家优质高等职业院校、全国 56 所中国特色高水平高职学校建设单位之一（C 档）。学校秉承"尚德躬行、笃学擅用"的优良传统，发扬"艰苦创业，团结奉献，育才树人，航空报国，追求卓越"的西航精神，为国家航空事业培养了大批高素质劳动者和技术技能人才，形成了"明德敬业、严谨求是"的校风。学校前身是 1958 年成立的"第三机械工业部阎良第一航空工业工人技术学校"，隶属原第三机械工业部；1979 年更名为空军航空工程部第三技工学校，隶属空军；1985 年改为全日制中等专业学校；1994 年更名为空军西安航空工程学校；2001 年由空军移交陕西省管理，升格大专并更名为西安航空职业技术学院。学校被国防部、教育部确定为陕西省唯一一所空军、陆军定向培养士官院校；被教育部遴选为"高端技能型、应用型人才联合培养百千万交流计划"中方项目院校；被国家发展改革委、教育部确定为产教融合工程项目建设单位；被教育部确定为现代学徒制试点院校。学校设置有航空维修工程学院、通用航空学院、航空制造工程学院、航空管理工程学院、航空材料工程学院、人工智能学院、自动化工程学院、汽车工程学院、军士学院等 9 个二级学院，并创建了通识教育学院、创新创业学院等 6 个教学单位，1 个航空制造工程中心，现代职业教育研究院、"三全育人"研究院等 2 个研究院。学校开设了通用航空、航空维修、制造、材料、管理、人工智能、自动化、汽车等门类齐全、航空特色鲜明，紧跟时代发展的高职类专业 50 余个，涵盖了航空设备维修、机械装备制造、通用航空技术、人工智能技术、航空管理服务、交通运输营销等职业门类。建有集航空人才培养和航空科普于一体的航空科技馆，国家重点支持的数控实训基地，与国家航空高技术产业基地联办的"国家航空产业基地培训学院"，与德国纽伦堡工商会合作建立"中德职业教育培训中心"联合开展 IHK 证书培训。近年来，学校积极承办"全国职业院校技能大赛""中英'一带一路'国际青年创新创业技能大赛""陕西省'挑战杯—彩虹人生'大赛"等全国、全省各级各类技能大赛，学生在技术技能水平、岗位创新能力、创业成功率等方面稳步提升，竞赛成绩突出。学校服务国家"一带一路"倡议，先后与乌克兰国立航空大学、泰国私立大学联盟、柬埔寨暹粒地区理工学院、韩国大林大学、泰国国王科技大学和韩国新罗大学签署合作备忘录，与泰国金士顿芭堤雅职业学校签署留学生培养项目协议，与菲律宾共设航空教育创业基金、共建航空教育创业中心，助推中菲航空教育合作交流。学校站在"双高"建设的新起点上，大力推进"产教融合、校地融合、军民融合"战略实施，根据国家"当地离不开、业内都认同、国际可交流"的要求，为建成航空特色领先、国内一流、国际知名的中国特色高水平高职学校而努力奋斗。

　　成都航空职业技术学院创建于1965年，前身是"三线建设"时期航空工业布局西南地区的德胜中级技术学校。学校是全国首批高职院校（1998年）、首批国家示范性高职院校（2006年）、中国人民解放军首批定向培养士官学校（2012年）、国家"双高计划"建设单位（2019年），是国家高技能人才培训基地、航空工业高技能人才培训基地、中国航发高技能人才培育基地、教育部职业院校校长培训基地、四川省职教师资培训基地。学校认真贯彻党的教育方针，落实立德树人根本任务，着力服务国家重大战略，始终不忘"航空报国"初心并牢记"航空强国"使命，坚持"服务航空、服务国防、服务区域经济"的办学定位，遵循"以人为本、争创一流、打造品牌、办出特色"的办学理念，以"明德、笃行、求实、创新"为校训，积极培育"勤奋、严谨、活泼、文明"的优良校风，坚定走产教融合、校企合作的发展道路，为社会主义现代化建设培养高素质技术技能人才。学校下设航空装备制造产业学院、信息工程学院、建筑工程学院、管理学院、汽车工程学院、无人机产业学院、航空维修工程学院、民航运输学院和军士管理学院等9个二级学院，开办30余个专业。其中，建有国家示范院校重点专业6个、国家"双高计划"重点建设专业5个、国家骨干专业4个、省"双高计划"重点建设专业8个、航空军工特色专业6个、定向培养军士（士官）专业7个。产教融合，多元发展。学校发起成立了航空职业教育集团、四川省无人机产业技术创新战略联盟、四川省退役军人教育培训联盟、成都经开区汽车产教联盟等多个办学集团和行业联盟。学校与航空工业成飞公司合作建立第46届世界技能大赛"航空维修""制造团队挑战赛"中国集训基地和CAM技术中心；与中国国际航空公司联合举办CCAR-147民航维修执照培训中心；与瑞士GF加工方案、瑞典海克斯康、北京精雕等企业共建教学、生产、科研融合的技术创新协同中心。学校以订单、定制和现代学徒制等形式进行人才培养，成立了以"成飞班""航发班""国航班""川航班""军士（士官）班"等为代表的订单定制班。面向全球，开放共融。截至2022年，学校与世界21个国家（地区）的57所高校和教育机构建立长期稳定合作关系，搭建师生海外交流合作基地 13 个。2021 年，学校建立非洲加蓬分校，海外培训量超 4000 人/天。引进世赛国际首席专家、EASA 航空维修国际标准，主持或参与制定全球标准 5 项。参与中非应用型人才联合培养，为塞内加尔培养高素质技术技能人才。开发翼龙无人机技术标准和培训方案，助力翼龙无人机走向世界。迈步新征程，谱写新篇章。学校将秉承"航空报国、追求卓越"的精神，始终肩负起"为党育人、为国育才、技术强军"的历史使命，胸怀"国之大者"，以坚定的信心、豪迈的气魄、百倍的努力，为建设国内一流、国际有影响、航空特色鲜明的高水平高等职业学校而不懈奋斗。

长沙航空职业技术学院创办于 1973 年，1998 年升格为高等职业院校，隶属空军装备部，是全军唯一一所国民教育性质的普通高校，是"中国特色高水平高职学校和专业建设计划"建设单位、国家优质专科高等职业院校、湖南省卓越高等职业院校、军队定向培养士官定点高校，主要承担为军队培养定向士官，为军队航空装备修理和地方航空产业培养高素质技术技能人才的任务。学校设有马克思主义学院、航空机电设备维修、航空电子设备维修、航空机械制造、航空服务与管理、基础教育、军士教育管理学院、体育工作（教学）部等 8 个教学院部，开设有飞行器维修技术、飞行器制造技术、飞机电子设备维修、空中乘务等专业 22 个；有国家级示范性职业教育集团 1 个、骨干专业 4 个、职业教育示范专业点 3 个、教学资源库 3 个、"双师型"教师培养培训基地 1 个、职业教育示范性虚拟仿真实训基地 1 个，省级一流特色专业群、实训基地、精品在线开放课程、名师空间课堂等建设项目 50 余个；建有集爱国主义教育、全民国防教育、航空科普教育于一体的湖南航空馆。全国首个航空职业教育与技术协同创新中心（航空工程职业教育集团）、全国航空工业飞行器维修技术专业教学指导委员会、全国航空工业航空文化育人专门指导委员会、湖南省飞机维修工程技术研究中心、湖南省导弹维修工程技术研究中心、湖南省通用航空协会、空军航空修理系统教育培训中心和从业人员资格考核认证中心等设于学院。雄鹰高飞，逐梦蓝天！面向未来，长沙航空职业技术学院将始终秉承"自强不息、止于至善"的校训，"匠心铸魂，航空报国"的核心价值理念，不忘初心，勇毅前行，大力推进中国特色、世界知名的一流航空高职学院建设，为职教兴邦，为实现中华民族伟大复兴的中国梦做出新的更大贡献！

3. 民用航空职业教育品牌的启示

在民航职业教育中，既有"国家队"的支撑，又有一批民营的职教高校和职教集团的不断加入。因此，优秀的民航教育集团与民航职业教育的"国家队"共同承担了培养民航高素质技能人才的重任。

广州民航职业技术学院直属中国民用航空局，是民航内最早一所独立设置实施高等职业教育的全日制公办普通高校。作为民航高层次技术技能人才培养的"国家队"、主力军、主基地，学校经过 40 多年的建设与发展，已成为我国民航专业门类最全、培养规模最大、能力最强、水平最高、享誉国内、在东南亚民航有着较高影响力的职业院校，为我国民航强国建设、粤港澳大湾区和广东空港经济发展提供了强有力的人才和智力支撑。学校成立于 1980 年，2010 年被确定为国家示范性高等职业院校；2013 年成为中国民用航空局与广东省人民政府"共建"院校；2018 年中国民用航空局和广东省人民政府签署战略合作框架协议，明确双方深化共建学校的任务，支持学校创建高水平职业院校和专业；2019 年被确认为国家优质高职院校、"中国特色高水平高职学校和专业建设计划"建设单位。学校拥有 29 架大中小型教学用飞机，140 台飞机发动机，5 万多台（件）飞机零部件和一大批专业设备。学校实训条件领先国内同类院校，以模拟仿真与实际操作相结合为主导，建有飞机维修类、机场运行及通导类、安全与服务类三大类专业实训基地，建有飞机维修虚拟仿真中心、民航航务技术模拟机实训教室、航空管制模拟实训室等，形成了一批教学、实践、培训和生产"四位一体"的校内外实践教学实训基地。学校下设飞机维修工程学院、航空港管理学院、民航经营管理学院、人文社科学院、继续教育学院、马克思主义学院 6 个二级学院。学校按照"一体两翼八个字三推进"办学思路，以国家级高水平专业群建设为牵引，全力打造了 5 个民航特有专业群，形成了群体发展优势和品牌效应。学校坚持"校企合作、校校合作"，实施

"60+6"计划，推进产教融合、职普融通，不断完善民航职业教育体系。学校与中国国际航空公司、中国南方航空公司、中国东方航空公司、广州白云国际机场、深圳宝安国际机场、北京飞机维修工程有限公司（AME-CO）、广州飞机维修工程有限公司（GAMECO）等60多家国内大中小型航空公司、机场、飞机维修公司等民航企事业单位在人才培养、课程开发、实习就业、培训服务等方面开展合作，为培养适销对路和企业用得上、留得住、用得好的高技术技能人才提供保障，毕业生总体就业率和专业对口率一直保持高位。学校坚持育训融合双轮驱动发展，拥有多类型多层次的面向行业和社会企事业单位员工岗前培训、技能考证、学历提升的培训资质和完善的民航职业教育培训体系。学校拥有全国最大、培训量最多的CCAR-66R3飞机维修执照培训机构，也是首批开展CCAR-66R3培训的试点院校；是CCAR-65部飞行签派员800小时培训机构、机场安全检查员五级资质培训考证机构、无人机驾驶员训练机构、大疆创新与慧飞无人机应用技术培训机构、航空安全员训练机构等。学校坚持开放包容、多元融合办学传统，不断加强与美国、英国、加拿大、新加坡、中国香港等境外院校和航空企业的合作，提高办学国际化水平，积极推动中国民航职业教育走向世界。学校传承中国民航"红色基因"和当代民航精神、工匠精神、劳模精神，形成具有鲜明行业特色的校园文化，成为民航高层次技术技能人才育训的示范者、引领者。学校将继续抓住国家大力发展职业教育、智慧民航建设和大湾区建设的新机遇，致力于建设本科层次职业教育，成为我国民航职业教育的一面旗帜，并最终建设成为具有世界影响力的"高水平职业大学"。

泛美集团是一家随着中国民航业飞速发展成长起来的国际化集团公司，旗下包含泛美教育集团和泛美云非集团。泛美集团专注航空教育及相关产业近30年，近年来在实践"一体两翼"发展战略的过程中，探索出"教育＋实业"的发展新路径，大力推动了航空教育、通航产业、航空服务、教育科技、民航培训及通航小镇等相关产业的跨越式发展，坚持服务于中国建设民航强国的发展战略。泛美教育集团致力于培养航空人才，打造了民航职业教育全链条教育品牌集群。泛美教育集团以"公益教育、精品教育"为宗旨，在全国率先开创了"校中有企、企中有校、校企同质、融合发展"的全新合作模式，探索出一条领先的校企融合发展之路。泛美教育集团按照"全面贯彻职教方针，实施素质教育，企业化运作，建立特色学校，塑造现代绅士与淑女"的指导思想，以培养"标准的军人、高度职业化的民航员工、现代绅士与淑女"为成绩目标，构建了"网络教育、技能培训、课堂互动、素质养成"的四模块人才培养模式。截至 2022 年，泛美教育集团拥有的教育资产达 100 亿元，下属 10 所航空院校，分别是四川西南航空职业学院、绵阳飞行职业学院、青岛航空科技职业学院、宿州航空职业学院、四川西南航空专修学院、成都泛美航空旅游中等职业技术学校、青岛北方航空职业学校、绵阳泛美飞行职业技术学校、宿州中原航空中等专业学校、四川泛美蓝天研学教育，在校学生超过 60000 人，毕业生就业于国际国内航空公司和民航机场，涵盖飞行、乘务、空保、空管、机务维修、安检、贵宾服务、值机等各类民航岗位，在专业民航院校中名列前茅。未来，泛美教育集团还将建立航空类应用本科院校，打造"应用本科、高职、中职、培训"四位一体的全链条民航教育品牌集群。泛美教育集团为 2021 年 6 月公布的我国第二批示范性职业教育集团（联盟）培育单位。近年来，泛美集团围绕"一体两翼"核心发展战略，成立四川泛美云非实业有限公司，旗下包含泛美通航集团、泛美航服集团以及智慧实业集团，依托民航产业构建了覆盖通航产业、航空服务、教育科技、民航培训、通航小镇等多个领域的多元集团。

（四）发展航空职业教育的河南机遇

1. 河南积极探索技能型社会建设路径　推动"人口红利"向"人才红利"转变

2022 年 1 月，教育部简报〔2021〕第 44 期对河南省推进职业教育、探索技能型社会建设的经验进行了介绍。

河南省深入贯彻落实习近平总书记关于职业教育工作的重要指示精神，

把大力发展职业教育、探索技能型社会建设路径作为支撑全省经济社会发展的重要环节和战略举措，抓住部省共建职教高地历史契机，深化改革、完善体系、提高质量、服务大局，着力培养更多技术技能人才、能工巧匠和大国工匠，努力推动"人口红利"向"人才红利"转变，为促进中部地区崛起提供强有力的人才和技能支撑。

（1）聚焦优先发展，营造职教良好环境

河南省委、省政府将职业教育纳入全省经济社会发展大局统筹谋划，主要负责同志多次就职业教育开展专题调研，研究部署院校建设、专业布局、产教融合、人才培养等工作。实施两期职业教育五年攻坚计划，以"每年召开一次会议、每年制定一个文件、每年投入100亿元"的力度，推进职业教育上台阶。先后出台《河南省职业教育改革实施方案》《高质量推进"人人持证、技能河南"建设工作方案》《河南省人民政府关于实施职业教育攻坚计划的决定》等文件，不断完善职业教育发展政策体系。河南省政府建立了由14个单位组成的职业教育工作部门联席会议制度，加强对职业教育改革发展的组织领导和统筹协调，不断强化"抓职教就是抓发展、抓经济、抓民生"的共识，努力推动全省职业教育高质量发展。

（2）聚焦改革创新，增强发展内生动力

河南省改革办学模式，深化产教融合、校企合作，出台了《河南省职业教育校企合作促进办法（试行）》《河南省人民政府办公厅关于深化产教融合的实施意见》等文件，成立了25个行业职业教育校企合作指导委员会，组建了101个省级职教集团，推动电商实训基地等一批产教融合项目落地，着力打造产教良性互动、校企优势互补的发展格局。同时改革单一的政府投资模式，支持行业企业和社会力量参与职业教育办学，积极推进办学体制改革，全省民办中、高等职业学校达到115所，在校生46.47万人。改革职业院校管理体制和机制，出台《河南省深化省属本科高校和职业院校生均拨款制度改革实施方案》，全面推行以学生人数、专业类别等安排生均财政拨款预算的办法。

（3）聚焦类型特色，拓宽人才成长通道

大力提升中等职业教育办学质量，持续优化中职学校布局，采取撤销、合并等办法，整合"弱、小、散"的中职学校，校均规模由 1502 人提升至 3301 人。推进高等职业教育提质培优，把发展高等职业教育作为提升高等教育普及率、培养大国工匠的重要途径，连续三年超额完成高职扩招任务。稳步发展职教本科教育，高标准建设职业教育本科学校和专业，积极推动本科院校转型发展，重点建设了 15 所示范性应用技术类型本科院校。稳步推进招生考试制度改革，不断优化"文化素质 + 职业技能"的职业教育考试制度，基本实现高职院校全覆盖、专科层次骨干专业全覆盖，分类考试招生占比为 60% 以上，为选择接受高等职业教育的学生提供多样化入学和学习方式。

（4）聚焦内涵建设，提升教育教学质量

按照"省市共建、地方为主、统筹规划、分步推进"的原则，先后分三批实施了 300 个省级品牌示范院校和特色院校建设项目，6 所高职院校入围国家高职"双高计划"建设单位。启动实施省级"双高工程"，立项建设 102 所高水平职业院校和 152 个高水平专业群。先后认定 400 余名省职业教育专家、470 名省职业教育教学名师。探索推行项目教学、理实一体化教学。推动参与技能大赛全员化发展，实现以赛代练、以赛代训、以赛促学、以赛促建，切实提高学生技能水平。

（5）聚焦优势发挥，服务经济社会发展

联合黄河沿线 9 省职业院校成立"黄河流域职业教育联盟"，服务中部地区高质量发展和黄河流域生态保护。紧密结合新一代人工智能、生物医药、新材料、节能环保等新兴产业发展需求，成立了 19 个基于职业教育专业大类的省级骨干职教集团，促进各成员单位资源共享、优势互补，推动教育链、人才链、产业链、创新链有效衔接。深化校企合作，成立了 109 个行业性、区域性职业教育集团，有 400 多所职业院校、3000 余家企业参与其中，建立校企合作产品开发、技术推广项目 4000 余项。充分发挥职业院校主阵地作用，坚持"多路并进"，整合教育、人社、民政、农业、残联等多部门培训资金和资源，每年开展各类职业培训 330 万余人次，助力巩固拓展脱贫攻坚成果、推动实现乡村全面振兴。

2. 规划引领的航空职业教育的战略机遇

在 2021 年 4 月发布的《河南省国民经济和社会发展第十四个五年规划和二〇三五年远景目标纲要》中，提出以"空中丝绸之路"为引领，全面推动"四路"联动互促、融合并进，更高水平更大范围连通境内外、辐射东中西，促进全球高端要素资源汇聚，打造具有国际影响力的枢纽经济先行区。提出临空经济和航空职业学院助推发展航空经济的思路，即推动临空区域高端制造业、现代服务业集聚发展，积极融入国际航空相关产业联盟，引导装备制造和电子电器企业向航空制造领域扩展，大力引进国内外航空制造维修企业，加快发展飞机租赁以及航空培训、运动、会展、保险等关联产业。加强通用航空器和无人机研发制造，完善低空飞行服务保障体系，推进通用航空作业和服务消费模式创新，争创国家通用航空产业发展示范省。加强与军民航机构会商协调，推进空域精细化管理等改革。筹建航空职业学院。

在 2022 年 1 月，河南省人民政府发布《河南省"十四五"航空经济发展规划》，在规划的第四章"建设现代化航空经济产业体系"中，提出统筹推进航空核心产业、航空新兴产业、航空现代服务业集聚发展，做大做强航空物流等优势产业，高质量发展航空高端制造业和航空金融、航空会展等现代服务业，推动产业链、供应链、创新链、价值链、要素链"五链同构"，构建以航空物流为基础、航空关联产业为支撑的航空经济产业体系，提升产业链供应链现代化水平。其中将航空科教放入"推进航空现代服务业发展"中进行了展望。谋划组建航空航天大学和航空发动机学院，依托郑州航空工业管理学院、安阳工学院等省内高校，打造飞行、签派、机务维修、地勤保障、空乘服务等特色专业。支持郑州航空工业管理学院建设高水平大学。推动新丝路国际飞行学校加快飞行员培训业务发展，支持安阳工学院智慧民航产业学院加强内涵建设，提升办学水平。做大做强信阳航空职业学院。依托北京航空航天大学引入"双一流"高校科研创新平台，共建"空中丝绸之路"中原产业技术研究院。提升中国商飞（郑州）客户培训研究中心运营水平，搭建航空人才培养培训平台。建成河南航空培训中心，建设一批通用航空培训基地。推动与国际国内一流航空院校合作设立办学机构，鼓励国内外有实力的企业、高校、科研机构、飞行培训机构等在河南省开展航空人才培训。

2022 年 5 月，安阳市人民政府印发了《安阳市"十四五"航空经济发展规划》，在"十三五"的回顾中，认为安阳市的航空教育体系逐步完善。安阳市在飞行培训、高等教育、职业技能培训等航空教育细分领域均形成了扎实的积淀。安阳航校被称为中国航空体育的"黄埔军校"，具有民航局认可的签发飞行执照的资格。安阳航校持续开展热气球、跳伞、滑翔、航模等航空运动的国家集训队培训。安阳工学院、安阳职业技术学院、安阳学院等高校开设了飞行驾驶、机电维修、空中乘务、航空物流等 10 余个航空类专业，目前相关专业在校学生有 2500 余人；安阳市与河南航投公司合作成立了全省第一家依托本地资源运行的国际飞行学院；林州市还成立了国内首个滑翔伞运动俱乐部；安阳全丰航空植保科技股份有限公司创办了国内首家能够颁发中国航空器拥有者及驾驶员协会（AOPA）无人机驾驶员资格证书的培训学校，每年培训无人机飞手 1 万余人；贯晨通航公司、中宇通航公司等常年开展飞行员私商照培训业务；河南金宇公司是全省第一家拥有 CCAR - 66、CCAR - 147 资质的民营企业，是打造培养机务维修人才的摇篮。"十三五"期间，安阳市基本形成了从飞行员到空乘、地勤、机修、保养等多层次、多类型的航空人才教育培养体系。规划中提出的发展目标为：航空运动和航空教育品牌影响力持续扩大。至 2025 年，培育形成航空运动和航空教育龙头企业 3～5 家，年产值达到 5 亿元，林州滑翔伞年接待量超过 3 万人次，航空教育年培训 500 人次。建成航空运动主题公园 1 个和航空小镇 1 个。优先完成林虑山国际滑翔基地项目，建成林虑山滑翔基地上山索道 1 条、滑翔运动学校 1 家、滑翔器械检测中心 1 个，制订和执行林州滑翔五年赛事计划。在"十四五"发展方向与内容方面，围绕航空教育，规划了飞行培训、职业教育、机务培训、无人机培训、航空研学教育五个方面的内容。

3. 以信阳航空职业学院进行的职教集团经验解读

职业教育的特点就是产学研结合、贯通到研究型大学。面向产业升级和"一带一路"倡议，河南航空职业教育产教融合任重道远。

信阳航空职业学院是经河南省人民政府批准、教育部备案并被纳入国家统招计划的全日制航空类高等院校，也是河南省唯一一所航空类高等职业院校。截至 2022 年，学校设有航空工程学院、航空管理学院、飞行学院、人工智能学院、教育学院等 9 个二级学院，已由建校时的 5 个专业发展到45 个专业，开设有直升机驾驶技术、定翼机驾驶技术、飞机机电设备维修、飞机部件修理、飞机电子设备维修、飞机结构修理、通用航空航务技术、无人机应用技术、民航运输、民航安全技术管理、航空物流、空中乘务等专业。将尽快开办飞行器数字化制造技术、航空发动机制造技术、机场场务技术与管理、航空地面设备维修等专业。同时，学校注重强化优势特色学科专业的培育和建设，加强了飞机机电设备维修、民航运输与服务、人工智能应用 3 个特色专业群建设。2021 年依托飞机机电设备维修专业被河南省教育厅认定为"2021 年河南省职业教育教师教学创新团队"立项建设单位。学校是河南省航空业协会校企合作委员会主任单位，2021 年 12 月 26日在河南省航空业协会大力支持下，学校成为"河南省航空职业教育集团"的牵头单位，并且学校还被纳入了信阳市"十四五"规划的职教升本单位。

综合上述分析，如何加速河南航空职教集团的创新引领？本书认为应该加快构建现代职业教育体系，培养更多高素质技术技能人才、能工巧匠、大国工匠，破除职业教育改革发展的深层次体制机制障碍，推动职业教育高质量发展，并具体提出以下 6 个方面的建议。

第一，做好顶层设计。按照教育厅、教育部及国家职教改革文件精神，做好顶层设计，深化集团的体制机制改革。

第二，对标领先标杆。基于 Benchmarking（标杆分析法）对标国内国际航空航天类教育集团。

第三，培养"三航"人才。围绕航空产业链，"三航"齐飞，布局航空制造技能人才、军航技能人才、民航技能人才的培养。

第四，共建共管两院。在产教深度融合中，"引进来"，建立产业学院；"走出去"，建设企业学院。

第五，多链融合创新。基于航空航天等高技能、紧缺人才需求，布局专业集群；触发人才链、创新链、产业链、供应链合作创新。

第六，构建集团智库。面向国内外，建立专家咨询委员会，线上和线下结合，为集团战略制定、风险控制及向政府建言献策发挥智库作用。

第四章 中国普通高等教育临空产教协同创新实践

对我国航空航天类和民航类高校的认识是一个不断深化的过程。本书从对最初狭义的内地七大航空工业高校的扫描，拓展到民航类高校、军事航空高校，再拓展到有"985"或"211"的高校和不断动态变化的与国防科工局共建的高校，最后再去审视港澳台有关航空航天类的高校，从而完成对我国广义的空天类高校的动态比较分析。

本书作者所在课题组对近 10 年我国航空航天类高校进行了多次全方位的扫描分析和持续研究。2013 年初，课题组对我国航空航天类高校及此类潜在高校进行了全方位的扫描分析（张志宏，2013），构建了包括 5 所航空工业高校、2 所民航类高校、9 所军事航空类高校、112 所"211"高校（含"985"高校）、17 所当时的国防科工局共建高校在内的高校大样本。2021 年 5 月，以专文的形式对我国原有的航空工业大学、民航类的高水平航空航天高校再次扫描分析（张志宏等，2021）。

本章第一部分和第二部分，分别对我国高水平航空工业高校和民航类高校从航空航天等主体院系、2021～2023 年博士或硕士招生一级学科、2020～2022 年空天类本科招生对比三个维度进行解剖，揭示航空类主体高校在"双一流"建设背景下的发展动态。空天类和民航类学科、专业的不断发展，相关学院的新建或重组，昭示了我国空天和民航产业的人才培养基础更加雄厚。结合 2017 年我国军校变革情况、2022 年国家本科招生的最新信息以及有关高校 2022 年或 2023 年研究生招生最新信息，对 7 所军事航空高校、原样本中的 28 所航空航天特色高校进行 2022 年与 2012 年的比较分析，以观察、归纳10年来这两种空天类高校的动态变化，从而勾画我国内地42所空天类特色高校的最新全景图。

一 我国内地七大航空工业高校发展动态

随着我国航空航天战略产业的发展，中航工业的不断重组、分立，中国商飞以民用大飞机发展为使命，中国航发以"两机专项"为目标，促进了一批高校的航空宇航科学与技术学科与专业的发展。在这个过程中，除了原有的航空工业的"三大、三小"高校飞速发展之外，西安航空技术高等专科学校升格为西安航空学院。本部分对我国内地原有的航空工业高校再次进行扫描，以观察、归纳其10年来的发展变化特征。

与2012年底相比，虽然国内源自航空工业的本科院校增加为7所，但是冠名为"大学"的航空工业高校仍然只有5所，即北京航空航天大学（以下简称北航）、南京航空航天大学（以下简称南航）、西北工业大学（以下简称西工大）、南昌航空大学（以下简称昌航）、沈阳航空航天大学（以下简称沈航）。这5所大学即本书所研究的高水平航空工业高校。但是郑州航空工业管理学院（以下简称郑航）于2013年7月被批准为硕士点授权单位、2021年10月26日"航空宇航科学与技术"被批准为新增硕士学位授权一级学科；西安航空技术高等专科学校于2012年经教育部批准升格为普通本科院校，更名为西安航空学院（以下简称西航）。所以，为了反映有航空工业血脉的航空工业高校的全貌，现在对以上这7所航空工业高校进行分析。

（一）七大航空工业高校的定位变化

首先来看五大航空工业高校，从办学目标来讲，与2012年底相比，五大航空工业高校的定位在党的十九大之后，都有一定的调整或重新设置。在党的二十大召开后，未来还会有一定调整。

北航的"航空航天工程"学科在2018～2022年"软科世界一流学科排

名"中，连续五年为世界第一。其2012年的办学目标定位为：国内一流、世界知名高水平大学。其远景目标是"空天信融合特色的世界一流大学"。学校在党的十九大之后新的定位为：引领发展，创造未来，建设扎根中国大地的世界一流大学。

西工大是一所以航空、航天、航海（三航）为特色的高校，其2012年办学目标定位为：国内一流、国际知名高水平研究型大学。学校在党的十九大之后新的定位是：建成中国特色世界一流大学。

南航2012年办学定位为：高水平研究型大学。学校在党的十九大之后新的定位是：坚定不移地朝着航空航天民航特色鲜明的世界一流大学目标努力奋进。

昌航2012年办学定位为：工科优势明显、航空特色鲜明的多科性教学研究型大学。学校在党的十九大之后新的定位是：建设"省内一流、国内知名、行业领先"的特色鲜明高水平大学。

沈航2012年办学定位为："省内一流、国内知名、国际有影响"教学研究型大学。学校在党的十九大之后新的定位是：将在服务国家国防事业、国家航空航天事业发展和辽宁振兴发展的神圣使命中，努力把学校建设成为特色鲜明的高水平研究应用型大学。

因为很难回溯郑航和西航2012年的定位，所以只分析两所高校目前的定位。

郑航目前的定位是：扎根中原大地，坚持转型发展、错位发展、创新发展战略，着力提升服务航空航天产业、服务区域经济社会建设的能力，锐意进取，勇毅前行，为早日建成特色鲜明、结构合理、创新开放、协调发展的高水平航空航天大学再谱新章！

西航目前的定位是："十四五"期间，坚持以高质量发展为主题，坚持以改革创新为根本动力，扎实推进以人才培养为中心的各项工作，不断提高人才培养质量和能力，奋力谱写学校新时代追赶超越新篇章。

（二）七大航空工业高校的航空航天、民航特色变化

本部分从学校历史、学科特色、师资力量、人才培育、教育及教学成果、科研平台、校园文化特色、国际交流与合作等 8 个方面对七大航空工业高校进行比较全面的分析，从而梳理它们的航空航天特色及民航特色集聚演变情况。

对北航而言，2022 年与 2012 年相比，其主体航空航天类学院有所增加。2016 年增设了空间与环境学院，整合新设了无人系统研究院。2017 年，北航探索大类招生与培养，对招生专业进行重大改革和调整，并在多年试点经验基础上，成立了覆盖一年级大类本科生、强化通识教育的书院型的"北航学院"；前沿科学技术创新研究院成立于 2017 年 12 月，作为学校新时代重大科技创新的主要载体，以服务国家战略需求为出发点，聚焦重大方向集中精力建设，坚持和发扬以"大团队、大平台、大项目、大成果"为核心的四大模式，着力激发科技创新活力，持续提升科技创新能力。北航未来空天技术学院实施八年制本博贯通、定制化学研一体。学院汇聚校内外优质教学科研资源，聘请空天信融合领域的院士、总师等担任学生导师，开设名家精品课、大师讲座课、微纳研讨课，打造历时一年的新型科研项目课程，强化数理人文思维基础、注重学科专业交叉融通，本博贯通、因材施教，多元评价、动态流转，塑造面向未来的知识和能力结构，培养德智体美劳全面发展的复合型、创新型领军领导人才。2018 年，学校统筹航空航天、信息、医工交叉等五大学科群布局，与中国航发共建航空发动机研究院（航空发动机国际学院），新设机载系统创新中心等若干学院和研究院，在尖端技术研究领域始终居于中国高校前列，研制成功的多种型号飞行器填补了多项空白，解决了多项"卡脖子"问题。北航微电子学院于2018 年 4 月正式实体化运行，2020 年 10 月在全国率先（第一个）更名为集成电路科学与工程学院，目前下设集成电路材料与器件系、集成电路设计与工具系、集成电路工艺与装备系。2020 年 12 月，国务院学位委员会批准设置"集成电路科学与工程"一级学科。学校于 2018 年成立人工智能研究院，2020 年 1 月正式挂牌。未来空天技术学院于 2021 年启动本科招生，专业是工科试验班类（未来空天领军计划），强化空天信融合、理工文医交叉的学科融合生态，突出打破传统专业壁垒，面向全校信息大类、航空航天大类国家一流本科专业建设点等优势专业。

　　西工大在保持主体空天类学院发展的同时，于 2015 年 12 月增加微电子学院、2018 年 12 月增设民航学院。民航学院前身是西北工业大学民航工程学院（1994 年），是由中国航空工业总公司和中国民用航空总局批准，由西北工业大学、北京飞机维修工程有限公司（AMECO）和中国西北航空公司联合组建的。学院以"民航强国"为战略牵引，坚持"建一流学院、办一流专业，育一流人才"的建设目标，围绕民航领域的科技发展前沿、重大需求和国家重点科研任务深入开展人才培养、学科建设和科学研究。在国家"双一流"战略指导下，学院全方位瞄准国际前沿，围绕飞机安全与保障技术、航空器适航审定技术和无人机适航技术与管理等方面开展人才培养、学科建设以及科学研究。西工大同时也非常重视与"三航"有关的研究与育人并重的研究院和研究中心建设，于 2017 年成立无人系统技术研究院、2017 年 10 月成立柔性电子研究院、2021 年 1 月成立光电与智能研究院。无人系统技术研究院是西工大跨学科交叉科研机构，以服务国防现代化建设为己任，通过引入多元化社会资源开放办学理念，构建产学研用协同人才培养模式，实现校企协同、合作育人；通过学科交叉融合，形成完善的无人系统学科体系；研究院聚焦世界科技前沿，服务重大战略需求，主要开展融合空、天、地、海、电多维空间，具备智能感知与认知、智能决策、自主协同控制及人机共融能力的无人化系统体系及相关科学技术研究；通过构建民营资本、科研院所和学校深度联合的科研平台，打通资本、科研、成果转化之间的壁垒，通过校企联合提高科研效率和水平；研究院将结合国家"培养拔尖创新人才"理念和"深化产教融合"的校企协同办学思想，建立面向适应智能无人系统技术人才需求的新兴交叉学科专业，构建校企合作育人的长效机制，培养国防工业和国民经济亟须的富有创新精神和实践能力的应用型、复合型及行业领军人才；研究院将依托西安市硬科技，打造"智能无人系统创新与发展国际科学技术大会"，建成以"空、天、地、海"智能无人系统产业集群为核心的国家级"科教产融"创新示范中心，成为我国在无人系统领域具有国际影响力的名片。柔性电子研究院成立于 2017 年 10 月，研究院设有机电子研究所、塑料电子研究所、生物电子研究所、印刷电子研究所、柔性电子产业促进中心以及柔性电子增材制造中心等机构，先后建设了柔性智能微纳电子学科创新引智基地等 1 个国家级、12 个省部级科研平台；2020 年 4 月，获批建设全国首个"柔性电子学"（交叉学科）博士学位授权点；2021 年 3 月，获批建设全国首个"柔性电子学"本科专业。2020 年 4 月，学校以研究院为基础成立"西北工业大学柔性电子前沿科学中心"，中心（研究院）是由有机电子学与柔性电子学的奠基人和开拓者、首席科学家黄维院士领衔，由百余位活跃于国际学术前沿的中青年学者组成的国际化、综合性研究机构。截至 2022 年，中心（研究院）有各类人才计划和青年学者 100 余人次，40 岁以下青年师资占比超过 90%。同时，通过协议引进、讲座讲授等形式积极推进高水平主干团队建设。中心（研究院）通过解决柔性电子学研究中的关键科学问题，孕育颠覆性技术，引领柔性电子基础研究和国际科技前沿，服务国家重大战略需求，助推以柔性电子为代表的，包括人工智能、材料科学、泛物联网、空间科学、健康科学、能源科学、数据科学在内的八大关键核心技术与战略性产业的变革，实现"开道超车"和领跑全球。光电与智能研究院前身为 2014 年成立的校级人才特区光学影像分析与学习中心，在"智能＋"时代，面对智能光电在国家战略需求中的重要地位和人工智能理论与应用面临的机遇挑战，研究院主动求变应变，从智能光电、多模态认知计算、极端成像领域的基础性科学问题出发，围绕信容（Information Capacity）赋能的光电智能感算协同理论与方法，开展了光电检测的智能化感知、解算与协同研究。研究院在复杂环境自适应成像与多传感器集成、多模态高效信息萃取、多智能体交互协同等方面取得了系列原创性成果，实现了光电传感器件与设备的智能化，相关科研成果成功应用于临地安防、航空航天、智能制造等领域，为国家智能光电检测的发展奠定了新的理论基础，提供了技术支撑。研究院积极推动与国防军工大院大所的交流合作，形成系列合作项目，同时注重与行业企业开展产学研合作，与华为、腾讯和滴滴等公司保持长期合作，共同推动光电智能产业化，产生了巨大经济效益。

南航的航空航天与民航特色突出，2012 年 12 月、2021 年 4 月，工业和信息化部、民航局先后签署协议共建南京航空航天大学。2018 年 12 月，工业和信息化部、教育部、江苏省共建南京航空航天大学。2019 年，航空宇航学院更名为航空学院，学院建有机械结构力学及控制国家重点实验室、直升机旋翼动力学国家级重点实验室、超声电机国家地方联合工程实验室、纳智能材料器件教育部重点实验室、飞行器先进设计技术国防重点学科实验室、精密驱动技术国防重点学科实验室、飞行器环境控制与生命保障工业和信息化部重点实验室、非定常空气动力学与流动控制工业和信息化部重点实验室、多功能轻量化材料与结构工业和信息化部重点实验室、智能材料与结构航空科技重点实验室、江苏省风力机设计高技术研究重点实验室、江苏省超声电机工程研究中心、直升机技术工业和信息化部协同创新中心、先进通用飞机工业和信息化部协同创新中心、轻型通用航空飞行器技术江苏高校协同创新中心 15 个国家和省部级科研基地。2020 年获批"智能航空器设计与制造"长江教育创新带人才培养与科技创新合作体。为加快学校民航特色发展，促进航空航天与民航全面均衡发展，加速推进特色鲜明的世界一流大学建设，南航于 2020 年 11 月正式成立通用航空与飞行学院（简称通飞学院）。通飞学院紧密围绕民航强国建设，聚焦国家发展战略和行业需求，遵循民航特色鲜明的高水平应用研究型学院的办学定位，致力于培养具有责任意识、创新精神、国际视野和人文情怀的社会栋梁和工程英才。通飞学院设有飞行技术系、安全工程系和通用航空系，重点建设载运工具运用工程和交通安全工程 2 个二级学科，开设飞行技术、交通运输（民航机务工程、民航维修工程）2 个本科专业。南航在航空科研院所的创建方面有悠久的历史。学校自 1958 年开展无人机研制工作，1968 年正式承担国家型号研制任务，1979 年经原第三机械工业部批准成立国内第一个无人机研究所——南航无人机研究所，行业代号"362 研究所"，1993 年被国防科工委确定为航空一类重点研究所。2000 年学校组建成立无人机研究院，2015 年获批建设中小型无人机先进技术工信部重点实验室。从"长空一号"无人驾驶靶机开始，学校先后研制成功高空高速无人机、无人直升机、低速无人机、特种用途飞行器以及轻型通用飞机等 30 余款军用和民用产品，创造了我国航空发展史上若干个第一：第一架无人驾驶大型靶机、第一架无人驾驶核试验取样机、第一架高原无人驾驶飞机、第一架无人驾驶直升机、第一架微型飞行器等。学校在无人机系统总体、飞行器平台设计、飞行控制与导航、发射与回收等技术领域保持国内领先地位，已经发展成为我国中小型无人机技术研究、型号研制和装备生产的重要基地。2020 年 12 月 26 日，在中航工业、陆航等单位的大力支持下，南航又揭牌成立了直升机研究院，将按照协同创新原则将直升机学科继续做大做强。南航的国际前沿科学研究院（以下简称前沿院）于 2021 年 6 月正式启动实体化运行，郭万林院士受聘担任院长。前沿院以前沿科学问题为牵引，聚焦水伏科学与技术、航空航天数字科学与智能技术和相关先进材料科学与器件技术 3 个研究方向，设立人才特区和学科特区，开展前瞻性、战略性、前沿性基础研究和原创性研究。

昌航是江西省人民政府与国防科工局共建高校，2017 年 8 月，中国航发与昌航签订战略合作协议，成立航空发动机学院，和飞行器工程学院合署办公。2018 年 7 月，根据学科发展及专业设置的需要，学校与景德镇昌飞集团产学研结合组建通航（民航）学院，现有飞行技术、飞行器制造工程（航空维修方向）2 个专业（方向），同时有江西省通航研究院、无人机研究所挂靠在学院。

沈航近年发展很快。2014 年，辽宁省人民政府与教育部、中航工业三方共建沈航；2016 年，辽宁省人民政府与国防科工局决定在"十三五"期间继续共建沈航。2017 年，中国航发与沈航签署了战略合作协议，共建航空发动机学院。在 2018 年 5 月 2 日发布的《国务院学位委员会关于下达 2017 年审核增列的博士、硕士学位授予单位及其学位授权点名单的通知》中沈航成为"2017 年审核增列且需要加强建设的博士学位授予单位"，"航空宇航科学与技术"成为其一级学科博士点。2019 年 12 月 25 日，国务院学位委员会办公室正式下发文件，沈航的博士学位授予单位顺利通过国务院学位委员会核查，同意从 2020 年起在"航空宇航科学与技术"一级学科开展博士招生培养工作。学校 2011 年组建省属事业单位——辽宁通用航空研究院，系统开展新能源电动飞机研制工作，相继有多款型号取得型号合格证，完成首飞、科研试飞等工作，奠定了学校电动飞机研制国际领先、国内一流的地位。2021 年 10 月，国家工信部新能源航空器专项确定由辽宁通用航空研究院牵头负责，获批国拨经费 2.39 亿元；2021 年 11 月，国家科技部初步确定，依托辽宁通用航空研究院承担兆瓦级电动飞机研制，批复专项经费 1.75 亿元。

　　郑航于 1999 年学校隶属关系发生转变，由中国航空工业总公司主管转变为中央与地方共建，日常管理以河南省为主的办学体制。2009 年通过硕士单位立项建设评审，2013 年获得硕士学位授予单位，2017 年 12 月成为河南省人民政府与中国民用航空局共建高校，进入省部共建高校行列，2018 年 12 月成为国际民航组织（ICAO）牵头的"国际航空航天教育协会"创始单位，2019 年 5 月成为"'空中丝绸之路'国际合作联盟"的发起与创始单位，2020 年入选河南省特色骨干学科建设高校，2021 年获批成为河南省博士学位一般立项建设单位。2022 年 7 月，郑航迎来了一位新校长刘代军。刘代军校长之前为航空工业空空导弹研究院的副院长、总设计师、首席技术官，刘校长的到来为郑航更名大学和冲击博士点带来了强大动能。郑航经历了由航空工业管理转型为"管工结合"的航空工业特色高校的过程。郑航空天类学科和院系的演变情况如下所述。2009 年 9 月，机电工程学院飞行器动力工程专业招生；2011 年 3 月，郑州航空工业管理学院航空工程系成立；2015 年 12 月，郑州航空工业管理学院航空工程系更名郑州航空工业管理学院航空工程学院；2019 年 1 月，在机电工程学院、航空工程学院和艺术设计学院基础上组建新的航空工程学院。2021 年，学校为贯彻落实河南省第十一次党代会"着力建设国家创新高地"的决策部署，进一步加快助推河南省融入国家航空强国建设战略布局，围绕"建设高水平航空航天大学"的发展目标和办强航空航天类工科的发展思路，将航空工程学院一分为二，2021 年 11 月航空工程学院拆分为航空宇航学院（含机械设计制造及其自动化专业、工业设计专业、车辆工程专业、飞行器设计与工程专业、无人驾驶航空器系统工程专业、电气工程及其自动化专业）和航空发动机学院（含飞行器动力工程专业、飞行器质量与可靠性专业）。航空宇航学院的机械设计制造及其自动化、飞行器设计与工程2个专业入选国家一流本科专业建设点。航空发动机学院聘请中国工程院院士刘大响担任名誉院长和首席科学家。郑航2004年就在全国首次招收了"空乘类"本科生，为强化民航特色，学校于2015年底成立了民航学院，民航学院现有航空服务艺术与管理（原播音与主持艺术）、飞行技术、交通运输（空管与签派）、安全工程、飞行器适航技术本科专业和空中乘务专科专业，主要培养飞行驾驶、航空服务、管制签派、安全管理、适航管理等民航领域高素质复合型应用人才。由此可见，郑航在航空航天类和民航领域都形成了一定特色。

西航是全国新建本科院校联盟副理事长单位、中国产学研合作促进会常务理事单位、中国校企协同产学研创新联盟理事单位。西航坚持"行业性、地方性、应用型"办学定位，为我国航空产业建设和地方经济社会发展培养了9万余名高素质应用型人才。厚植优势，特色发展。学校坚持把产教融合、校企合作、协同育人作为应用型人才培养的必要途径，与中国商飞、中航工业等数百家国有大中型企事业单位建立紧密合作关系，开展"吉利博越班""翔腾IC班"等订单式人才培养工作；与火箭军、战略支援部队联合培养"士官生"，实现了就业率与就业质量的同步提升。学校设有飞行器学院（民航学院）、机械工程学院、电子工程学院、材料工程学院、能源与建筑学院、车辆工程学院、计算机学院、经济管理学院、创新创业学院、士官学院等17个教学单位，开设了飞行器制造工程、飞行器动力工程、飞行技术、材料科学与工程、机器人工程、飞机电子设备维修等35个本科专业，覆盖航空航天、机械、材料、电气、交通运输、工商管理等19个专业大类，涉及工学、管理学等学科门类。学校现拥有国家级一流专业1个，省级一流专业6个，省级本科专业综合改革试点项目1个，省级人才培养模式创新实验区3个，省级实验教学示范中心3个，省级虚拟仿真实验教学中心1个。学校重视学生创新精神和实践能力的培养，在中国国际"互联网＋"大学生创新创业大赛、全国大学生电子设计竞赛、数学建模竞赛、航空航天模型锦标赛等各级各类创新创业竞赛中屡获国家级奖励，学校获批陕西省高校实践育人创新创业基地、陕西省高校创新创业教育培训基地，形成了鲜明的航空特色。

七大航空工业高校的专业与学科建设情况如表4-1所示。

表4-1　七大航空工业高校的专业与学科建设情况

大学名称	航空、航天等主体院系	2021年、2022年或2023年博士或硕士招生学科	2020年、2022年空天类本科招生对比
北航	航空科学与工程学院、宇航学院、电子信息工程学院、自动化科学与电气工程学院、能源与动力工程学院、交通科学与工程学院、可靠性与系统工程学院、飞行学院，空间与环境学院、航空发动机研究院（航空发动机国际学院）等	2021年：航空宇航科学与技术、力学、动力工程及工程热物理、机械工程、材料科学与工程、交通运输工程、控制科学与工程、设计学等一级学科博士学位授予权 2023年：航空宇航科学与技术、力学、动力工程及工程热物理、机械工程、材料科学与工程、交通运输工程、控制科学与工程、仪器科学与技术、电气工程、信息与通信工程、电子科学与技术、光学工程、生物医学工程、地球物理学、集成电路科学与工程、设计学等一级学科的博士学位授予权	2020年： 大类：工科试验班类（信息类）、工科试验班类（航空航天类）、飞行技术等 工科试验班类（航空航天类）涉及航空科学与工程、宇航、飞行等9个学院的飞行器设计与工程、交通运输、探测制导与控制技术（航天）等27个专业 2022年：工科试验班类（空天力学拔尖计划）、工科试验班类（未来空天领军计划）、工科试验班类（航空航天类）、理科试验班类（国际卓越工程师试验班）、工科试验班类（信息类）、飞行技术
西工大	航空学院、航天学院、机电学院（含航空宇航制造工程系）、动力与能源学院、电子信息学院、自动化学院、力学与土木建筑学院、民航学院（含适航技术与管理二级学科硕士点）等	2021年：力学、航空宇航科学与技术、动力工程及工程热物理、控制科学与工程、兵器科学与技术、信息与通信工程、交通运输工程、材料科学与工程等一级学科博士学位授予权 2022年：力学、航空宇航科学与技术、控制科学与工程、动力工程及工程热物理、电子科学与技术、信息与通信工程、集成电路科学与工程、电气工程、交通运输工程、计算机科学与技术、软件工程、物理学、光学工程、材料科学与工程、机械工程、智能无人系统科学与技术、柔性电子学等学术博士一级学科授予权。电子信息、机械、能源动力、交通运输、材料与化工等专业博士学位授权点	2020年：航空航天类、力学类（工程应用力学试验班）、机械类（航宇智能制造试验班）、能源动力类（航空动力与新能源试验班） 2022年：航空航天类、航空航天类（本研衔接班）、航空航天类（黄玉珊航空班）、航空航天类（陈士橹飞天班）、航空航天类（民用航空）、机械类（航宇智能制造试验班）、能源动力类（航空动力与新能源试验班）、力学类（工程应用力学试验班）、工程力学（力学拔尖基地班）、柔性电子学（本研衔接班）

续表

大学名称	航空、航天等主体院系	2021 年、2022 年或 2023 年博士或硕士招生学科	2020 年、2022 年空天类本科招生对比
南航	航空学院、能源与动力学院、自动化学院、电子信息工程学院、机电学院、民航学院、通用航空与飞行学院、航天学院、长空学院等	2021 年：力学、航空宇航科学与技术、动力工程及工程热物理、交通运输工程、仪器科学与技术、机械工程、光学工程等一级学科博士学位授予权 2022 年：力学、机械工程、仪器科学与技术、航空宇航科学与技术、动力工程及工程热物理、生物医学信息与仪器、电气工程、控制科学与工程、信息与通信工程、集成电路设计、航天仿生科学与技术、材料科学与工程、核技术与材料工程、交通运输工程、光学工程、计算机科学与技术、软件工程、网络空间安全等一级学科学术博士学位授予权。机械、电子信息、能源动力等专业博士学位授予权	2020 年：飞行技术、飞行器适航技术、交通运输（空中交通管制与签派等 5 个专业）、航空航天类（飞行器设计与工程等 4 个专业）、航空航天工程等 2022 年：航空航天类（长空创新班）、航空航天类（飞行器设计与工程、飞行器环境与生命保障工程、飞行器动力工程、飞行器制造工程）、工程力学（钱伟长班）、航空航天工程、飞行器控制与信息工程、光电信息科学与工程、飞行器适航技术、飞行技术、交通运输（民航机务工程）、交通运输（空中交通管制与签派）、交通运输（机场运行与管理）、电气工程及其自动化（拔尖创新实验班）、能源与动力工程
昌航	材料科学与工程学院、航空制造工程学院、飞行器工程学院（航空发动机学院）、通航学院（民航学院）等	2020 年：材料科学与工程、航空宇航科学与技术、机械工程、信息与通信工程等一级学科学术硕士点 2023 年：具有数学、化学、机械工程、光学工程、仪器科学与技术、材料科学与工程、信息与通信工程、控制科学与工程、计算机科学与技术、航空宇航科学与技术、软件工程、设计学等 17 个一级学科硕士学位授权点。电子信息、机械、材料与化工、资源与环境、能源动力、交通运输等 12 个专业硕士学位授权点	2020 年：飞行器设计与工程、飞行器动力工程、飞行器制造工程、飞行技术等 2022 年：飞行器设计与工程、飞行器制造工程、飞行器制造工程（航空维修工程与技术）、飞行器动力工程、飞行器适航技术、智能制造工程、焊接技术与工程、金属材料工程、无机非金属材料工程、高分子材料与工程、材料化学、材料成型及控制工程、机械设计制造及其自动化、测控技术与仪器、电子科学与技术、电气工程及其自动化、自动化、机械电子工程、通信工程、光电信息科学与工程、航空服务艺术与管理等 21 个专业

续表

大学名称	航空、航天等主体院系	2021年、2022年或2023年博士或硕士招生学科	2020年、2022年空天类本科招生对比
沈航	航空宇航学院、航空发动机学院、安全工程学院、民用航空学院等	2020年：航空宇航科学与技术一级学科博士点；力学、动力工程及工程热物理、安全科学与工程、交通运输工程等一级学科学术硕士点 2023年：航空宇航科学与技术、机械工程等一级学科博士学位授予权。其他一级学科学术硕士点	2020年：飞行技术、飞行器设计与工程、飞行器制造工程、飞行器动力工程、能源与动力工程、航空航天工程、飞行器质量与可靠性、飞行器适航技术、交通运输等 2022年：飞行器动力工程、能源与动力工程、飞行器制造工程、飞行器设计与工程、航空航天工程、工程力学、安全工程、飞行器适航技术、交通运输工程、飞行技术、飞行器质量和可靠性、航空服务艺术与管理、电子信息工程专业、通信工程专业、机械设计制造及其自动化、机械电子工程、智能制造工程、自动化、测控技术与仪器、探测制导与控制技术、金属材料工程、材料成型及控制工程、焊接技术与工程、功能材料、复合材料与工程等25个专业
郑航	航空宇航学院、航空发动机学院、民航学院	2023年：航空宇航科学与技术等一级学科学术硕士点，交通运输等专业硕士学位授权点	2020年：航空航天类（含飞行器设计与工程、飞行器动力工程、飞行器质量与可靠性、飞行器适航技术等4个专业）、飞行器设计与工程（中外合作办学）、飞行技术、交通运输（空管与签派）、播音与主持艺术（表演统考）等专业 2022年：飞行器设计与工程、飞行器动力工程、飞行器质量与可靠性、飞行器适航技术、无人驾驶航空器系统工程、飞行器设计与工程（中外合作办学）等航空航天类专业；飞行技术、交通运输（空管与签派）、航空服务艺术与管理等专业

续表

大学名称	航空、航天等主体院系	2021年、2022年或2023年博士或硕士招生学科	2020年、2022年空天类本科招生对比
西航	飞行器学院（民航学院）、机械工程学院、电子工程学院、材料工程学院等		2020年：飞行技术、飞行器设计与工程、飞行器制造工程、飞行器动力工程、智能制造工程、复合材料与工程、交通运输等 2022年：飞行技术、飞行器设计与工程、飞行器制造工程、飞行器动力工程、航空服务艺术与管理、智能制造工程、复合材料与工程、交通运输等

资料来源：各校主页上的各种信息综合查询，最后查阅更新日期为2022年11月5日。

二 我国民航类高校发展动态

中国民航大学（Civil Aviation University of China），现隶属于中国民用航空局，也是中国民用航空局、天津市人民政府、教育部共建高校。学校以服务航空运输业、航空制造业，特别是"两业融合"为特色，致力于培养高素质、国际化、复合型的高级工程技术与管理人才。其愿景是努力建设成为中国特色世界一流民航大学。学校构建起了以安全学科为主体，以交通运输和航空宇航学科群为两翼，以人文经管、信息技术和应用数学为支撑的"一体两翼三支撑"学科体系。在2018年5月2日发布的《国务院学位委员会关于下达2017年审核增列的博士、硕士学位授予单位及其学位授权点名单的通知》中中国民航大学成为"2017年审核增列且需要加强建设的博士学位授予单位"，其"安全科学与工程"成为一级学科博士学位授权点。中国民航大学的飞行分校前身为飞行技术学院，是2019年12月获民航局批准成立的中国民航大学下属副司局级飞行技术人才培养单位，已为中国民航培养输送了飞行员6000余人，是中国民航飞行人才的重要培养基地。

中国民用航空飞行学院（简称中飞院），创建于1956年，是中国民用航空局直属的全日制普通高等学校，是中国民用航空局与四川省共建高校。学院作为中国民航培养高素质人才的主力高校，经过 60 多年的建设与发展，已成为全球民航职业飞行员培养规模最大、能力最强、水平最高，享誉国内、在世界民航有着较高影响力的高等学府。中国民航 70% 以上的飞行员、80% 以上的机长毕业于此，被誉为中国民航飞行员的"摇篮"、中国民航管理干部的"黄埔"、民航工程技术人才培养的"基地"。其愿景是通过革故鼎新，努力使自己成为具有世界先进水平和鲜明特色的一流民用航空大学，从而为建设民航强国和持续安全做出新的更大贡献。学院本部位于成都平原的腹地广汉市，毗邻成都市，校区地跨川、豫两省五市，占地约 1266.67公顷，在四川新津、广汉、绵阳、遂宁和河南洛阳建有 5 个飞行训练分院，在自贡、梧州、哈尔滨、永川建有合作飞行训练基地，管理运行 5 个通用及运输航空机场。2018 年，学院天府校区获得民航局和四川省政府批复建设，校区位于成都东部新区天府国际空港新城绛溪南片区，距成都天府国际机场约 5 公里，总投资约 100 亿元，占地约 107.07 公顷，校区按满足 2030 年在校生 2.5 万人的需求设计，于 2023 年建成并投入使用。

我国民航类高校的专业与学科建设情况如表 4-2 所示。

表 4-2　我国民航类高校的专业与学科建设情况

大学名称	航空、航天等主体院系	2021 年、2022 年或 2023 年博士或硕士招生学科	2020 年、2022 年空天类本科招生对比
中国民航大学	飞行分校、安全科学与工程学院、交通科学与工程学院、空中交通管理学院、航空工程学院、中欧航空工程师学院、电子信息与自动化学院、计算机科学与技术学院、乘务学院、朝阳飞行学院、内蒙古飞行学院等	安全科学与工程是国内首个航空安全领域的一级学科博士点。航空宇航科学与技术、交通运输工程等 14 个一级学科科学学术硕士点；航空器适航审定工程等交叉学术硕士点。7 个专业学位硕士授权点。"顶尖安全、一流交通、知名航宇、精品信息、交叉理学、特色文管"的学科生态体系正在逐步形成。安全科学与工程入选天津市一流学科建设名单和天津市高校顶尖学科培育计划，航空宇航和交通运	2020 年：飞行技术、交通管理（飞行运行管理方向）、安全工程、无人驾驶航空器系统工程、交通工程、交通运输（空中交通管制方向）、工科试验班等，涵盖 38 个本科专业 2022 年：工科试验班（中欧航空工程师）、法学（航空法）、英语（民航外语）、信息与计算科学、应用气象学（航空气象）、应用心理学、统计学（民航大数据）、

续表

大学名称	航空、航天等主体院系	2021 年、2022 年或 2023 年博士或硕士招生学科	2020 年、2022 年空天类本科招生对比
中国民航大学		输学科群入选天津市特色学科（群）建设名单。工程学进入 ESI 全球前 1% 2023 年硕士：航空宇航科学与技术、安全科学与工程、航空器适航审定工程、交通运输工程、机械工程、航空运输大数据工程等学术硕士；航空交通运输、机械工程、航空工程、电子信息等专业硕士 2023 年博士：安全科学与工程。下设空管运行安全智能信息处理、航空器适航与安全工程、民航安全管理理论与方法、民航信息系统安全保障技术、机场运行安全保障技术等 5 个研究方向	材料物理（无损检测与表面工程）、材料化学、工科试验班（航空航天）、土木工程、油气储运工程（机场供油工程）、交通工程、交通运输（空中交通管制）、交通管理（飞行运行管理）、无人驾驶航空器系统工程、安全工程、工商管理类（航空运输管理）、物流管理、工业工程（航空维修工程）、工科试验班（智能与计算机）、工科试验班（电子信息与电气自动化）等，涵盖 38 个本科专业
中国民用航空飞行学院	2020 年：飞行技术学院、航空工程学院、空中交通管理学院、机场工程与运输管理学院、航空安全保卫学院、民航安全工程学院等。 2022 年：飞行技术学院、航空气象学院、航空工程学院、航空电子电气学院、空中交通管理学院、机场学院、空中乘务学院、经济与管理学院、外国语学院、计算机学院、航空安全保卫学院、民航安全工程学院、继续教育学院、民航监察员培训学院、工程技术训练中心等	2021 年：交通运输工程、航空宇航科学与技术、安全科学与工程等一级学科学术硕士点 2023 年：有 13 个硕士学位授权点；在交通运输工程、航空宇航科学与技术、管理科学与工程、安全科学与工程、大气科学 5 个一级学科学术硕士点；交通运输、机械、电子信息、能源动力、资源与环境、翻译、应用心理、体育 8 个专业硕士学位授权点。覆盖了民航所有专业领域	2020 年：飞行技术、交通运输、应用气象学、导航工程、飞行器制造工程、飞行器动力工程、飞行器适航技术、航空航天工程、无人驾驶航空器系统工程等 2022 年：飞行技术（运输机驾驶）、应用心理学、交通运输（空中交通管制、飞行签派、航行情报）、导航工程（导航应用与规划、空管保障设施）、应用气象学（机场气象预报、航空公司气象分析）、大气科学、飞行器动力工程（飞机发动机维修）、飞行器制造工程（飞机结构维修）、飞行器适航技术、航空航天工程（直升机维修工程）、无人驾驶航空器系统工程、电子信息工程（航空电子设备维修）、电气工程及其自动化（航空电气设备维修）、交通工程（机场管理与工程）、交通管理（机场运行管理）、物流工程（航空物流）、安全工程、消防工程、信息与计算

大学名称	航空、航天等主体院系	2021 年、2022 年或 2023 年博士或硕士招生学科	2020 年、2022 年空天类本科招生对比
中国民用航空飞行学院			科学、数据科学与大数据技术、计算机科学与技术、物联网工程、网络空间安全、英语、翻译、航空服务艺术与管理等本科专业；空中乘务、民航空中安全保卫、飞机机电设备维修等专科专业。其中，飞行技术专业、计算机科学与技术、信息与计算科学、英语、交通运输、电子信息工程入选国家级一流本科专业建设点；飞行器动力工程、电气工程及其自动化、工商管理专业入选省级一流本科专业建设点

资料来源：各校主页上的各种信息综合查询，最后查阅更新日期为 2022 年 10 月 3 日。

2035 年远景目标纲要对空天科技发展寄予厚望，将空天科技作为加强原创性引领性科技攻关的八大前沿领域；将航空航天等九大产业的创新发展作为实施制造强国战略的重要工程；聚焦发展壮大航空航天等九大战略性新兴产业。培育壮大发展新动能。可以预见，上述高水平航空工业高校、民航高校自身的"十四五"规划和远景规划必将依托自身学科与科学研究优势，着眼 2035 年远景目标纲要和航空航天、民航等战略性产业的紧迫需求，致力于高水平人才培养和空天领域前沿突破，强力助推人才链、创新链和产业链的融合，为我国航空强国、航天强国、民航强国建设贡献巨大能量。

接下来，本书将以 2013 年初选择的航空工业高校、民航类高校、军航类高校、112 所"211"高校（含"985"高校）、17 所当时的国防科工局共建高校在内的复合型样本为基点，结合 2017 年我国军校变革情况，对目前的 7 所军航高校，之前的 28 所其他空天类高校进行 2021 年底与 2012 年底的比较分析，融合之前对航空工业高校、民航类高校的分析结果，构建了我国内地 42 所空天类特色高校的最新全景图。综合学科评估、"双一流"建设、多类型的"航空宇航科学与技术"一级学科硕士或博士点批复情况，本书对我国自 2012 年底已存在的航空类高校进行了三个层次的划分。各类航空航天高校的发展，有助于人才链、创新链、产业链融合，加快空天类学科群、专业群与航空航天产业发展的紧密结合。

三　军事航空高校的发展动态

2017 年初，军事高校进行了重组，部分高校的隶属关系或名称发生了变化。通过综合分析，本书发现我国军校蕴藏了航空及航天领域巨大的研究和教学力量，主要涉及以下 10 所军校：国防科技大学、空军工程大学、空军航空大学、航天工程大学、火箭军工程大学、陆军航空兵学院、空军哈尔滨飞行学院、海军航空大学、空军石家庄飞行学院、空军西安飞行学院。因为搜集不到更多的资料，对空军哈尔滨飞行学院、空军石家庄飞行学院、空军西安飞行学院三所学校不再继续研究。本书对其他 7 所军事航空高校情况的分析，主要从 2021 年、2022 年本科招生，2021 年、2022 年、2023 年研究生招生等方面去提炼信息，具体如表 4 - 3 所示。

表 4 - 3　军事航空高校的本科专业与学科

要素	航空、航天等主体院系
国防科技大学	空天科学学院、电子科学学院、前沿交叉学科学院、智能科学学院、系统工程学院、信息通信学院、电子对抗学院、气象海洋学院等 12 个学院，以及第六十三研究所、研究生院 2021 年无军籍本科学员招生专业：航空航天类（航空航天工程专业、飞行器动力与工程专业、材料科学与工程专业），自动化类［自动化（无人机方向）专业］ 2022 年无军籍本科学员招生：按计算机类、电子信息类、航空航天类、自动化类和大气科学类等 5 个大类和计算机科学与技术（天河拔尖班）、理论与应用力学（航天力学拔尖班）等 2 个专业特色班招生。计算机类可选择计算机科学与技术（计算机系统方向）、计算机科学与技术（大数据方向）、计算机科学与技术（并行计算方向）、软件工程、网络工程和信息安全等专业（方向）进行学习；电子信息类可选择微电子科学与工程、集成电路设计与集成系统、电子科学与技术、通信工程、信息工程、电子信息工程和光电信息科学与工程等专业学习；航空航天类可选择航空航天工程、飞行器动力工程和材料科学与工程等专业学习；自动化类可选择自动化（无人机方向）、机器人工程和人工智能等专业（方向）学习；大气科学类可选择大气科学、气象技术与工程等专业学习 2021 年招收普通高中毕业生（生长军官本科学员）：机械工程（无人机技术与保障）、导航工程（无人机技术与保障）、飞行器设计与工程（无人机技术与保障、相关专业技术与指

要素	航空、航天等主体院系
国防科技大学	挥管理)、测控技术与仪器(无人机技术与保障)、飞行器动力工程(相关专业技术与指挥管理)、智能飞行器技术(相关专业技术与指挥管理)、无人系统工程(无人机技术与保障、相关专业技术与指挥管理)、无人装备工程(无人机技术与保障、相关专业技术与指挥管理)等 2022年招收普通高中毕业生(生长军官本科学员):武器系统与工程(试验评估技术)、计算机科学与技术(情报分析整编、指挥信息系统运用与保障、相关专业技术与指挥管理)、软件工程(指挥信息系统运用与保障、相关专业技术与指挥管理)、物联网工程(指挥信息系统运用与保障)、信息安全(网络信息防御)、集成电路设计与集成系统(相关专业技术与指挥管理)、网络工程(网络信息防御)、网络空间安全(网络信息防御)、数据科学与大数据技术(数据保障)、智能科学与技术(效果评估)、电子科学与技术(电子对抗技术与指挥、相关专业技术与指挥管理)、微电子科学与工程(相关专业技术与指挥管理)、通信工程(相关专业技术与指挥管理、通用通信技术与指挥)、电子信息工程(相关专业技术与指挥管理、通用通信技术与指挥)、信息工程(电子对抗技术与指挥、指挥信息系统运用与保障、相关专业技术与指挥管理)、光电信息科学与工程(电子对抗技术与指挥、相关专业技术与指挥管理)、纳米材料与技术(相关专业技术与指挥管理)、无人系统工程(无人机技术与保障)、无人装备工程(无人机技术与保障)、导航工程(无人机技术与保障)、机械工程(无人机技术与保障)、测控技术与仪器(无人机技术与保障)、管理科学与工程类(指挥勤务保障)、指挥信息系统工程(指挥信息系统运用与保障)、运筹与任务规划(任务规划)、仿真工程(任务规划)、目标工程(效果评估)、大数据工程(数据保障)、大数据管理与应用(数据保障)、飞行器设计与工程(无人机技术与保障)、导弹工程(航天测发技术与指挥、装备仿真技术)、飞行器动力工程(相关专业技术与指挥管理)、理论与应用力学(相关专业技术与指挥管理)、智能飞行器技术(相关专业技术与指挥管理)、材料科学与工程(相关专业技术与指挥管理)、信息对抗技术(电子对抗技术与指挥)、网电指挥与工程(网络安全技术与指挥)、雷达工程(电子对抗技术与指挥)、侦察情报(情报分析整编、图像判读、网电情报分析)、大气科学(气象海洋预报)、气象技术与工程(气象海洋预报、相关专业技术与指挥管理)等专业 2021年空天科学学院研究生招生:力学、材料科学与工程、航空宇航科学与技术3个一级学科学术学位博士点、能源动力专业学位博士点;另有材料与化工、能源动力2个专硕 2023年博士研究生招生:数学、物理学、系统科学、电子科学与技术、计算机科学与技术、软件工程、网络空间安全、信息与通信工程、光学工程、机械工程、仪器科学与技术、控制科学与工程、管理科学与工程、军队指挥学、力学、材料科学与工程、航空宇航科学与技术、大气科学等一级学科学术学位;电子信息、机械、能源动力等专业学位
空军工程大学	2022年主要院系:航空工程学院、防空反导学院、信息与导航学院、研究生院、航空机务士官学校等5个正师级学院(校),空管领航学院、装备管理与无人机工程学院等2个副师级学院,以及基础部、军政基础系,形成"六院一校一部一系"总体架构 2021年本科招生:机械工程、机械电子工程、电气工程及其自动化、电子信息工程、通信工程、导航工程、飞行器动力工程、武器系统与工程、武器发射工程、火力指挥与控制工程、空天防御指挥与控制工程、航空管制与领航工程、场站管理工程、指挥信息系统工程、航空装备工程、雷达工程、导弹工程、无人装备工程

续表

要素	航空、航天等主体院系
空军工程大学	2022 年本科招生：飞行器动力工程（航空机械技术与指挥）、机械工程（航空检测技术与指挥）、武器系统与工程（航空军械技术与指挥）、火力指挥与控制工程（航空火控技术与指挥、防空导弹火控技术与指挥）、电气工程及其自动化（航空特设、计量技术与指挥）、电子信息工程（航空综合航电技术与指挥、航空电子对抗技术与指挥）、雷达工程（航空雷达技术与指挥、防空导弹雷达技术与指挥）、军事设施工程（机场建设技术与指挥）、指挥信息系统工程（防空导弹指控技术与指挥、指挥信息系统运用与保障）、导航工程（导航技术与指挥）、测控工程（防空导弹测控技术与指挥）、武器发射工程（防空导弹发射控制技术与指挥）、机械电子工程（防空导弹保障技术与指挥）、电气工程及其自动化（防空导弹发供电技术与指挥）、空天防御指挥与控制工程（空天防御技术与指挥）、通信工程（对空通信技术与指挥、数据链技术与指挥）、航空管制与领航工程（航空管制、地面领航）、运筹与任务规划（航空作战任务规划）、无人装备工程（无人机任务载荷技术与指挥、无人机任务规划技术与指挥、无人机机电系统技术与指挥、无人机航电系统技术与指挥、无人机地面站技术与指挥）、航空装备工程（航空质量控制技术与指挥）、安全工程（航空安全技术与管理）、场站管理工程（航材管理、场务保障、弹药、军需、四站、油料与管线、运输投送技术与指挥） 2021 年研究生硕士招生：包含航空宇航科学与技术等 17 个一级学科硕士学位授权点，航空工程、航天工程等 8 个专业学位类别 2021 年研究生博士招生：包含航空宇航科学与技术、电子科学与技术、信息与通信工程、控制科学与工程、兵器科学与技术、交通运输工程等一级学科博士学位授权点 11 个 2023 年硕士研究生招生：电气工程、兵器科学与技术、军事装备学、军事训练学、机械工程、网络安全工程、战术学、军队指挥学、数学、光学工程、电子科学与技术、信息与通信工程、控制科学与工程、交通运输工程、航空宇航科学与技术、网络空间安全、管理科学与工程，共 17 个学术学位硕士授权一级学科；电子信息、机械、能源动力、交通运输、军事指挥、军事装备、工程管理、翻译，共 8 个类别的专业学位授权点 2023 年博士研究生招生：电子科学与技术、信息与通信工程、控制科学与工程、交通运输工程、航空宇航科学与技术、兵器科学与技术、网络空间安全、军队指挥学、军事装备学、军事训练学、管理科学与工程等一级学科博士学位授权点 11 个
空军航空大学	2021 年本科招生：飞行技术（航空飞行与指挥）、侦察情报（航空侦察情报分析整编）、目标工程（目标保障） 2022 年本科招生：飞行技术（航空飞行与指挥）、侦察情报（航空侦察情报分析整编）、目标工程（目标保障） 2021 年硕士研究生招生：控制科学与工程、航空宇航科学与技术、军事训练学 3 个学术学位硕士授权一级学科，军事指挥、军队政治工作、军事装备 3 个军事硕士专业学位授权领域 2023 年硕士研究生招生：控制科学与工程、航空宇航科学与技术、军事训练学 3 个学术学位硕士授权一级学科，军事指挥、军队政治工作、军事装备 3 个军事硕士专业学位授权领域

要素	航空、航天等主体院系
海军航空大学	2021年本科招生：飞行技术（航空飞行与指挥）、机械电子工程（舰载机起降保障与指挥）、电子信息工程（航空机务技术与指挥）、水声工程（航空反潜技术与指挥）、导航工程（导航技术与指挥）、飞行器设计与工程（航空机务技术与指挥）、武器系统与工程（航空机务技术与指挥）、无人系统工程（无人机运用与指挥）、航空管制与领航工程（地面领航、航空管制）、导弹工程（岸防导弹技术与指挥）、电气工程及其自动化（航空机务技术与指挥）、场站管理工程（航空勤务技术与指挥）、探测制导与控制技术（岸防导弹技术与指挥）、火力指挥与控制工程（岸防导弹技术与指挥）等本科专业
	2022年本科招生：经过比较，与2021年完全相同
	2021年硕士研究生招生：兵器科学与技术、战术学等6个硕士学位授权一级学科；电子信息、机械、工程管理等5个硕士专业学位授权领域，航空工程等6个工程硕士授权领域
	2022年硕士研究生招生：信息与通信工程、控制科学与工程、航空宇航科学与技术、兵器科学与技术、战术学、军事装备学等6个硕士学位授权一级学科；电子信息、机械、军事指挥、军事装备、工程管理等5个硕士专业学位授权领域
	2021年博士研究生招生：信息与通信工程、控制科学与工程、航空宇航科学与技术、军事装备学等4个博士学位授权一级学科
	2022年博士研究生招生：经过比较，与2021年完全相同
火箭军工程大学	学校围绕战略导弹武器作战使用与管理维护技术指挥人才培养，以核科学与技术、兵器科学与技术、控制科学与工程等5个一级学科博士学位授权点为龙头，以辐射防护与核安全、武器发射工程、作战目标工程等15个生长军官本科专业为主体，巩固提升支撑"侦、控、抗、打、评"体系作战运用的核常导弹高技术学科专业特色。现有工学、军事学、管理学3大学科门类，5个一级学科博士学位授权点，7个一级学科硕士学位授权点，5个硕士专业学位授权类别，建有博士后科研流动站4个
	2020年本科招生专业：飞行器动力工程（导弹发动机技术与指挥）、武器发射工程、核工程与核技术、火力指挥与控制工程等本科专业
	2022年本科招生专业：武器发射工程（导弹发射技术与指挥）、测控工程（导弹测控技术与指挥）、核工程与核技术（器材装配检测）、通信工程（导弹通信技术与指挥）、指挥信息系统工程（导弹通信技术与指挥）、电气工程及其自动化（导弹阵地管理）、火力指挥与控制工程（导弹作战保障）、土木工程（国防工程与指挥）、辐射防护与核安全（安全保障与应急指挥）、侦测工程（导弹遥测技术与指挥）、目标工程（导弹作战保障）、电子信息工程（导弹战斗部技术与管理）、飞行器动力工程（导弹发动机技术与指挥）、特种能源技术与工程（导弹推进剂技术与管理）、机械工程（导弹装备维修与管理）
	2021年硕士研究生招生：信息与通信工程、控制科学与工程、计算机科学与技术、航空宇航科学与技术、兵器科学与技术、核科学与技术、管理科学与工程等7个学术硕士学位授权点；电子信息、机械、能源动力、工程管理4个专业硕士学位授权点
	2023年硕士研究生招生：信息与通信工程、控制科学与工程、计算机科学与技术、航空宇航科学与技术、兵器科学与技术、核科学与技术、管理科学与工程等7个学术硕士学位授权点；电子信息、机械、能源动力、工程管理、军事硕士等5个专业硕士学位授权点
	2021年博士研究生招生：控制科学与工程（国家重点学科）、计算机科学与技术、航空宇航科学与技术、兵器科学与技术（国家重点学科）、核科学与技术等5个一级学科博士学位授权点
	2023年博士研究生招生：与2021年相比，无变化

续表

要素	航空、航天等主体院系
陆军航空兵学院	2021 年本科招生：设有航空兵指挥、直升机飞行、航空机务、航空勤务、无人机五大类专业
	2022 年硕士研究生招生：军事硕士专业学位为军事指挥学、军事装备学 2 个专业
航天工程大学	2021 年本科招生：通信工程、光电信息科学与工程、遥感科学与技术、导航工程、飞行器动力工程、信息对抗技术、预警探测、侦察情报、作战环境工程、指挥信息系统工程、运筹与任务规划、航天装备工程、雷达工程、测控工程等本科专业
	2021 年硕士研究生招生：系统科学、航空宇航科学与技术、信息与通信工程、光学工程、控制科学与工程、网络空间安全、军队指挥学、军队政治工作学、军事装备学、军事训练学等 10 个学术学位；军事、机械、电子信息、工程管理等 4 个专业学位
	2021 年博士研究生招生：航空宇航科学与技术、信息与通信工程、军队指挥学 3 个一级学科博士学位授权点
	2022 年本科招生：飞行器动力工程（航天测发技术与指挥）、武器发射工程（航天测发技术与指挥）、武器系统与工程（航天测发技术与指挥）、测控工程（航天测控技术与指挥）、雷达工程（航天测控技术与指挥）、探测制导与控制技术（航天测控技术与指挥）、光电信息科学与工程（航天测控技术与指挥）、通信工程（航天通信技术与指挥）、航天装备工程（装备技术保障与指挥）、指挥信息系统工程（航天指挥初级管理与技术）、运筹与任务规划（航天指挥初级管理与技术）、信息对抗技术（航天信息安全初级管理与技术）、信息安全（航天信息安全初级管理与技术）、预警探测（太空态势感知初级管理与技术）、作战环境工程（太空态势感知初级管理与技术）、遥感科学与技术（航天信息应用初级管理与技术）、导航工程（航天信息应用初级管理与技术）、侦察情报（情报分析整编）等 18 个本科专业
	2022 年硕士研究生招生：与 2021 年相比，无变化
	2022 年博士研究生招生：与 2021 年相比，无变化

资料来源：各校主页或网站上的各种信息综合查询，最后查阅更新日期为 2022 年 10 月 5 日。

四　内地其他空天类高水平高校的发展动态

在 2013 年初的初步研究中，我们对 2012 年底的所有 112 所"211"高校（含"985"高校）、17 所与国防科工局共建的高校展开研究，求其并集，然后除去并集之中之前已经研究过的航空工业、军航、民航等高校，则共有 116 所高校构成了分析样本，从而发现 28 所与航空或航天相关的高校。在 2022 年的跟踪研究中，继续对上述研究中发现的 28 所航空航天特色高校进行聚焦式的研究，以发现其新的变化。但是这种方法会忽略掉 2013 年及之后新出现的一些航空航天特色高校，这也是进行"大数据"分析必须忍痛割爱的地方（对这些新的空天类、民航类高校将在本章以后的部分进行分析）。

（一）对2012年空天类高校的再检验

经过综合分析，本书发现，2012 年及之前设立航空类院系的 18 所高校，在 2022 年 10 月进行的扫描分析中，除湖南大学取消了航空类学院（2010 年力学与航空航天学院并入机械与运载工程学院，成立新的机械与运载工程学院。虽然该校在 2021 年获得动态调整增列的 "0825 航空宇航科学与技术" 一级学科硕士点，但是在该学科的依托学院 "机械与运载工程学院"，仍然没有空天类系所和空天类本科专业）、停办了航空类本科专业之外，其他 17 所高校普遍发展很快。其中 16 所满足三个强检验条件，即同时拥有航空航天类院系、航空宇航科学与技术一级学科（博士或硕士点）、航空航天类本科专业，这些高校分别是：北京理工大学、哈尔滨工业大学、西安交通大学、清华大学、南京理工大学、哈尔滨工程大学、厦门大学、上海交通大学、同济大学、复旦大学、浙江大学、大连理工大学、中南大学、中北大学、电子科技大学、四川大学。但是北京大学比较特殊，北京大学在工学院下设有航空航天工程系、航空航天工程本科专业，但是没有航空宇航科学与技术一级学科，北京大学是在力学一级学科博士点之下设有航空航天工程二级学科。

我们在 2013 年初的研究中还分析了 9 所有航空航天类潜质的高校，在 2022 年 10 月对其再次进行扫描分析后，发现武汉大学、中国科学技术大学、天津大学、燕山大学这 4 所大学的空天类特色极不明显，可以移出观察阵营；但是华中科技大学、西安电子科技大学、南京大学、山东大学、长春理工大学值得认真观察。其中，华中科技大学 2015 年设立航空航天学院，2016 年，教育部正式批准华中科技大学设置 "飞行器设计与工程" 专业，学校将航空航天学科作为 "双一流" 战略性新兴交叉学科建设，并在 "航空宇航科学与技术" 这个最有航空航天特色的代表性学科方面，一直在加快建设，终于在 2021 年获得突破，华中科技大学和复旦大学均在 2021 年获得动态调整增列的 "0825 航空宇航科学与技术" 一级学科博士点。表 4 - 4

为对满足三个检验条件的 22 所空天类高校的分析。

表 4－4　对满足三个检验条件的 22 所空天类高校的分析

大学名称	空天类主体及支撑院部	2020～2022 年空天类本科招生	2021 年、2023 年代表性博士或硕士招生一级学科	获批航空宇航科学与技术一级等学科时间
北京理工大学	宇航学院组建于 2008 年 12 月 30 日，下设飞行器工程、飞行器控制、发射与推进工程和力学 4 个系，深空探测技术、分布式航天器系统技术、大型空间结构动力学与控制和无人飞行器自主控制 4 个研究所。面向未来，学院将在学校"双一流"建设中，进一步落实学校"强地、扬信、拓天"的发展战略。布局航天先进动力技术与装备研制创新平台，推进跨域智能飞行器前沿创新平台建设，拓展在轨服务与空间大型结构组装方向，深化深空探测与微纳卫星创新平台建设。"十四五"时期，学院整体学科力争进入全国前列，整体实力达到亚洲同类高校一流水平	2021 年：按照宇航与机电类进行大类招生和培养，含飞行器设计与工程、飞行器动力工程、航空航天工程、武器发射工程、探测制导与控制技术、工程力学、智能无人系统技术等 12 个本科专业 2022 年：宇航与机电类、宇航与机电类（国家专项）、宇航与机电类（筑梦计划）、航空航天工程（中外合作办学）	2021 年：宇航学院负责建设航空宇航科学与技术、力学 2 个一级学科博士点与硕士点，设有 2 个博士后流动站。承担航天工程专业硕士学位研究生培养工作 2022 年博士：学校招收全日制学术型博士、全日制工程博士、"非全日制定向就业"工程博士、科研经费博士研究生专项招生计划（含高校与科研机构联合培养，空天类博士主要与电信科学技术研究院、中国航天科工集团公司第三研究院、中国航空研究院、中国空间技术研究院等进行合作）4 类 2023 年硕士：宇航学院招收力学、航空宇航科学与技术一级学科学术硕士，航天工程专业硕士	1993 年获一级学科博士学位授予权
哈尔滨工业大学	1987 年 6 月，经国家航天工业部批准，哈尔滨工业大学组建了我国第一个以培养高级航天专门人才和从事航天高技术研究为主的学院——航天学院，学院下设 13 个系、	2020 年：工科试验班（航天与自动化）集群包括空天力学与工程类（含工程力学、复合材料与工程 2 个专业）、飞行器设计与工程类（含飞行器设计与工程、飞行器环境与结构、空间科学与技术 3 个专业）、自动化类（含自动化、探测制	2023 年学术博士：力学、光学工程、材料科学与工程、电子科学与技术、控制科学与工程、航空宇航科学与技术、机械工程、动力工程及工程热物理、电气工程、交通运输工程、计算机科学与技术、	2003 年成为一级学科博士学位授权单位

137

大学名称	空天类主体及支撑院部	2020~2022年空天类本科招生	2021年、2023年代表性博士或硕士招生一级学科	获批航空宇航科学与技术一级等学科时间
哈尔滨工业大学	研究所（中心）机电工程学院成立于1993年，设有航空宇航制造系等12个系、部（中心）材料科学与工程学院，1993年11月28日，由原金属材料及工艺系和分析测试中心共同组建了材料科学与工程学院能源科学与工程学院成立于1994年，现有能源与环境工程系、飞行器推进及流体动力系等13个系、研究所（中心）。另有空间环境与物质科学研究院（国家大科学工程）、航空研究院	导与控制技术、智能装备与系统）、光电工程类（含电子科学与技术专业、光学工程方向）2021年：工科试验班（航天与自动化）、飞行器动力工程（中俄联合培养）等2022年：按照集群进行招生，工程力学（强基计划，工程力学专业）、工科试验班（航天与自动化，复合材料与智能工程类、飞行器设计与工程类、光电工程类、微电子科学与工程、自动化类、电气工程及其自动化类）、工科试验班（英才本硕博连读，院士特色班、小卫星班、智能机器人班、未来技术拔尖班等，专业任选）、工科试验班（计算机与电子通信，信息与通信工程类、计算机类）、工科试验班（智能装备，机器人与智能制造类、先进材料与智能成形类、精密仪器及智能化类、智慧能源与空天动力类）、光电信息科学与工程	软件工程、网络空间安全、仪器科学与技术、信息与通信工程等一级学科 2023年专业博士：电子信息、机械（力学学科）、材料与化工、能源动力、交通运输等	
西安交通大学	航天航空学院成立于2005年4月10日，设有工程力学和空天工程两个系，拥有8个省部及以上重点科研基地，包括两个国家级平台：机械结构强度与振动国家重点实验室和力学国家级实验教学示范中心支撑学部（学院）：机械工程学院、电子与信息学部（信息与	2021年：工科试验班（智慧能源与智能制造类）含工程力学、飞行器设计与工程、飞行器动力工程等18个专业和方向2022年：工科试验班（智慧能源与智能制造类之材料学院）、工科试验班（智慧能源与智能制造类之机械学院）、工科试验班（智能电气与信息类之电气学院）、工科试验班（智慧能源与智能制造类之能动学院）、工科试验班（智慧能源	2022年学术博士：力学（1998年，一级学科博士授权点）、航空宇航科学与技术、机械工程、仪器科学与技术、动力工程及工程热物理、电子科学与技术、控制科学与工程、2022年专业博士：机械、材料科学与工程、能源动力、电子信息	2010年审核增列的博士授权一级学科（2011年3月教育部批复）

大学名称	空天类主体及支撑院部	2020～2022 年空天类本科招生	2021 年、2023 年代表性博士或硕士招生一级学科	获批航空宇航科学与技术一级等学科时间
西安交通大学	通信工程学院、电子科学与工程学院、自动化科学与工程学院、人工智能学院）、未来技术学院	与智能制造类）、工科试验班（越杰计划机类专业预选）、工科试验班（越杰计划电类专业预选）、工科试验班（智能制造专业预选）、工科试验班（智慧能源专业预选）、工科试验班（智能技术与自动化专业预选）、工科试验班（智能电气专业预选）、储能科学与工程（新工科卓越计划）、人工智能（新工科卓越计划）、工程力学（国家拔尖计划）、计算机科学与技术（国家拔尖计划）、智能制造工程（钱学森班本硕博）、自动化（钱学森班本硕博）、能源与动力工程（钱学森班本硕博）、电气工程及其自动化（钱学森班本硕博）等		
清华大学	航天航空学院于 2004 年 5 月 18 日正式成立，下设航空宇航工程系、工程力学系和航空技术研究中心支撑学院：机械工程学院、信息科学技术学院、航空发动机研究院	2021 年：机械、航空与动力大类含航空航天类（含工程力学、航空航天工程、能源与动力工程）、航空航天工程（飞行学员班） 2022 年：机械、航空与动力大类专业含机械工程、机械工程（实验班）、测控技术与仪器、能源与动力工程、车辆工程、车辆工程（电子信息方向）、车辆工程（车身方向）、工业工程、航空航天类（含工程力学、航空航天工程、能源与动力工程）、航空航天工程（飞行学员班）	2023 年学术博士：力学、航空宇航科学与技术（2010 年教育部批复，2012 年博士招生）、机械工程、光学工程、仪器科学与技术、动力工程及工程热物理、电子科学与技术、信息与通信工程、计算机科学与技术、控制科学与工程、材料科学与工程、大气科学等 2023 年专业博士：机械、电子信息、能源动力、材料与化工等	2010 年审核增列的博士授权一级学科（2011 年 3 月教育部批复）

续表

大学名称	空天类主体及支撑院部	2020~2022 年空天类本科招生	2021 年、2023 年代表性博士或硕士招生一级学科	获批航空宇航科学与技术一级等学科时间
南京理工大学	机械工程学院下设火炮工程系、火箭导弹发射工程系、航空宇航系等 11 个系，9 个研究所、3 个国家级工程中心 支撑学院：化学与化工学院、电子工程与光电技术学院、计算机科学与工程学院/人工智能学院、能源与动力工程学院、自动化学院、材料科学与工程学院/格莱特研究院、钱学森学院、中法工程师学院、智能制造学院（江阴校区）、复杂装备系统动力学前沿科学中心	2021 年：飞行器设计与工程等 2022 年：飞行器设计与工程、工程力学、兵器类（武器系统与工程）、材料类（材料科学与工程）、材料类（材料物理）、材料类（材料成型及控制工程）、电子信息类（电子科学与技术）、电子信息类（电子信息工程）、电子信息类（光电信息科学与工程）、电子信息类（通信工程）、能源动力类（能源与动力工程）、探测制导与控制技术、武器发射工程、自动化类（自动化）、智能制造工程、机械类（钱学森学院）、电子信息类（钱学森学院）等	2022 年学术博士：力学、兵器科学与技术、机械工程、仪器科学与技术、航空宇航科学与技术、材料科学与工程、光学工程、电子科学与技术、信息与通信工程、控制科学与工程、网络空间安全、动力工程及工程热物理等 2022 年专业博士：材料与化工、电子信息等	2017 年审核增列的博士学位授权点（2018 年 3 月教育部批复）
浙江大学	航空航天学院于 2007 年 1 月 21 日成立，下设航空航天系和工程力学系 支撑学院：地球科学学院、光电科学与工程学院、信息与电子工程学院、微电子学院（加挂微纳电子学院牌子）、控制科学与工程学院、计算机科学与技术学院、生物医学工程与仪器科学学院	2021 年：工科试验班含航空航天学院的工程力学、飞行器设计与工程 2 个本科专业 2022 年：工科试验班（含航空航天学院的工程力学、飞行器设计与工程 2 个本科专业）、工科试验班（材料、化工与高分子）、工科试验班（信息）、工科试验班（竺可桢学院图灵班）、工科试验班（中外合作办学，ZJU–UIUC 联合学院）、机器人工程（荣誉项目班）等	2023 年学术博士：航空宇航科学与技术、力学、电子科学与技术、材料科学与工程、动力工程及工程热物理、信息与通信工程、控制科学与工程、网络空间安全等 2023 年专业博士：电子信息、机械、能源动力等	2018 年浙江省经动态调整增列的一级学科博士点（2019 年 5 月 6 日国务院学位委员会发文）
上海交通大学	2002 年复建航空航天工程系，2005 年成立空天技术研究院，2008 年成立航空航天学院。学院下设飞行器设计系、航空宇航信息与控制系、	2021 年：本科设置专业"航空航天工程"，另有"交大－莫航国际班项目" 2022 年：工科试验班类（工科创新人才培养平台）、工科试验班类（信息类）、工科试验	2023 年学术博士：航空宇航科学与技术（2019 年 5 月教育部批复）、机械工程、动力工程及工程热物理、仪器科学与技术、电气工程、电子科学与技术、	

续表

大学名称	空天类主体及支撑院部	2020~2022年空天类本科招生	2021年、2023年代表性博士或硕士招生一级学科	获批航空宇航科学与技术一级等学科时间
上海交通大学	航空宇航推进系、临近空间研究中心、吴镇远空气动力学研究中心和航空宇航系统工程研究中心 支撑学院：机械与动力工程学院、电子信息与电气工程学院、材料科学与工程学院	班类［机电类（含航空航天工程，"交大－莫航国际班项目"）］、工科试验班类（材料科学与工程）、电子信息类（IEEE试点班）、人工智能（卓越人才试点班）、机械类（国际化人才培养试点班）、电子信息类/机械类/材料类［交大密西根学院（溥渊未来技术学院）］、电子信息类/机械类［（中外合作办学）（巴黎卓越工程师学院，本硕贯通培养）］、工程力学（强基计划）	信息与通信工程、控制科学与工程、计算机科学与技术、网络空间安全、材料科学与工程等 2023年专业博士：交通运输、机械、能源动力、电子信息、材料与化工等	2018年上海市经动态调整增列的一级学科博士点（2019年5月6日国务院学位委员会发文）
厦门大学	航空航天学院成立于2015年4月6日，设飞行器系、动力工程系、机电工程系、仪器与电气系、自动化系等5个系，以及工程技术中心、教育培训中心2个中心 支撑学部（学院）：物理科学与技术学院（工学部分）、化学化工学院（工学部分）、信息学院（特色化示范性软件学院）、材料学院、能源学院、石墨烯工程与产业研究院、电子科学与技术学院（国家示范性微电子学院）	2021年：工科试验班，含飞行器设计与工程、飞行器动力工程等6个本科专业 2022年：能源动力类、计算机类、电子信息类、工科试验班（包含专业：机械设计制造及其自动化、测控技术与仪器、电气工程及其自动化、自动化、飞行器设计与工程、飞行器动力工程）	2022年学术博士：机械电子工程、仪器科学与技术、计算机科学与技术等一级学科；航空航天工程、智能仪器与装备等交叉学科 2023年硕士：航空宇航科学与技术等一级学科；航空工程专业硕士学位	2010年审核增列的硕士授权一级学科（2011年3月教育部批复）；2016年博士研究生招生专业目录中，首次设立航空航天工程交叉学科博士点
大连理工大学	航空航天学院于2008年12月17日正式成立 支撑学部（学院）：运载工程与力学学部（工程力学系、船舶工	2021年：工程力学类含工程力学、飞行器设计与工程 2022年：材料类［含金属材料工程（中日精英班）、金属材料工程、功能材料、材料成型及控制工程］、电子信息类（电	2023年学术博士或交叉学科：力学、机械工程、仪器科学与技术、航空航天系统科学与工程、智能制造、材料科学与工程、电气工程、信息与通信工程、	2010年审核增列的硕士授权一级学科（2011年3月教育部批复）力学一级

大学名称	空天类主体及支撑院部	2020~2022年空天类本科招生	2021年、2023年代表性博士或硕士招生一级学科	获批航空宇航科学与技术一级等学科时间
大连理工大学	程学院、汽车工程学院、航空航天学院、工业装备结构分析国家重点实验室），机械工程与材料能源学部（机械工程学院、材料科学与工程学院、能源与动力学院），电子信息与电气工程学部（电气工程学院、信息与通信工程学院、控制科学与工程学院、计算机科学与技术学院、人工智能学院），光电工程与仪器科学学院	信、自动化与计算机新工科实验班）［含电气工程及其自动化、自动化、电子信息工程、电子信息工程（英语强化）、计算机科学与技术、生物医学工程、人工智能］、电子信息类（创新班）（含电气工程及其自动化、自动化、电子信息工程、计算机科学与技术、生物医学工程、人工智能）、光电信息科学与工程（含光电信息科学与工程、测控技术与仪器）、工程力学（钱令希力学创新班、拔尖计划班）、工程力学（含工程力学、飞行器设计与工程）、机械设计制造及其自动化（日语强化）、机械设计制造及其自动化（创新班）、能源与动力工程、机械类（含机械设计制造及其自动化、智能制造工程）、机械设计制造及其自动化［（中外合作办学）（大连理工大学美国加州大学欧文分校联合项目）］	控制科学与工程、计算机科学与技术、动力工程及工程热物理、光学工程、电子科学与技术、软件工程等 2023年专业博士（工程博士）：机械（含机械工程、车辆工程、航空工程、航天工程、智能制造技术）、电子信息、能源动力、材料与化工	博士学科下设航空航天力学与工程二级学科，设航空航天系统科学与工程交叉学科博士点
四川大学	2011年11月正式创建空天科学与工程学院，学院设飞行器控制与信息工程系、航空航天工程系 支撑学院：电子信息学院、材料科学与工程学院、机械工程学院、电气工程学院、计算机学院、轻工科学与工程学院、化学工程学院、高分子科学与工程学院	2021年：航空航天类含航空航天工程、飞行器控制与信息工程 2022年：航空航天类、工科试验班（动力装备与安全）、工科试验班［智能制造、电子信息类、高分子材料与工程、工科试验班（先进低碳材料）］	2022年学术博士：光学工程、信息与通信工程、机械工程（设航空宇航机械设计及理论等3个二级学科博士点）、计算机科学与技术、化学工程与技术、航空航天力学与工程、航空航天材料科学与技术等 2022年专业博士（工程博士）：电子信息、材料与化工等	

续表

大学名称	空天类主体及支撑院部	2020~2022年空天类本科招生	2021年、2023年代表性博士或硕士招生一级学科	获批航空宇航科学与技术一级学科等学科时间
哈尔滨工程大学	航天与建筑工程学院于1971年成立，设有航天工程系、工程力学系、土木与环境工程系 支撑学院：动力与能源工程学院、智能科学与工程学院、计算机科学与技术学院、机电工程学院、信息与通信工程学院、材料科学与化学工程学院、物理与光电工程学院	2021年：航空航天类含飞行器设计与工程、飞行器动力工程 2022年：航空航天类（设飞行器设计与工程、飞行器动力工程、工程力学、土木工程四个专业方向）、能源动力类、自动化类、计算机类、软件工程（国家特色示范学院）、机械类、电子信息类、材料类、光电信息科学与工程	2022年学术博士：力学、动力工程及工程热物理、控制科学与工程、仪器科学与技术、信息与通信工程、计算机科学与技术、机械工程、材料科学与工程、光学工程 2022年交叉学科学术博士：航行体跨水空介质环境流固耦合与流动控制方法研究、金属燃料跨介质动力技术研究、金属零部件激光增减材一体化精密制造等 2022年专业博士（工程博士）：机械、能源动力	具有航空宇航科学与技术等4个一级学科硕士学位授予权，航天工程等专业硕士学位授予权
同济大学	航空航天与力学学院成立于2004年1月 支撑学院：机械与能源工程学院、电子与信息工程学院、物理科学与工程学院、交通运输工程学院、材料科学与工程学院、海洋与地球科学学院、化学科学与工程学院、测绘与地理信息学院、上海自主智能无人系统科学中心、中法工程和管理学院	2021年：理科试验班含工程力学，工科试验班（智能化制造类）含飞行器制造工程 2022年：工科试验班（国豪精英班，本博贯通培养）、工科试验班（智能交通与车辆类）、技术科学试验班（智能交通与车辆类）、工科试验班（智能化制造与先进材料类，含飞行器制造工程等8个专业）、工科试验班（信息类）、理科试验班（含工程力学等6个专业）、机械类（中外合作办学）、地球物理学	2022年学术博士：力学、机械工程、动力工程及工程热物理、材料科学与工程、信息与通信工程、控制科学与工程、计算机科学与技术、物理学、交通运输工程、地球物理学、测绘科学与技术、智能科学与技术 2022年专业博士（工程博士）：机械、能源动力、材料与化工、电子信息、交通运输	2010年审核增列的硕士授权一级学科（2011年3月教育部批复） 2021年自主审核增列"航空宇航科学与技术"博士学位授权一级学科（2022年7月教育部批复）
中南大学	航空航天学院于2009年6月成立，设有探测制导与控制系、航空航天材料系、航空航天工程系 航空航天技术研究院	2021年：航空航天类含航空航天工程、探测制导与控制技术2个本科专业 2022年：航空航天类（航空航天工程）、材料类（冶金材料类）、交通运输类、机械类、	2023年学术博士：力学、机械工程、材料科学与工程、冶金工程、动力工程及工程热物理、控制科学与工程、计算机科学与技术、测绘科学与技术、交通	2010年审核增列的硕士授权一级学科（2011年3月教育部批复）

续表

大学名称	空天类主体及支撑院部	2020~2022年空天类本科招生	2021年、2023年代表性博士或硕士招生一级学科	获批航空宇航科学与技术一级等学科时间
中南大学	成立于2022年4月13日，是学校依托湖南省在航空航天领域的产业集群优势，在原中南大学航空航天学院的办学基础上成立的以科研为主的二级科研教学机构。研究院以空天飞行器智能设计、空天智能导航与控制、多功能一体智能结构为主要研究方向，依托高性能复杂制造国家重点实验室，开展飞行器设计、制造和飞行器平台的应用等内容的研究 支撑学院：物理与电子学院、机电工程学院（轻合金研究院）、能源科学与工程学院、材料科学与工程学院、粉末冶金研究院、交通运输工程学院、冶金与环境学院、地球科学与信息物理学院、计算机学院（大数据研究院）、资源与安全工程学院、自动化学院	能源动力类（能源类）、电子信息类、自动化类（自动化与电气类）、计算机类（计算机与通信类）、测绘类（遥感测绘类）	运输工程等 2023年专业博士（工程博士）：机械（航空工程、航天工程、智能制造技术、机器人工程）、材料与化工、交通运输等	拥有在"机械工程"双一流A类学科下设置的"航空航天工程"二级学科方向硕士和博士授权点
中北大学	航空宇航学院于2022年7月1日组建成立，现设有航空航天工程系、工程力学系2个系。其前身是机电工程学院2008年增设的航空宇航工程系；	2021年：航空航天类：含飞行器设计与工程、飞行器制造工程；兵器类：含探测制导与控制技术、智能无人系统技术等6个专业 2022年：兵器类、航空航天类、机械类、化工与制药类、电子	2022年学术博士：兵器科学与技术、机械工程、材料科学与工程、化学工程与技术、仪器科学与技术、电子科学与技术、信息与通信工程、复杂系统建模与仿真（交叉学科）	2017年审核增列的硕士学位授权点（2018年3月教育部批复）

144

续表

大学名称	空天类主体及支撑院部	2020～2022年空天类本科招生	2021年、2023年代表性博士或硕士招生一级学科	获批航空宇航科学与技术一级等学科时间
中北大学	机电学院2020年1月，设置航空航天工程系、探测与控制工程系、无人飞航工程系等支撑学院：机械工程学院、材料科学与工程学院、化学与化工学院、信息与通信工程学院、仪器与电子学院、计算机科学与技术学院、电气与控制工程学院、能源与动力工程学院、半导体与物理学院	信息类、仪器类、能源动力类	2023年硕士：航空宇航学院招收航空宇航科学与技术、力学等一级学科硕士	
电子科技大学	航空航天学院（空天科学技术研究院）成立于2006年7月，是电子科技大学为拓展航空航天科研领域、建设航空宇航新学科、开展多学科融合型高水平科学研究和培养本硕博各层次高素质创新人才组建的研究型学院支撑学院：信息与通信工程学院、电子科学与工程学院（示范性微电子学院）、材料与能源学院、机械与电气工程学院、光电科学与工程学院、自动化工程学院、计算机科学与工程学院（网络空间安全学院）、信息与软件工程学院（示范性软件学院）、英才实验学	2021年：航空航天类（飞行器控制信息、空天智能设计制造、无人机）含航空航天工程、无人驾驶航空器系统工程、探测制导与控制技术、飞行器控制与信息工程4个专业2022年：航空航天类（飞行器控制信息、空天智能设计制造、无人机）、计算机科学与技术（国家"珠峰计划"计算机拔尖人才实验班）、电子信息类（"成电英才计划"拔尖创新人才实验班）、电子信息类（信息与通信）、工科试验班（电子工程类）、工科试验班（新材料、新能源与电子化学）、工科试验班（机器人、电气信息、智能制造）、电子信息类（光电集成与光网络）、工科试验班（智能仪器、智能控制）、工科试验班（电子信息与地球科学复合培养）、计算机类、电子信息类（电子信息与物理科学复合培养）	2022年学术博士：航空宇航科学与技术、机械工程、光学工程、仪器科学与技术、材料科学与工程、电子科学与技术、信息与通信工程、控制科学与工程、计算机科学与技术2022年专业博士（工程博士）：电子信息、机械、材料与化工、交通运输	2020年审核增列"航空宇航科学与技术"新增博士学位授权一级学科（2021年10月国务院学位委员会发文）

大学名称	空天类主体及支撑院部	2020~2022年空天类本科招生	2021年、2023年代表性博士或硕士招生一级学科	获批航空宇航科学与技术一级等学科时间
电子科技大学	院、基础与前沿研究院、通信抗干扰技术国家级重点实验室、先进毫米波技术集成攻关研究院、电子科技大学（深圳）高等研究院等			
复旦大学	航空航天系下设飞行器设计与工程、固体力学、流体力学、工程力学、一般力学与力学基础等5个教研室 支撑院系：大气与海洋科学系、信息科学与工程学院、计算机科学技术学院、软件学院、微电子学院、材料科学系、大数据学院	2021年：技术科学试验班（航空航天类），含飞行器设计与工程、理论与应用力学2个专业 2022年：技术科学试验班（拔尖学生培养基地），含微电子科学与工程、智能科学与技术（卓越班，智能系统方向）、电子信息科学与技术、通信工程、生物医学工程、光电信息科学与工程、信息安全、电子科学与技术、材料化学、材料物理、计算机科学与技术、数据科学与大数据技术、航空航天类、保密技术等专业；工科试验班（新工科本研贯通）；自然科学试验班（拔尖学生培养基地）；计算机科学与技术（拔尖人才试验班，本研贯通）；等等	2022年学术博士：航空宇航科学与技术（2021年）、数学、生物医学工程、材料科学与工程、电子科学与技术、光学工程、大气科学等 2022年专业博士（工程博士）：电子信息、材料与化工、生物与医药等	2020年上海市经动态调整增列的"航空宇航科学与技术"博士一级学科（2021年10月26日国务院学位委员会发文）
北京大学	2010年5月，北京大学工学院航空航天工程系成立	2021年：工科试验班类，含航空航天工程 2022年：工科试验班类、天文学（天体物理、天文高新技术和应用）、电子信息类、地球物理学类	2023年学术博士：在力学一级学科下设有力学（航空航天工程）等9个二级学科工学博士点；化学、计算机科学与技术等 2023年专业博士（工程博士）：机械、电子信息	

大学名称	空天类主体及支撑院部	2020~2022年空天类本科招生	2021年、2023年代表性博士或硕士招生一级学科	获批航空宇航科学与技术一级等学科时间
华中科技大学	2009年，成立"航空航天研究中心"；2011年，设立航空航天系，成立"航空发动机和燃气轮机研究院"；2015年，正式设立航空航天学院；2020年8月，学校将航空航天学院和土木工程与力学学院力学系重组，组建新的航空航天学院 支撑学院：机械科学与工程学院、光学与电子信息学院、材料科学与工程学院、能源与动力工程学院、电气与电子工程学院、电子信息与通信学院、人工智能与自动化学院、计算机科学与技术学院、工程科学学院（国际化示范学院）、未来技术学院	2021年：航空航天类，含飞行器设计与工程、工程力学 2022年：航空航天类（飞行器设计与工程、工程力学）、机械设计制造及其自动化（机械卓越计划实验班）、机械设计制造及其自动化（启明本硕博实验班）、机械类、机械设计制造及其自动化（未来技术学院）、能源与动力工程（能源卓越计划实验班）、能源动力类、电气工程及其自动化、电子信息类、光电信息科学与工程、自动化类	2023年学术博士：力学、航空宇航科学与技术、物理学、机械工程、材料科学与工程、动力工程及工程热物理、信息与通信工程、光学工程、电子科学与技术、控制科学与工程、人工智能、计算机科学与技术 2023年专业博士（工程博士）：材料与化工、机械、能源动力、电子信息	2020年湖北省经动态调整增列的学位授权点、博士一级学科（2021年10月26日国务院学位委员会发文）
西安电子科技大学	空间科学与技术学院成立于2013年7月，设有测控通信、导航控制和智能探测3个系 支撑学院：通信工程学院、电子工程学院、计算机科学与技术学院（示范性软件学院）、机电工程学院、光电工程学院、物理学院、微电子学院、先进材料与纳米科技学院、网络与信息安全学院、人工智能学院	2021年：电子信息类，含空间科学与技术、探测制导与控制技术、飞行器设计与工程 2022年：电子信息类、计算机类、自动化类、材料类	2022年学术博士：信息与通信工程、军队指挥学、电子科学与技术、控制科学与工程、计算机科学与技术、机械工程、仪器科学与技术、物理学、光学工程、材料科学与工程；空间科学与技术、遥感信息科学与技术、光通信3个交叉学科 2022年专业博士（工程博士）：电子信息、机械（机械工程、航天工程）	

续表

大学名称	空天类主体及支撑院部	2020～2022 年空天类本科招生	2021 年、2023 年代表性博士或硕士招生一级学科	获批航空宇航科学与技术一级等学科时间
南京大学	天文与空间科学学院前身天文学系创建于 1952 年，天文系于 2011 年正式扩建为天文与空间科学学院电子科学与工程学院（示范性微电子学院）：2009 年成立支撑院系：物理学院、计算机科学与技术系、软件学院、人工智能学院、现代工程与应用科学学院、地球科学与工程学院、地理与海洋科学学院、大气科学学院	2021 年：理科试验班类（地球科学与资源环境类），含空间科学与技术；电子信息类，含电子信息科学与技术、通信工程等 4 个专业 2022 年：理科试验班类、工科试验班、技术科学试验班、电子信息类	2023 年学术博士：天文学（包括航天器轨道力学及定轨理论、航天器轨道算法实现及应用等方向）、信息与通信工程（设卫星通信与网络等方向）、电子科学与技术 2023 年专业博士（工程博士）：电子信息、资源与环境	
山东大学	威海校区的空间科学与物理学院始建于 2003 年，2008 年成立山东大学空间科学研究院，并于 2013 年开始实体化运行，与学院"统一筹划、有机结合、相互支撑"支撑学院：数学学院、物理学院、材料科学与工程学院、控制科学与工程学院、电气工程学院、机械工程学院、能源与动力工程学院、机电与信息工程学院、微电子学院	2021 年：空间科学与技术、应用物理学专业 2022 年：物理学类、材料类、电子信息类（通信电子与光电方向）、电气工程及其自动化、能源动力类、机械类、自动化类、计算机类（计算机与智能方向）	在物理学和地球物理学（含卫星导航与遥感、空间探测与信息技术等二级学科）两个一级学科招收博士研究生 机械（工程博士）设"天文和空间探测仪器装备"研究方向 2023 年学术博士：电路与系统（北斗导航技术及应用）、理论物理、粒子物理与原子核物理、地球物理学、机械（天文和空间探测仪器装备）	

续表

大学名称	空天类主体及支撑院部	2020～2022年空天类本科招生	2021年、2023年代表性博士或硕士招生一级学科	获批航空宇航科学与技术一级等学科时间
长春理工大学	光电工程学院下设光学工程系、仪器科学与技术系、探测与信息工程系等部门 支撑学院：物理学院、机电工程学院、电子信息工程学院、计算机科学技术学院、人工智能学院、材料科学与工程学院	2021年：学院拥有4个本科专业，含光电信息科学与工程（工学）、测控技术与仪器、信息对抗技术、探测制导与控制技术 2022年：应用物理学、电子科学与技术、微电子科学与工程、光电信息科学与工程（理学）、探测制导与控制技术、信息对抗技术、测控技术与仪器、光电信息科学与工程（工学）、智能感知工程、机械设计制造及其自动化、机械电子工程、过程装备与控制工程、电气工程及其自动化、电子信息工程、通信工程、自动化、电子信息科学与技术、智能科学与技术、机器人工程	2023年学术博士：物理学、电子科学与技术、光学工程、仪器科学与技术、机械工程、信息与通信工程、计算机科学与技术、材料科学与工程 2023年专业博士（工程博士）：电子信息	光学工程（空间光学技术等6个方向）、仪器科学与技术（航天器模拟试验与标定技术等6个方向）等2个一级学科博士学位授予权

资料来源：各校主页上的各种信息综合查询，最后查阅更新日期为2022年10月6日。

（二）目前空天类高校的新发现

与2012年底的28所空天类高校状况相比，通过三个"强检验"的高校越来越多、层次越来越高，其中上海交通大学、浙江大学、电子科技大学、复旦大学、华中科技大学、同济大学、四川大学等7所高校在此期间获得航空宇航科学与技术博士一级学科授权点。此外，还发现了一些非典型空天类高校，即以西安电子科技大学为代表的以深空探测与导航为主的空天类高校，它们是西安电子科技大学、南京大学、山东大学、长春理工大学等4所高校。

（三）目前空天类高校的分类

与2012年底的28所空天类高校状况相比，在去掉6所高校之后的22

所高校中，通过三个"强检验"的高校层次越来越高，总体分类如下。第一类属于典型空天类高校，可分为四个层次。第一层次，有航空宇航科学与技术一级学科博士点，它们是北京理工大学、哈尔滨工业大学、西安交通大学、清华大学、南京理工大学、上海交通大学、浙江大学、电子科技大学、复旦大学、华中科技大学、同济大学、四川大学等 12 所高校；第二层次，有航空航天工程类自设或交叉二级学科博士点，并且有航空宇航科学与技术一级学科硕士点，它们是厦门大学、大连理工大学 2 所高校；第三层次，有力学等一级学科博士点和航空宇航科学与技术一级学科硕士点，它们是哈尔滨工程大学、中南大学、中北大学 3 所高校；第四层次，虽然有力学等一级学科博士点，但没有航空宇航科学与技术一级学科硕士点，只有北京大学 1 所高校。第二类属于非典型空天类高校，是以西安电子科技大学为代表的深空探测与导航高校，它们是西安电子科技大学、南京大学、山东大学、长春理工大学 4 所高校。

五　港澳台有关航空航天类专业的开设情况

中国载人航天工程办公室 2022 年 10 月 2 日发布消息称，为满足载人航天工程后续飞行任务需要，我国第四批预备航天员选拔工作已启动。香港特区政府创新科技及工业局和澳门特别行政区民航局于 2 日和 3 日分别发布了载荷专家选拔的基本条件。两地均要求候选对象须获取生物学、医学、物理学、机械工程、电子工程、天文学等专业博士学位，中英文综合应用能力较强，普通话较好，个人以及家庭主要成员热爱祖国，拥护"一国两制"方针，支援载人航天事业。与以往不同，除内地外，国家这一次选拔还对港澳地区开放了名额，国家将首次在港澳选拔航天员。据悉，此次预计选拔 12～14 人，对港澳地区开放名额的是载荷专家，预计会选拔 2 人左右，可能会分别在香港和澳门选拔 1 人，至于航天驾驶员和航天飞行工程师，一共预计 10～12 人，并未对港澳地区开放名额，依旧在内地选拔。载荷专家可以分开解读，其中载荷指的是航天器携带的物件，比如诸如科学仪器这样的设备，而专家顾名思义，以某些研究人员和技术人员为代表。所以，在执行太空飞行任务时，载荷专家主要负责的工作就有开展太空实验以及维护一些太空设备等。毫无疑问，这对于港澳地区绝对是一个可喜可贺的消息。一方面，这是一次港澳人才更进一步参与国家航天事业的机会；另一方面，这也是港澳人才的机遇。可以肯定的是，如果此次选拔的效果理想，长久下去，内地对港澳地区开放的各类人才名额必会更多。这次招聘在港澳官方与民间产生了强烈的震动。香港特首李家超表示，对于香港而言，这次选拔极具"历史性"意义。李家超指出了3个"标志"，其中就包括了国家对香港科研的期许以及对香港人才的关心。很显然，在国家的关怀之下，港澳地区除了能够实现航天梦外，还能更多地参与到建设国家当中。香港航天领域的专家更是表示，相比于为香港科研人才提供机会，这次选拔为"科技兴港"提供的契机才是最值得关注的，如果科技能够成为香港的金字招牌，那对于香港的长远发展，绝对是有利的。澳门特区立法会议员高锦辉在2022年10月3日接受《环球时报》记者采访时指出，在港澳地区选拔载荷专家对于澳门青年而言无疑是一个实现航天梦的极好机遇，期望全澳学生、青年以至社会各界能够借此良机认识国家载人航天工程的丰硕成果，增强国家意识和身份认同，更好地融入国家发展大局，未来积极贡献国家，也为澳门实施多元发展贡献自身力量。

未来，我国航天强国的建设征程将与港澳更紧密地结合起来，从而促进我国港澳台地区在航空航天学科的设置、人才培养、科学研究方面形成一个大的飞跃。

根据中国"高校网址大全"提供的链接，对香港和澳门的主要高校进行学校、学院和系及研究机构等方面的扫描分析后发现，香港有香港大学、香港科技大学、香港理工大学、香港中文大学、香港浸会大学、香港城市大学、香港岭南大学、香港教育学院、香港歌德学院等9所高校。香港设有航空航天类院系的大学则有3所。香港大学太空研究实验室（LSR）是理学院下的一个跨学科实体。香港科技大学工学院设有机械与航空航天工程系（Department of Mechanical & Aerospace Engineering），该系培养航空航天工程学士，机械工程科学硕士、学术硕士和哲学博士。香港理工大学的工程学院下设航空及民航工程学系（Department of Aeronautical and Aviation Engineering），该学系于 2016 年 7 月成立，授予航空运输工程学士（荣誉）、航空工程学士（荣誉）。

澳门比较有名的有澳门大学、澳门理工学院、澳门科技大学、澳门城市大学、澳门镜湖护理学院、澳门旅游学院、澳门保安部队高等学校、亚洲国际公开大学等 8 所高校，我们分析后发现澳门高校没有设立航空航天院系。

通过对台湾地区主要高校的分析，发现该地区有 11 所普通高校设有航空航天类院系，3 所军事学院设有航空航天类院系，具体情况如表 4 - 5 所示。台湾地区有航空航天特色的高校是逢甲大学、台湾"中央大学"、淡江大学、成功大学、台湾"清华大学"、台湾交通大学、台湾大学、中华科技大学、高苑科技大学、台湾虎尾科技大学、开南大学；台湾地区有航空特色的军事院校是空军军官学校、空军航空技术学院、陆军专科学校。

表 4 - 5　港澳台普通高校设立航空航天等主体院系或相关研究方向情况

大学名称	设立航空航天等主体院系或相关研究方向情况
香港大学	香港大学太空研究实验室（LSR）是理学院下一个跨学科实体。香港大学太空研究实验室从事以下领域的研究：①太空科学，包括地球遥感、大气科学、磁层、近地环境以及太阳风与地球之间的相互作用；②行星科学和太阳系天体研究；③高能天体物理学；④后期恒星演化。其中，高能天体物理学和后期恒星演化均基于卫星望远镜进行天文观测 将开设关于空间科学多个领域的普通课程，并在物理系和地球科学系提供更多专业课程。长远来看，如果有足够的人力资源，香港大学计划在他们的科学项目中提供太空科学专业，并为中国内地、欧洲和美国的太空中心提供体验式学习机会
香港科技大学	2020 年的分析： 工学院有机械与航空航天工程系（Department of Mechanical & Aerospace Engineering）等 7 个系，机械与航空航天工程系主要研究领域为：火箭与航天运载火箭技术、智能飞机结构与变形结构、车辆的空气动力学和推进、无人机。培养航空航天工程学士，机械工程科学硕士、学术硕士和哲学博士

续表

大学名称	设立航空、航天等主体院系或相关研究方向情况
香港理工大学	2020 年的分析： 工学院下设航空及民航工程学系，该系于 2016 年 7 月成立，授予航空工程学（荣誉）工学士学位 ［Bachelor of Engineering（Honours）in Aviation Engineering（Aviation Engineering／Air Transport Engineering）］，分为航空工程学（荣誉）工学士学位、民航工程学（荣誉）工学士学位 2 个方向，首届本科生已经于 2021 年毕业。目前规划从 2023 学年开始招收民用航空工程学理学硕士（Master of Science in Aviation Engineering），设航空营运与管理（Aviation Operations and Management）、航空工程（Aeronautical Engineering）2 个方向。此外，将从 2023 年 9 月开始招收航空航天领域的哲学博士和哲学硕士入学，涵盖空气动力学、航空航天推进和燃烧、空天结构与材料、民航工程、飞行力学与控制、卫星通信与导航等 6 个方向
逢甲大学	2013 年的分析： 工学院下设的航空工程学系成立于 1975 年，硕士班成立于 2002 年，硕专班成立于 2005 年，2004 年航空工程学系更名为航天与系统工程学系
	2020 年的分析： 工程与科学学院（以下简称工学院）于 2000 年 8 月调整，调整后涵盖航空等 5 个学系，2002 年 8 月工学院新设立机械与航空工程博士班、航空工程学系硕士班等教学单位。2004 年 8 月航空工程学系更名为航天与系统工程学系。2008 年 8 月工学院原机械与航空工程博士班转型为机械与航空工程博士学位学程
台湾"中央大学"	2013 年的分析： 太空及遥测研究中心于 1984 年 7 月 1 日正式成立，为跨学院与科技整合的研究中心，于 2008 年成立遥测科技硕士学位学程 大气科学学系暨大气物理研究所：1962 年于苗栗成立地球物理研究所（含大气物理领域），1990 年大气物理学系更名为大气科学学系（分大气组及太空组教学），1990 年成立太空科学研究所硕士班，1993 年成立太空科学研究所博士班
	2022 年的分析： 研究中心分为 4 类：校属研究中心 6 个，含太空及遥测研究中心、太空科学与科技研究中心；功能性校级研究中心 4 个；联合研究中心 4 个，含全球定位科学与应用研究中心；联合研究平台 5 个 太空及遥测研究中心为校属研究中心，全球定位科学与应用研究中心为联合研究中心，探测器研发中心属于理学院研究中心
淡江大学	2013 年的分析： 工学院航空太空工程学系，创设于 1972 年，1996 年起由航空工程改名为航空太空工程学系并同时成立研究所，有相关的本科和硕士班
	2022 年的分析： 2015 学年成立硕士在职专班。特色领域：振动与流固耦合（Vibrations and Fluid-Solid Dynamics），无人飞行载具（Unmanned Aerial Vehicle），航电导航与系统控制（Aviation Electronics Navigation and System Control），太空科学与技术（Space Science and Technology），计算力学（Computational Mechanics），民航技术（Civil Aviation Technology）

大学名称	设立航空、航天等主体院系或相关研究方向情况
成功大学	2013 年的分析： 理学院于 2008 年 8 月成立太空天文与电浆科学研究所，并结合 1995 年成立的电浆与太空科学中心的研究能量，培养顶尖的高温电浆、太空科学、天文物理及核融合能源之硕博人才 工学院包含航空太空工程学系和测量及空间资讯学系等 13 个系。航空太空工程学系前身为成功大学机械系航空组，1976 年正式独立为航空工程学系；1983 年成立航空太空研究所；1985 年为使大学部与研究所更能紧密连贯配合，航空工程学系更名为航空太空工程学系。2002 年设置硕士在职专班，协助业界与军方培育航天与民航技术之高科技人才；2004 年增设民航研究所，从 2005 年起招收硕士生。本系除大学部之外，还设置航天所与民航所两个研究所。测量及空间资讯学系于 2004 年成立，前身为土木工程研究所测量工程组，1976 年成立航空测量研究所；1978 年成立测量工程系；1993 年系所合一，航空测量研究所并入测量工程系；1994 年成立博士班，成为具备学士班、硕士班及博士班之完整学系 2022 年的分析： 工学院设有航空太空工程学系。理学院设有太空天文与电浆科学研究所、电浆与太空科学中心
台湾"清华大学"	2022 年的分析： 台湾"清华大学"工学院的动力机械工程学系，1972 年成立，不仅历史悠久，也是台湾地区大学唯一拥有训练博士、硕士及学士完整机电系统整合学程的学系。该系将机械与电机两者融合在大学部的基础课程中，并通过学术与应用研究将光、生医、动力、能源、微纳米等科技与机电系统整合在一起。能源与动力系统包含太阳能、燃料电池、风能、航天科技、磁浮系统、车辆动力系统、复循环动力系统、汽电共生等研究领域。该学系有电控、微纳米、能源、精密机械与智能制造等 4 个专业
台湾交通大学（新竹）	2022 年的分析： 工学院设机械工程学系等 3 个系，机械工程学系分为固体力学与控制组、机械设计与制造组、热传与流体力学组，研究领域涵盖基础的机械工程技术、先进热流技术、前瞻能源科技、微纳米系统、固体与结构力学、动力系统分析与控制、机器人机构与控制、生医工程、半导体与光电技术、光机电整合等。其中，固体力学与控制组（固力控制组）的研究对象包含：复合材料相关研究、复合材料风力发电机的技术整合、生医工程与人工肌肉研究、微机电传感器的应力分析、陀螺仪、人造卫星、太空站等旋转机构的运动稳定性、次世代高效率电动车驱动与控制系统研究、声学理论及音频信号处理技术、半导体与平面显示器制程的优化控制、磁浮轴承及相关驱动器与控制器的设计

续表

大学名称	设立航空、航天等主体院系或相关研究方向情况
台湾大学	理学院的地理环境资源学系1989年增设博士班，该系在国土与环境监测、都市与区域发展、空间资讯及运用、环境资源经理共四个领域上提供良好的深造及人才养成环境；大气科学系的研究及教学方向，也从过去的传统气象学，拓展为以天气学、大气动力学、数值天气预报及空气污染为重点，1987年研究所博士班成立，本系终于得以提供由大学部到博士班的完整大气科学教育训练；天文物理所创立于2003年，在理论方面，研究范围包括星系动力学、重力透镜、大尺度结构形成、宇宙背景辐射、暴涨理论、暗能量、暗物质、黑洞等 工学院的应用力学研究所目前研究重点如下：波动与微/纳米机电系统，生医与能源系统，跨尺度力学系统
中华科技大学	2022年的分析： 航空学院设航空机械系、航空电子系、航空服务管理系、观光事业系，有飞机系统工程硕士班、航空运输硕士班2个。2001年增设航空电子、航空机械、信息管理3个系 2002年开始设立研究所。2003年于新竹横山设立校区，该校区为航空相关教学校区，开始招收航空相关科系学生
高苑科技大学	2022年的分析： 高苑科技大学先进洁净节能引擎研发与测试服务中心，结合美国加州大学柏克利分校机械系、成功大学航天工程系、台湾虎尾科技大学动力机械系、财团法人工业技术研究院以及财团法人车辆测试服务中心，以艾金森循环（Atkinson Cycle）为开发技术目标并且搭配缸内直喷引擎技术，实现新时代洁净节能引擎技术，进而应用于四汽缸汽车引擎。学校计划与华擎机械工业股份有限公司以及华创车电技术中心股份有限公司合作，并预定于未来计划执行的第一与第二年着手进行先期技术转移，于第三年起开始进行包括专利或技术等形式之授权或者技术转移之规划
台湾虎尾科技大学	2022年的分析： 2004年，核准正式改名为台湾虎尾科技大学，工程学院诞生。2004年，飞机工程系通过IEET工程教育认证。2007年，航空工程与电子科技所硕士班成立。2017年，成立航空维修训练中心。2018年，设置航空维修学士学位学程 飞机工程系组成：航空电子组、机械组、航空维修学士学位学程、航空与电子科技硕士班 发展重点：第一序列为飞机工程实务、民航技术、航空电子通信与导航、无人飞行载具；第二序列为智能型载具、能源科技、系统整合、电力电子科技
开南大学	2022年的分析： 观光运输学院具有完整的人才培育教育体制，设有大学部、进修部、硕士班及硕士在职专班。大学部设有空运管理学系、国际物流与运输管理学系、交通运输学系、观光与餐饮旅馆学系、休闲事业管理学系。进修部设有观光与餐饮旅馆学系、空运管理学系及物流与航运管理学系。硕士班设有观光休闲组和国际运输组。硕士在职专班则设有观光休闲组、航空运输组和物流航运组 特色：为台湾地区培育观光与运输产业所需专业管理及实务技术人才最完整之学院

大学名称	设立航空、航天等主体院系或相关研究方向情况
空军军官学校	2020 年的分析： 空军军官学校，简称空军官校，为台湾地区培养空军军官的专门学校。创建于 1929 年，1949 年迁至冈山现址，并于 1960 年改学制为四年制大学教育，并招收飞行专业军官班。校学科部下设航空太空工程系、航空机械工程系、航空电子工程系、航空管理学系与通识中心等
空军航空技术学院	2022 年的分析： 空军航空技术学院前身为空军航空技术学校，2001 年改制为技术学院，并于 2002 年 8 月 1 日改名为空军航空技术学院。主要科系有航空机械、土木工程、技术补给、通信电子、飞航管制及大气测量等
陆军专科学校	2022 年的分析： 陆军专科学校，位于桃园县中坜市龙岗地区的军事学校，近年开始对外（社会青年）招生。陆军专科学校同时亦是各军种单位委托受训或专长训练的军事学校，该校不仅只协助陆军一个军种受训与教学，同时还协助海军陆战队、联勤、宪兵、后备、军备局、导弹指挥部、勤务指挥部等军种或单位辅助在校学生修习学业，学生毕业后便回到各自所属军种服务 教学单位由飞机工程科、电脑暨通讯工程科、动力机械工程科等 9 个科组成

六 在学科评估和"双一流"建设背景下高水平空天类高校的发展比较

为了更好地展示我国内地高水平航空航天类高校的整体发展动态，本节以 42 所高校为大样本，分析我国高水平空天类高校的发展情况。在 2022 年的回顾分析中发现，湖南大学已经取消了有关的空天类学院及学科，而武汉大学、中国科学技术大学、天津大学、燕山大学这 4 所大学的空天类特色极不明显，综合分析后有 6 所可以移出观察阵营，具有一定空天特色的高校缩减为 36 所。

（一）从多维评估中看其竞争实力

1. 全国第三轮、第四轮学科评估比较

第三轮学科评估于 2012 年 1 月启动，于 2013 年 1 月 29 日公布评估结果，在"0825 航空宇航科学与技术"一级学科中，全国具有"博士一级"

授权的高校共 11 所，该次有 7 所参评；还有部分具有"博士二级"授权和硕士授权的高校参加了评估；参评高校共计 11 所，全部获得分数和排名。而第四轮学科评估于 2016 年 4 月启动，于 2017 年 12 月 28 日公布评估结果，在"0825 航空宇航科学与技术"一级学科中，全国具有博士授权的高校共 12 所，该次参评 12 所；部分具有硕士授权的高校也参加了评估；参评高校共计 25 所，其中名列前 70% 的高校共有 17 所得到了评级。对前 7 名的分析如下，在两轮评估中，北京航空航天大学均名列第 1 位；北京理工大学、空军工程大学在第三轮评估中并列第 6 位，在第四轮评估中均为 B 级，但是排名第 2 位、排名第 3 位、排名第 4 位、排名第 5 位的高校变化较大。在第三轮评估中，国防科技大学名列第 2 位；但是在第四轮评估中排名第 5 位，获评为 B + 级。在第三轮评估中，西北工业大学名列第 3 位；但是在第四轮评估中排名第 2 位，获评为 A + 级。在第三轮评估中，哈尔滨工业大学名列第 4 位；但是在第四轮评估中排名第 3 位，获评为 B + 级。在第三轮评估中，南京航空航天大学名列第 5 位；但是在第四轮评估中排名第 4 位，获评为 B + 级。在"0825 航空宇航科学与技术"该一级学科评估中，没有 A 级、A - 级，由 A + 级直接跳到 B + 级。

2. 从"软科中国最好学科排名"看我国内地空天类高校的发展

"软科中国最好学科排名"的指标体系包括人才培养、科研项目、成果获奖、学术论文、学术人才 5 个指标类别，排名的对象是在该一级学科设有学术型研究生学位授权点的所有高校，发布的是在该学科排名前 50% 的高校。为了对标 2017 年 12 月底公布的第四轮学科评估结果，揭示近几年"0825 航空宇航科学与技术"学科的发展动态，本书选择的是软科该专业2018 年的排名和在 2022 年 9 月 21 日刚推出的 2022 年的排名（顾珺等，2020）。从跨越四年的这两个年度的比较来看，前三名的顺序没有变化，依次是北京航空航天大学、西北工业大学、南京航空航天大学；北京理工大学保持在第 7 名，未变化；但是 2018 年排在前 10 名的其他高校在 2022 年都有变化，分别是国防科技大学从第 4 名降为第 5 名；清华大学从第 5 名降为第 6 名；哈尔滨工业大学从第 6 名跃升为第 4 名；空军工程大学从第 8 名降为第 9 名；上海交通大学从第 9 名上升到第 8 名；西安交通大学从第 10 名降为第 12 名。2022 年的第 10 名大连理工大学，在 2018 年是第 11 名，上升了 1 名。

3. 从"软科世界一流学科排名"看我国内地空天类高校在"航空航天工程"学科的国际竞争力提升

2018 年可以说是我国"双一流"建设的元年，本书仍然以 2018 年为基础，分析"软科世界一流学科排名"中我国内地空天类高校在"航空航天工程"学科的国际竞争力提升情况。从总体来看，2018 年，我国内地入选该学科前 50 名的学校为 10 所；2022 年 7 月 19 日发布的 2022 年排名中，我国内地入选该学科前 50 名的学校为 11 所。从前 10 名来看，2018 年我国内地有 4 所，2022 年已经增加到 7 所。2022 年前 4 名都是我国内地高校，依次是北京航空航天大学、西北工业大学、南京航空航天大学、哈尔滨工业大学；国防科技大学排第 6 名；清华大学排第 7 名；北京理工大学排第 10 名。与 2018 年相比，前 10 名之中，除了北京航空航天大学保持第 1 名，国防科技大学从第 5 名降到第 6 名之外，其他 5 所高校进步极为明显。西北工业大学从 2018 年的第 8 名升为 2022 年的第 2 名；南京航空航天大学从 2018 年的第 11 名升为 2022 年的第 3 名；哈尔滨工业大学从 2018 年的第 7 名升为 2022 年的第 4 名；清华大学从 2018 年的第 14 名升为 2022 年的第 7 名；北京理工大学从 2018 年的第 25 名升为 2022 年的第 10 名。西安交通大学从 2018 年的第 36 名升为 2022 年的第 33 名。2018 年排第 45 名的大连理工大学、排第 48 名的浙江大学没有进入 2022 年排名的前 50 名。此外，在 2022 年的排名中还出现了三个新面孔，分别是排名并列第 26 名的华中科技大学和上海交通大学以及排第 38 名的北京大学。由此说明，"双一流"建设以来，我国内地高水平航空航天类高校的国际竞争实力有了极大的提升。

（二）我国"双一流"建设对空天类高校的影响

1. 空天类"世界一流学科"4 个高校的建设进展

2017 年 9 月 20 日发布的《教育部　财政部　国家发展改革委关于公布

世界一流大学和一流学科建设高校及建设学科名单的通知》中，北航和国防科技大学的"航空宇航科学与技术"学科，以及北京大学和复旦大学的"机械及航空航天和制造工程"交叉学科被列入"世界一流学科"进行建设。

以复旦大学为例，在其2017年12月20日上报教育部的《复旦大学一流大学建设高校建设方案》中，"机械及航空航天和制造工程"被列入突出重点，按"中国特色世界一流"标准建设好"拟建设一流学科"的规划中；该学科主要是积极响应创新型国家建设的要求，在学科前沿领域和科技战略制高点尽早布局，拓展学科前沿，对接国家和上海科技创新驱动战略，整合全球优势资源，推动形成若干具有全球影响力的科技研究中心，以新工科建设和"工程与应用技术研究院"为抓手，努力实现跨越式发展；着力发展工程与技术科学门类学科，为逐步形成人文、社科、理科、工科、医科五大学科门类均衡发展的新局面做出贡献。从建设效果来看，2021年10月26日国务院学位委员会发文，"航空宇航科学与技术"博士一级学科成为2020年上海市经动态调整增列的学位授权点，复旦大学成功实现了空天类学科建设的重大提升。

2. 空天类学科在国家和省级"双一流"建设中的表现

如何分析上述36个空天类高校样本在"双一流"建设中的表现？本书选取了两个视角，第一，对进入教育部等规划的"双一流"空天类高校而言，解读其报备给教育部的、学校自身"世界一流大学或世界一流学科建设高校建设方案"；第二，认真分析其所在省份"双一流"规划中的航空航天类学科所处的战略地位。对上述两个分析材料中涵盖航空航天类学科的21个空天类特色高校的综合分析如表4-6所示。

表4-6 基于第一轮"双一流"建设视角的空天类特色高校的综合分析

序号	大学	"双一流"建设的支撑强度
1	国防科技大学	"双一流"建设高校，涵盖"航空宇航科学与技术"等5个学科
2	北航	"双一流"建设高校，涵盖"航空宇航科学与技术"等7个学科

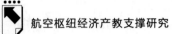

续表

序号	大学	"双一流"建设的支撑强度
3	西工大	"双一流"建设高校,涵盖机械工程、材料科学与工程 2 个学科。西工大"双一流"大学建设方案确定了"3+2"学科(群),重点建设航空宇航与科学技术等 3 个特色优势学科和信息科学与无人系统等 2 个主干支撑学科群
4	南航	一流学科建设高校,涵盖力学 1 个学科。根据南航一流学科建设高校建设方案,按照"特色引领、交叉融合"的建设思路,以航空宇航科学与技术、力学、机械工程 3 个一级学科为核心,与控制科学与工程等交叉融合,建设航空航天特色鲜明的一流航空航天科学与工程学科群
5	昌航	昌航被列入江西省的国内一流学科建设名单,其中"航空宇航科学与技术"为江西省 11 个成长学科之一
6	沈航	在辽宁省高等学校一流大学和一流学科建设支持方案中,航空等 50 个左右的学科规划建成国内一流学科
7	中国民航大学	2017 年,天津市教委公布了《天津市一流学科和特色学科(群)建设名单》,中国民航大学的交通运输、航空宇航被列入天津市特色学科(群)建设
8	北京理工大学	"双一流"建设高校,涵盖材料科学与工程、控制科学与工程、兵器科学与技术 3 个学科 在北京理工大学双一流建设方案中确定重点建设"5+3"个学科群,其中运载装备与制造学科群,以机械工程学科牵头,主要依托航空宇航科学与技术、动力工程及工程热物理、力学等一级学科,系统带动相关学科共同发展
9	哈尔滨工业大学	"双一流"建设高校,涵盖力学、机械工程等 7 个学科 哈工大在 2017~2020 年一流大学建设期间拟实施"2511"一流学科建设计划,建设 1 个特色学科群,即航天科学与工程学科群,其核心学科是航空宇航科学与技术,主要参与学科是光学工程、物理学、动力工程及工程热物理 在黑龙江省国内一流学科建设高校及学科名单中,航空宇航科学与技术等 11 个学科被列入其中
10	清华大学	"双一流"建设高校,涵盖数学、物理学等 34 个学科 在清华大学"双一流"建设方案中,工科领域规划了机械、制造与航空学科群等 13 个学科群,机械、制造与航空学科群依托机械工程、航空宇航科学与技术 2 个学科建设
11	浙江大学	"双一流"建设高校,涵盖化学、机械工程等 18 个学科 在《浙江大学一流大学建设高校建设方案》中,描述了工学学科板块发展的目标与思路,其中航空宇航科学与技术等学科以重大任务为导向,整合资源,拓展学科战略新兴方向。该方向属于该校高峰学科、一流骨干基础学科、优势特色学科分类分层发展的第三个层次
12	上海交通大学	"双一流"建设高校,涵盖数学、化学等 17 个学科 在上海交通大学"双一流"建设方案中,加快航空宇航科学与技术等博士点建设。在工科领域,重点建设制造科学与工程等 5 个学科群 对接国家重大需求,围绕重型火箭、航空发动机等组建科研大团队,创新科研组织模式

续表

序号	大学	"双一流"建设的支撑强度
13	厦门大学	"双一流"建设高校，涵盖化学等5个学科 在厦门大学"双一流"建设方案中，要振兴工程和应用学科，规划建设11个交叉融合的学科群，其中材料与智能制造学科群属于福建省高峰学科建设A类，主要依托航空宇航科学与技术等一级学科建设
14	四川大学	"双一流"建设高校，涵盖数学、化学等6个学科 在《四川大学世界一流大学建设实施方案》中，规划了"4＋1"学科群建设方案，智能空天信息与先进装备属于19个超前部署学科群之一
15	电子科技大学	世界一流大学建设高校，涵盖电子科学与技术、信息与通信工程2个学科 在《电子科技大学一流大学建设高校建设方案》中，拟重点建设电子科学与技术、信息与通信工程等5个学科群
16	复旦大学	世界一流大学建设高校，涵盖数学、机械及航空航天和制造工程等17个学科 在该校一流大学建设高校建设方案中，机械及航空航天与制造工程属于重点建设的27个"拟建设一流学科"之一
17	北京大学	世界一流大学建设高校，涵盖力学、机械及航空航天和制造工程等41个学科 在《北京大学一流大学建设高校建设方案》中，对力学与先进制造优化提升的方向是以学科前沿问题及国家重大需求为牵引，开创和发展新理论、新方法，在先进制造、机器人、控制工程、力学的航空航天方向，为解决工程实际中与力学相关的核心技术难题做出基础性贡献
18	华中科技大学	世界一流大学建设高校，涵盖机械工程、光学工程等8个学科 在该校一流大学建设方案中，重点建设11个学科（群），其中先进制造学科群，针对高档数控、航空航天等国家重大需求和学科前沿，建设具有中国特色和世界影响力的智能制造国家级研究平台和创新基地。学科分为特色学科、骨干基础学科、战略性学科，网络空间安全、航空航天、船舶与海洋工程是战略性学科的构成部分
19	西安电子科技大学	一流学科建设高校，涵盖信息与通信工程、计算机科学与技术2个学科 在该校一流学科建设方案中，信息通信与电子科学技术学科围绕学校信息与通信工程和电子科学与技术两个拥有相对优势的一级学科汇聚相关学科资源进行建设
20	南京大学	世界一流大学建设高校，涵盖天文学等15个学科 该校一流大学建设方案中，天文与空间科学、电子科学与工程属于23个重点建设学科；数天基础与空间科学为9个重点重组的特色发展学科群之一；地球科学与宇宙探索为5个学科高峰之一
21	长春理工大学	光学工程、机械工程进入吉林省特色高水平学科"一流学科A类"名单；物理学、信息与通信工程、仪器科学与技术进入吉林省特色高水平学科"一流学科B类"名单

　　资料来源：上述高校在第一轮"双一流"建设中的表现基于国家"双一流"建设中相关高校在2017年底上报教育部的建设规划、有关省份的"双一流"建设规划、有关高校在自身主页上的建设进展等综合而成。

(三) 未来发展动能分析

对36所空天特色高校的未来发展功能分析如表4-7所示。

表4-7 对36所空天特色高校的未来发展功能分析

序号	大学	全国第四轮学科评估"0825 航空宇航科学与技术"或其他支撑学科排名(2017年12月28日公布)	第一轮"双一流"建设的支撑强度(国家或所在省、直辖市、自治区)	第二轮"双一流"建设高校及建设学科	空天类学院对学校定位的支撑
1	国防科技大学	0825 航空宇航科学与技术(B+)	2017年"双一流"建设高校学科:信息与通信工程、计算机科学与技术、软件工程、航空宇航科学与技术、管理科学与工程	信息与通信工程、计算机科学与技术、航空宇航科学与技术、软件工程、管理科学与工程,仍有航空宇航科学与技术一级学科	国防科技大学是高素质新型军事科技发展人才培养和国防科技自主创新高地。要紧跟世界军事科技发展潮流,适应打赢信息化局部战争要求,抓好通用专业人才和联合作战保障人才培养,加强核心关键技术攻关,努力建设世界一流高等教育院校。空天科学院前身是著名的中国人民解放军哈尔滨军事工程学院下设的导弹工程系,创建于1959年。空天科学院以军事航天和新材料科学技术为特色,主要从事卫星、导弹等各种飞行器总体设计技术、推进技术、控制和测试发射技术、新材料科学技术等方面的高素质人才培养和科学研究工作
2	空军工程大学	0825 航空宇航科学与技术(B)			学校为全国重点大学,是全军重点建设的五所综合大学之一,是空军专业技术最高学府。其担负着为空军培养航空工程、防空反导、通信导航、空管领航、装备管理、无人机等领域生长军官高等教育和任职培训,现职军官基本培训、升级培训和辅助培训,文职人员培训和外军留学生培训等任务。航空工程学院的前身是空军工程学院,创建于1959年,1999年

续表

序号	大学	全国第四轮学科评估"0825航空宇航科学与技术"或其他支撑学科排名（2017年12月28日公布）	第一轮"双一流"建设的支撑强度（国家或所在省、直辖市、自治区）	第二轮"双一流"建设高校及建设学科	空天类学院对学校定位的支撑
3	空军航空大学				成为大学的内设学院，2017年更名为航空工程技术学院。主要为空军培养航空工程技术军官。其军事航空领域次高层处于国内领先地位是空军、全寿属兵种综合技术保障等高等教育院校系统，前身可追溯至1946年3月我党创办的东北民主联军航空学校。大学主要面向空军兵部队培养航空飞行员指挥、无人机操控和空军中战勤生长军官。大学是飞行员的摇篮，是培养空军飞行与指挥人才的唯一源头，对空军主体战斗力成长发展具有基础性、先导性作用
4	海军航空大学	0825航空宇航科学与技术（B－）			大学于2017年由原海军航空学院和海军航空兵学院重组而成，是指技兼顾的兵种航空类高等教育高校。面向海军航空兵、岸防兵两个兵种、航空飞行与指挥、航空勤务保障、岸防作战指挥，导弹防作战各级各类专业技术人才，是两兵种人才培养基地、战法创新基地、科研试验基地，作战支援基地、文化传播和对外交流中心
5	火箭军工程大学	0825航空宇航科学与技术（C＋）			是火箭军多兵种专业高等院校，是军队"双重"建设院校，是国务院学位委员会批准的首批博士、硕士、学士授予单位之一，担负着为战略导弹部队培养骨干军官和未来领导者的神圣使命，被誉为中国战略导弹军官的摇篮
6	陆军航空兵学院				主要承担陆军、空军和武警部队直升机飞行员，陆军无人机专业人员及航相关科研任务。该院始终秉承"让陆军从这里飞起来"的院训，具有"教研训"一体化空地融合办学特点

续表

序号	大学	全国第四轮学科评估"0825 航空宇航科学与技术"或其他支撑学科排名（2017 年 12 月 28 日公布）	第一轮"双一流"建设的支撑强度（国家或所在省、直辖市、自治区）	第一轮"双一流"建设高校及建设学科	空天类学院对学校定位的支撑
7	航天工程大学	0825 航空宇航科学与技术（C）			建设航天强国，放飞航天梦想！进入新时代，航天工程大学格立足航天、面向全军，服务航天强国建设，打造太空领域新型人才摇篮，努力创建一流大学
8	北京航空航天大学	0825 航空宇航科学与技术（A+）在 2020 年"软科学科排名"世界一流学科排名中，航空宇航工程学科连续第三年蝉联世界第一	2017 年"双一流"建设高校建设相关的学科：力学、材料科学与工程、仪器科学与技术、控制科学与工程、计算机科学与技术、交通运输工程、航空宇航科学与技术、软件工程	力学、仪器科学与技术、材料科学与技术、控制科学与工程、计算机科学与技术、航空宇航科学与技术、软件工程增加了交通运输工程学科一仍有航空宇航科学与技术一级学科	毫不动摇地坚持中国特色社会主义的世界一流大学发展自信，自觉把办学精神与服务国家战略融为一体，培养德智体美劳面发展的社会主义建设者和接班人，培养一流人才，做出一流贡献，加快建设中国特色世界一流大学，以"北航梦"助力实现中华民族伟大复兴的"中国梦"
9	西北工业大学	0825 航空宇航科学与技术（A+）	2017 年"双一流"建设高校涵盖的"双一流"建设相关学科：机械工程、材料科学与工程"3+2"学科（群）建设方案：航空宇航科学与技术等 3 个特色与优势学科，信息科学与工程学科、无人系统等 2 个主干支撑学科群	机械工程、材料科学与工程、航空宇航科学与技术增加了航空宇航科学与技术 1 个一级学科	在全面建设社会主义现代化国家的新征程上，学校将继续深入学习贯彻习近平新时代中国特色社会主义思想，牢记"为党育人、为国育才"使命，扎根中国大地，心怀"国之大者"，坚持面向世界科技前沿、面向经济主战场、面向国家重大需求，锐意进取，凝心聚力，追求卓越，以更加开放的视野，改革创新、更加昂扬的姿态，更加扎实的工作，以更高提升科研创新能力，加快建设中国特色世界一流大学，为实现中华民族伟大复兴和人类文明进步做出更大贡献

续表

序号	大学	全国第四轮学科评估"0825 航空宇航科学与技术"或其他支撑学科排名（2017年12月28日公布）	第一轮"双一流"建设的支撑强度（国家或所在省、直辖市、自治区）	第二轮"双一流"建设高校及建设学科	空天类学院对学校定位的支撑
10	南京航空航天大学	0825 航空宇航科学与技术（B+）	2017年"一流学科建设高校"涵盖的"双一流"建设相关学科：力学 按照"特色引领、交叉融合"的建设思路，以航空宇航科学为核心，力学、电气工程、信息与通信工程、软件工程、材料科学及工程、管理科学与工程等多学科交叉融合，建设航空宇航特色鲜明的一流航空宇航科学与工程学科群	力学、控制科学与技术、航空宇航科学与技术 增加了控制科学与工程、航空宇航科学与技术 2 个一级学科	效法羲和驭天马，志在长空牧群星。进入新时代，南航将坚持走强化特色之路、人才强校之路、创新驱动之路、深度开放之路、文化引领之路，锐意进取，砥砺前行，坚定不移地朝着航空航天民航特色鲜明的世界一流大学的目标努力奋进，为实现中华民族伟大复兴中国梦做出新的更大的贡献
11	南昌航空大学	0805 材料科学工程（C）	学校入选"江西省有特色高水平大学和一流学科建设名单"，航空宇航科学与技术为江西省11个成长学科之一		是一所以工为主，工理文管经法教艺等学科协调发展的多科性大学，主要服务于我国航空工业和地方经济社会建设，是江西省人民政府与国家国防科技工业局共建的具有鲜明航空、国防特色的高等学校

续表

序号	大学	全国第四轮学科评估"0825航空宇航科学与技术"或其他支撑学科排名（2017年12月28日公布）	第一轮"双一流"建设的支撑强度（国家或所在省、直辖市、自治区）	第二轮"双一流"建设高校及建设学科	空天类学院对学校定位的支撑
12	沈阳航空航天大学	0825 航空宇航科学与技术（B-）			将在服务国家国防事业、国家航空航天事业发展和辽宁振兴发展的神圣使命中，努力把学校建设成为特色鲜明的高水平研究应用型大学
13	中国民航大学	0825 航空宇航科学与技术（C-）0837 安全科学与工程（C+）	是天津市"双一流"建设高校和高水平特色大学建设高校。安全科学与工程入选工程与技术高校。天津市一流学科培育计划，交通运输、航空宇航和交通运输学科群入选天津市特色学科群（群）建设名单		历经70多年开拓进取，学校已成为中国民航专业技术人才培养和科技创新的最高学府，主基地和主力军，致力于成为民航领域的高等教育引领者，科技创新示范，政策咨询智力库，国际交流排头兵，并最终建设成为中国特色世界一流民航大学
14	中国民用航空飞行学院		2016年10月8日，四川省人民政府与四川大学、电子科技大学、西南交通大学、西南财经大学、西南民族大学、中国民用航空飞行学院在成都签署战略合作协议。这是四川省首次披露"双一流"建设高校名单。安全科学与工程、航空宇航科学与技术、交通运输工程为四川省一流学科		60多年来，学院始终全面坚持党和国家的教育方针，继承和发扬人民军队"红色基因"，秉承"近学高飞、博学笃行"校训，弘扬"忠诚团结、勤奋严谨、安全飞行，求实创新"校风，厚植"人民送我学飞行，我学飞行为人民"的宗旨意识，传承"帮思想、教技术、带作风"育人"九字经"教风，形成了具有中飞院特色的大学文化，学院依托行业，支撑起民航，奉献于共和国的一片蓝天，被中央媒体誉为"一所大学支撑起一个行业"

续表

序号	大学	全国第四轮学科评估"0825航空宇航科学与技术"或其他支撑学科排名（2017年12月28日公布）	第一轮"双一流"建设的支撑强度（国家或所在直辖市、自治区）	第二轮"双一流"建设高校及建设学科	空天类学院对学校定位的支撑
15	北京理工大学	0825航空宇航科学与技术（B）	2017年"双一流"建设高校涵盖的"双一流"建设相关学科：材料科学与工程、控制科学与工程、兵器科学与技术组织光机电智能制造、空天数字信息感知与智能处理、数字表演与创意仿真三个交叉学科申报北京高精尖学科建设项目并通过评审	物理学、材料科学与工程、兵器科学与技术控制科学与技术增加物理学1个一级学科	面向未来，学校将继续坚持以习近平新时代中国特色社会主义思想为指导，紧紧围绕立德树人这一根本任务，坚持办学正确政治方向，努力形成高水平人才培养体系，培养德才兼备的社会主义建设者和接班人！继续坚持"四个服务"，为建设世界一流大学，为实现"两个一百年"的奋斗目标和中华民族伟大复兴的中国梦提供有力支撑民族伟大复兴的中国梦提供有力支撑
16	哈尔滨工业大学	0825航空宇航科学与技术（B+）	2017年"双一流"建设高校涵盖的"双一流"建设相关学科：力学、机械工程、材料科学与工程、计算机科学与技术、土木工程、环境科学与工程控制科学与工程建设的国内一流学科名单（分布在黑龙江省国内一流学科建设高校12所高校，共54个一流学科及其名单（分布在12所高校，共54个一级学科（11科）中哈尔滨工业大学（11科）	力学、机械工程、材料科学与工程、土木工程、计算机科学与技术、航空宇航科学与工程环境科学与工程增加了"航空宇航科学与技术"1个一级学科	航天学院：面向未来，学院将在学校"双一流"建设中，进一步落实学校"强地、扬信、拓天"的发展战略，布局航天先进动力技术与装备研制创新平台，推进跨域智能飞行器组装方向，深化深空平台建设，拓展在轨服务与空间大型结构组网方向，探测与微纳卫星创新平台建设。"十四五"时期，学院整体进入亚洲同类高校一流水平的前列，力争进入全国前列，整体实力达到亚洲同类高校一流水平的前列 面向新征程，哈工大将始终坚持以习近平新时代中国特色社会主义思想为引领，深刻领悟"两个确立"的决定性意义，不断增强"四个意识"，坚定"四个自信"，做到"两个维护"，立足"两个大局"，牢记"国之大者"，矢志打造更多国之重器，培养更多杰出人才，加快推进中国特色社会主义大学建设，勇担中国航天第一校"尖兵"重任，努力为实现中华民族伟大复兴做出新的更大贡献。航天学院：目前学院正在发挥实力强、起点高、发展快的优势，力争早日跻身于世界一流航天学院的行列

序号	大学	全国第四轮学科评估"0825航空宇航科学与技术"或其他支撑学科排名（2017年12月28日公布）	第一轮"双一流"建设的支撑强度（国家所在省、直辖市、自治区）	第二轮"双一流"建设高校及建设学科	空天类学院对学校定位的支撑
16	哈尔滨工业大学	0825 航空宇航科学与技术（B+）	个）；物理学、建筑学、统计学、工商管理、设计学、航空宇航科学与技术、交通运输工程、电子科学与技术、生物医学工程、风景园林学、公共管理以位居国内前列、具备冲击世界一流条件的学科为基础，哈工大在2017～2020年一流大学建设期间拟实施"2511"一流大学科建设计划。为满足国家重大需求，突出学科特色，建设1个特色学科群：航天科学与工程学科群，其核心学科是航空宇航科学与技术，主要参与学科是光学工程、物理学、动力工程及工程热物理在黑龙江省的国际一流学科建设高校及学科名单（分布在7所高校，共26个一级学科）中哈尔滨工业大学（17		

续表

序号	大学	全国第四轮学科评估"0825航空宇航科学与技术"或其他支撑学科排名（2017年12月28日公布）	第一轮"双一流"建设的支撑强度（国家或所在省、直辖市、自治区）	第二轮"双一流"建设高校及建设学科	空天类学院对学校定位的支撑
16	哈尔滨工业大学		个）：力学、土木工程、环境科学与工程、材料科学与工程、控制科学与工程、计算机科学与技术、机械工程、软件工程、数学、光学工程、仪器科学与技术、动力工程及工程热物理、电气工程、信息与通信工程、化学工程与技术、城乡规划学		
17	西安交通大学	0825航空宇航科学与技术（C）一级学科入选国家"双一流"学科建设名单，第四轮学科评估为A（与哈尔滨工业大学并列第3名）	2017年"双一流"建设高校涵盖的"双一流"2017年人选国家"双一流"一级学科建设相关学科：力学、机械工程、动力工程及工程热物理、电气工程、信息与通信工程、管理科学与工程、工商管理	力学、机械工程、材料科学与工程、动力工程及工程热物理、控制科学与工程、管理科学与工程、工商管理有变化，去掉控制科学与工程，增加控制科学与工程1个一流学科	在新的历史起点上，学校格格高举习近平新时代中国特色社会主义思想伟大旗帜，全面贯彻习近平总书记来校考察重要讲话精神，牢记为党育人，为国育才使命，落实立德树人根本任务，胸怀"国之大者"，弘扬西迁精神，勇担国家使命，共创交大新荣誉，加快建设中国特色世界一流大学，以实际行动坚决拥护"两个确立"、坚定做到"两个维护"，为实现第二个百年奋斗目标、实现中华民族伟大复兴的中国梦做出更大贡献，航天航空学院的建设理念：力学创新，驱动空天；空天需求，牵引力学。发展思路：第一流队伍，建一流基地，创一流环境、出一流成果，育一流人才。学院文化：力学笃行，精勤巡天

169

续表

序号	大学	全国第四轮学科评估"0825航空宇航科学与技术"或其他航空支撑学科排名(2017年12月28日公布)	第一轮"双一流"建设的支撑强度(国家或所在省、直辖市、自治区)	第二轮"双一流"建设高校及建设学科	空天类学院对学校定位的支撑
18	清华大学	0825 航空宇航科学与技术(B-)	2017年"双一流"建设高校涵盖的"双一流"建设学科:法学、政治学、马克思主义理论、数学、物理学、化学、生物学、力学、机械工程、仪器科学与技术、材料科学与工程、动力工程及工程热物理、电气工程、信息与通信工程、控制科学与工程、计算机科学与技术、建筑学、土木工程、水利工程、化学工程与技术、核科学与技术、环境科学与工程、生物医学工程、城乡规划学、风景园林学、软件工程、管理科学与工程、工商管理、公共管理、工程、会计与金融、经济设计学、统计学与运筹学、现代语言学	自主确定建设学科并自行公布	面向未来,清华大学将秉持"自强不息,厚德载物"的校训和"行胜于言"的校风,坚持"中西融会、古今贯通、文理渗透"的办学风格和"又红又专、全面发展"的培养特色,弘扬"爱国奉献,追求卓越"精神和"人文日新",以习近平新时代中国特色社会主义思想为指引,坚持把立德树人作为发展根本任务,把服务国家作为最高追求,把加强党的建设作为坚强保证,持续深化改革作为强大动力,建设、实现内涵式高质量发展,奋力迈向世界一流大学与"双一流"前列,为国家发展、人民幸福、人类文明进步做出新的更大的贡献 航天类学院是学校进入大航空领域的学科平台,组织学校航空航天类领域的学科建设、科学研究和成果转化。其基本定位是:①高水平的、整合的航空航天学科的培育基地;②有重大国家需求的航空航天领域研究的先导性、创新性研究的组织者;③引导清华大学师生为我国的民用和国防航天技术学科的先导。航天类学院发展的理念清楚,"发展为学科"。学科的工作应该做到凝结力量,共同奋斗;凝聚人心、创建和谐;锤炼的工作者科学研究的优势、创建航空宇航科学与技术的工科学和国防军民结合力量,实现"入主流、有特色、上水平"的发展学科,开拓进取,目标

续表

序号	大学	全国第四轮学科评估"0825航空宇航科学与技术"或其他支撑学科排名(2017年12月28日公布)	第一轮"双一流"建设的支撑强度(国家或所在省、直辖市、自治区)	第二轮"双一流"建设高校及建设学科及建设变化	空天类学院对学校定位的支撑
19	南京理工大学	0825航空宇航科学与技术(C)	2017年"一流学科建设高校"涵盖的"双一流"建设相关学科:兵器科学与技术 智能兵器与装备学科群,依托兵器、光学、化学工程与技术三个一级学科	兵器科学与技术 没有变化	进入新时代、开启新征程,秉持"以人为本,厚德博学"的办学理念,弘扬"进德修业,志道鼎新"团结、献身,求是、创新"的校风,以服务国家战略需求,推动社会进步为使命,为党育英才,为国铸利器,围绕陆海空天信融合发展,向特色鲜明世界一流大学前列的目标奋勇前进 航空宇航学院所在的机械工程学院将继续保持寓军于民,强化国防特色,促进科学发展,为建设高水平研究型学院努力奋斗
20	浙江大学	0825航空宇航科学与技术(C-)	2017年"双一流"建设高校 涵盖的"双一流"建设相关学科:化学、生物学、光学工程、生态学、机械工程、植物保护、基础医学、药学、管理科学与工程、农林经济管理 思路:航空宇航科学板块发展的目标和发展的目标任务为导向,整合资源,拓展学科战略新兴方向	化学、生物学、生态学、机械工程、材料科学及工程、动力工程及工程热物理、电气工程、控制科学与工程、计算机科学与技术、土木工程、农业工程、环境科学与工程、软件工程、园艺学、植物保护、基础医学、临床医学、药学、管理科学与工程、农林经济管理 变化较大,增加动力学工程及工程热物理、土木工程、临床医学等3个学科	"国有成均,在浙之滨"。浙江大学将坚定不移以习近平新时代中国特色社会主义思想为指导,坚持"更高质量、更加卓越、更受尊敬、更有梦想"的战略导向,统筹推进"五位一体"总体布局,协调推进"四个全面"战略布局,致力于创造与引领文化,服务与奉献社会,努力加快走向世界一流大学前列的步伐,为实现中华民族伟大复兴,促进人类文明进步作出更大贡献。 航空航天学院以航空宇航科学技术学科和力学学科作为主体,交叉汇聚电子科学与技术、控制科学与工程、计算机科学与技术等相关科学与技术力量,秉承"求是创新、追求卓越"校训,坚持"德才兼备、全面发展"的人才培养方针,把送航空航天、工程力学及相关学科领域研究型人才作为学院发展的根本任务,有重点地发展高水平及工程相关性的科学研究,为我国国航空天及力学相关工程相关领域的发展做出应有贡献

续表

序号	大学	全国第四轮学科评估"0825 航空宇航科学与技术"或其他支撑学科排名(2017 年 12 月 28 日公布)	第一轮"双一流"建设的支撑强度(国家或所在省、直辖市、自治区)	第二轮"双一流"建设高校及建设学科	空天类学院对学校定位的支撑
21	上海交通大学	0825 航空宇航科学与技术(C+)	2017 年"双一流"建设高校涵盖的学科:数学、机械工程、化学、材料科学与工程、信息与通信工程、计算机科学与技术、土木工程、化学工程与技术、船舶与海洋工程、基础医学、临床医学、药学、电子电气工程、商业与管理 着力加强高等学科建设。面向国际学术前沿、瞄准国家和上海市重大发展战略需求,按照国家、科研、人才、基地四位一体的建设思路,谋划学科发展方向,凝练建设重点,创新发展机制。以优势学科、新兴学科、需求特色学科为支撑,构建学科群,健全学科,促进学科交叉融合	数学、物理学、化学、生物学、机械工程、材料科学与工程、电子科学与技术、信息与通信工程、控制科学与技术、计算机科学与技术、土木工程、化学工程与技术、船舶与海洋工程、临床医学、口腔医学、药学、工商管理 去掉电子电气工程、商业与管理;增加物理学、电子科学与技术、工商管理 3 个学科	至 2022 年,经过 126 年的不懈努力,上海交通大学已经成为一所国内一流、国际知名,并在新的历史节点上进一步明确了构建"综合性、创新型、国际化"世界一流大学的愿景目标。这所英才辈出的百年学府正秉风扬帆,以传承文明、探求真理为使命,以振兴中华、造福人类为己任,向着中国特色世界一流大学目标奋进 航空航天学院将以创办国际知名、国内一流的航空航天和空天科学交叉创新平台为发展愿景,发挥高水平综合性大学科创新优势,坚持内涵发展,坚持对接国家重大战略需求,坚持国际化办学,铸练交大空天品牌,走出交大大特色的一流学科发展之路,为祖国空天事业做出贡献

续表

序号	大学	全国第四轮学科评估"0825 航空宇航科学与技术"或其他支撑学科排名（2017年12月28日公布）	第一轮"双一流"建设的支撑强度（国家或所在省、直辖市、自治区）	第二轮"双一流"建设高校及建设学科	空天类学院对学校定位的支撑
21	上海交通大学	科生态体系，带动学校整体发展。重点建设海工程与科学等17个学科群。优化学科分类建设机制。尊重学科特点，遵循学科发展规律，分类设置建设目标，建立学科分层建设和动态调整机制，全面提升学科的服务国家重大需求和重点行业的能力以及国际竞争力。进一步重点支持国内领先、国际先进的学科，强化建设优势特色学科，积极培育和扶持学校人才培养需要和社会发展需要的学科。加快航空宇航科学与技术、食品科学、中国语言文学、新闻传播学和设计学的博士点建设 在工科领域，重点建设船海工程与科学、制造科学与工程、电子电气工程、计算智		

续表

序号	大学	全国第四轮学科评估"0825 航空宇航科学与技术"或其他支撑学科排名（2017年12月28日公布）	第一轮"双一流"建设的支撑强度（国家或所在省、直辖市、自治区）	第二轮"双一流"建设高校及建设学科	空天类学院对学校定位的支撑
21	上海交通大学		能与系统控制、先进材料科学与工程等5个学科群建设综合跨学科平台。重点建设转化医学研究院、自然科学研究院、李政道研究所、张江科学园等校级综合跨学科平台，扎实推进IF-SA、高新船舶与深海开发装备和未来媒体网络协同创新中心等2011协同创新中心建设。对接国家重大需求，围绕高新船舶与深海开发装备、重型火箭、航空发动机、燃气轮机、核电、组建科研大团队，创新科研组织模式		

续表

序号	大学	全国第四轮学科评估"0825航空宇航科学与技术"或其他支撑学科排名（2017年12月28日公布）	第一轮"双一流"建设的支撑强度（国家或所在省、直辖市、自治区）	第二轮"双一流"建设高校及建设学科	空天类学科对学校定位的支撑
22	厦门大学	0804 仪器科学与技术（B） 0802 机械工程（B-）	2017年"双一流"建设高校建设的"双一流"建设相关学科：化学、海洋科学、生物学、生态学、统计学 振兴工程和应用学科。瞄准工程技术前沿和未来产业方向，围绕国家和区域创新驱动发展战略，"互联网+"、"中国制造2025"、军民融合发展战略等重大计划，贴近福建省、厦门市产业转型升级需求，推动工科和应用学科振兴发展，促进产学研用紧密结合，不断提升学科支撑和服务发展的能力规划建设11个交叉融合的学科群，凝练一批重点研究方向，领域和需求需要解决的重大问题。材料与智能制造学科群属于福建省建设高峰学科建设A类，主要依托材料科学与工程、信息与通信工程、航空宇航科学与技术等一级学科，按照基础和应	教育学、化学、海洋科学、生物学、生态学、统计学 增加教育学1个学科	面向新百年，厦门大学坚持以习近平总书记重要贺信精神为引领，在全面建成世界知名高水平研究型大学的基础上，全力奋进第二个百年目标，建成具有厦门大学风格的中国特色世界一流大学。到2035年跻身世界一流大学行列；到21世纪中叶，即到新中国成立百年之际，跻居世界一流大学前列 未来，厦门大学航空航天学院将认真贯彻落实习近平总书记致厦门大学建校100周年的贺信精神，以迈进世界一流航空航天学院为发展愿景，坚持顶天立地办学和国家战略共建发展战略，积极服务区域经济发展和龙头企业的战略需要，加强与国家级科研院所和龙头企业的密切合作，培养一流精英人才，建设一流学科平台，创造一流科技成果，为社会提供一流科技服务

续表

序号	大学	全国第四轮学科评估"0825 航空宇航科学与技术"或其他支撑学科排名（2017年12月28日公布）	第一轮"双一流"建设的支撑强度（国家或所在省、直辖市、自治区）	第二轮"双一流"建设高校及建设学科	空天类学院对学校定位的支撑
22	厦门大学		用"横/纵"两条线索进行规划，设立前沿材料、智能制造、仪器装备三个学科子群。在横向层面上，前沿材料子群重点支持高性能陶瓷纤维、石墨烯等二维材料、材料基因与表面工程、纳米功能材料方向；智能制造子群重点建设航空航天装备健康管理、微纳制造与智能化技术、智能感知与立体通信、智能电子信息技术方向；仪器装备子群重点建设民机涡轮基组合动力系统和智能科学仪器方向。在纵向主线上，按照顶层需求设计新型航空动力装备与智能科学仪器两条主线构成的两个"金字塔"，结构互相交叉，在前沿材料和智能制造层次协同共享。以前沿材料、仪器装备为基石，智能制造为出口，形成有机的支撑，通过学科群建设，夯实冲击世界一流的优势基础		

续表

序号	大学	全国第四轮学科评估"0825航空宇航科学与技术"或其他支撑学科排名（2017年12月28日公布）	第一轮"双一流"建设的支撑强度及所在省、国家或直辖市、自治区）	第二轮"双一流"建设高校及建设学科	空天类学院对学校定位的支撑
23	大连理工大学	0801力学（A-）根据2019年"软科世界一流学科排名"，大连理工大学航空宇航学科专业在国内排名第9位，世界排名第43位。但是在2020年、2021年、2022年三年的"软科世界一流学科排名"中，大连理工大学未进入世界前50名。根据2019年"软科中国最好学科排名"，大连理工大学航空宇航科学与技术学科排名第11位。但是检索2020年、2021年、2022年三年的该学科排名，该校未进入前50%	2017年"双一流"建设高校建设相关学科：化学、工程涵盖的"双一流"建设学科群有7个：化学化工、建设工程、装备制造、力学、信息科学与管理工程、数理17个一级学科：马克思主义理论、化学工程与技术、环境科学与工程、化学工程、机械工程、材料科学与工程、动力工程及工程热物理、水利工程、土木工程、力学、船舶与海洋工程、控制科学与工程、软件工程、管理科学与工程、工商管理、物理学、数学		面向未来，学校将传承大工红色基因，发扬大工精神，以建设特色鲜明的世界一流大学为目标，践行"四个服务"，强化内涵特色，努力推动学校实现新的历史跨越 航空航天学院成立于2008年12月17日。根据学校学科发展总体布局和规划，定位为学校航空航天工程学科专业的"牵头单位"。航空航天学院坚持开放、合作、共赢方针，积极开展与学术界和工业界的交流与合作，充分利用大连理工大学优良的学术氛围和雄厚的综合学科优势，努力把大连理工建设成航空宇航科学与技术领域精英人才培养基地、新技术和新产品研发创新基地，新理论和新方法研究基地，国际知名的航空宇航科学领域教学科研机构，为我国航空天事业的发展做出应有的贡献

177

续表

序号	大学	全国第四轮学科评估"0825 航空宇航科学与技术"或其他支撑学科排名（2017年12月28日公布）	第一轮"双一流"建设的支撑强度（国家或所在省、直辖市、自治区）	第二轮"双一流"建设高校及建设学科	空天类学院对学校定位的支撑
24	四川大学	0801 力学（B－） 0802 机械工程（B） 0810 信息与通信工程（B） 0817 化学工程与技术（A－）	2017年"双一流"建设高校涵盖的"双一流"建设相关学科：数学、化学、材料科学与工程、基础医学、口腔医学、护理学 "985工程"航空航天工程关键科技创新平台的燃烧动力学"先进导航与飞行模拟""飞行器结构与机构"等具有四川大学特色和优势的研究方向 智能空天信息与先进装备属于19个超前部署学科群之一	数学、化学、材料科学与工程、基础医学、口腔医学、护理学 无变化	锦江黄门，弦歌镞镂。当前，四川大学已经确立了"全面推进学校党的建设和建设世界一流大学新的伟大事业"的发展目标。展望未来，学校将始终围绕培育国家之栋梁、开学术之先河，促科技之进步，引社会之方向的历史使命与社会责任，再谱中国现代大学继承与创造并进，光荣与梦想交织的辉煌篇章 空天科学与工程学院：将在学校及有关单位的全力支持下，突破传统学科与管理体制，坚持以"凝炼学科方向，汇聚学术队伍，实现学科交叉，构筑创新平台，培育创新人才，提高创新能力"为发展目标，争取用5～10年时间，按国家"985工程""211工程"重点学科建设的标准和条件，在人才队伍、学科方向、科学研究、人才培养、开放、流动、联合、支撑条件等方面打好基础，形成在国内外具有明显优势和鲜明特色的航空宇航科技高水平人才培养、科学研究，协同创新与国际合作的重要基地
25	哈尔滨工程大学	0801 力学（B） 0802 机械工程（B）	2017年"一流学科建设高校"涵盖的"双一流"建设相关学科：船舶与海洋工程	船舶与海洋工程 无变化	学校以服务国家工业化、信息化、国防现代化及黑龙江振兴发展为使命，以"双一流"建设为统领，坚定不移走内涵式发展道路，不断提升办学质量和水平，紧紧抓住"三海一核"领域及东北振兴的国家战略机遇，以敢为的自信，开放的眼界，合作的气度，开启全面创建世界一流大学的新航程

续表

序号	大学	全国第四轮学科评估"0825航空宇航科学与技术"或其他支撑学科排名（2017年12月28日公布）	第一轮"双一流"建设的支撑强度与所在省（国家或直辖市、自治区）	第二轮"双一流"建设高校及建设学科	空天类学院对学校定位的支撑
25	哈尔滨工程大学				航天与建筑工程学院前身是1958年创立的"中国人民解放军军事工程学院（哈军工）"导弹工程系，目前已经成为我国海洋工程、航空航天、土木工程领域科学研究和人才培养的重要基地。凝练形成3个特色优势学科研究方向，分别是水下高速运动体、固体火箭发动机及推进理论、先进复合材料力学与结构。围绕学校"三海一核"特色，引导重点科研方向与学校特色方向深度融合，支撑学校一流学科群建设
26	同济大学	0801力学（B+）	2017年"双一流"建设高校涵盖的"双一流"建设相关学科：建筑学、土木工程、测绘科学与技术、环境科学与工程、城乡规划学、风景园林学、艺术与设计 学校"双一流"建设规划的有智能技术与绿色制造交叉学科领域	生物学、建筑学、土木工程、测绘科学与技术、环境科学与工程、城乡规划学、风景园林学、设计学 艺术与设计变更为设计学 增加生物学1个学科	"同天下，崇尚科学，创新引领，追求卓越。"今天的同济大学正朝着"与祖国同行，以科教济世，建设成为中国特色世界一流大学"的目标奋力前行 航空航天与力学学院拥有"民航智能辅助导航重点实验室""上海市无人机工程技术研究院""中国航发商发 - 同济大学航空发动机适航技术联合创新中心""同济大学飞行器内饰与创意设计中心"等一批科研平台

续表

序号	大学	全国第四轮学科评估"0825 航空宇航科学与技术"或其他支撑学科排名(2017年12月28日公布)	第一轮"双一流"建设的支撑强度(国家或所在省、直辖市、自治区)	第二轮"双一流"建设高校及建设学科	空天类学院对学校定位的支撑
27	中南大学	0802 机械工程(A-) 0811 控制科学与工程(A-) 0805 材料科学与工程(A-)	2017年"双一流"建设高校建设的"双一流"建设相关学科涵盖的数学、材料科学与工程、冶金工程、矿业工程以教育部建议我校建设的数学、材料科学与工程、冶金工程和矿业工程4个学科为基础,增加机械工程、交通运输工程、土木工程、临床医学、护理学等5个一级学科和1个信息化前沿技术学科群按一流学科进行建设;在《湖南省人民政府关于印发〈湖南省全面推进一流大学与一流学科建设实施方案〉的通知》中,中南大学仍未把航空宇航科学与技术学科列入国内一流建设学科进行建设	数学、材料科学与工程、冶金工程、矿业工程、交通运输工程 增加交通运输工程1个学科	"惟楚有材,于斯为盛",今天的中南大学正肩负着建设的历史责任,立足湖南,面向全国,放眼世界,大力推进学校高质量内涵式发展,努力建设特色鲜明的世界一流大学,为实现中华民族伟大复兴的中国梦做出更大贡献 中南大学航空航天技术研究院(以下简称"研究院")成立于2022年4月13日,是学校依托湖南省在航空航天领域的产业集群优势,在原中南大学航空航天学院统一结构成立的以科研为主的二级科研教学机构。研究院以空天飞行器智能设计、空天智能飞航与控制、多功能一体智能结构等为重点研究方向,依托高性能复杂制造国家重点实验室,开展飞行器设计、制造和飞行器平台的应用等内容的研究。依托湖南省"三高四新"战略和产业集群优势,以"双一流"学科为基础,突出航空航天特色,积极探索新型科研机构发展模式

续表

序号	大学	全国第四轮学科评估"0825 航空宇航科学与技术"或其他支撑学科排名（2017年12月28日公布）	第一轮"双一流"建设的支撑强度（国家或所在省、直辖市、自治区）	第二轮"双一流"建设高校及建设学科	空天类学院对学校定位的支撑
28	中北大学	0802 机械工程（B-）0826 兵器科学与技术（C-）	2021年2月进入山西省高等教育"1331工程"高校，并是3所重点建设高校之一列入工程的一流学科：仪器科学与技术、兵器科学与技术、信息与通信工程优势特色学科：化学工程与技术优势学科科攀升计划支持学科：仪器科学与技术、兵器科学与技术	协同创新中心：北斗导航科学协同创新中心位置应用协同创新中心服务产业创新学科群：材料科学与工程（新材料产业创新学科群）、电子信息产业应用（军民融合）学科群、信创产业学科群、服务半导体产业学科集群、服务特种金属材料产业学科集群、服务智能网联新能源汽车产业学科集群	沧桑砺洗、激人奋进。新的时期，学校将全面贯彻党的十九大精神和习近平新时代中国特色社会主义思想，紧抓国家"双一流"建设、军民融合深度发展和山西转型发展的大好机遇，解放思想、深化改革，开拓创新，将学校建设成为创新发展引领、具有鲜明特色和重要影响的高水平教学研究型大学，为培育英才、繁荣科技与振兴祖国做出新的更大贡献。机电工程学院是学校国防军工特色鲜明的学院，以此为依托与山西航产集团共建临空技术研究院和通航产业学院。学院正着眼未来，秉承中北大学严谨求实的优良传统和"致知于行"的校训，大力培养具有"军工情怀、专业素养、创新精神、德才兼备"的优秀人才，积极服务于国防军工和国民经济建设，走"人才强院、科研兴院，协同创新、特色发展"之路，努力将学院建设成为国内有重要影响的国防人才培养和科学研究基地，为学校实现高水平教学研究型大学的目标而奋斗

续表

序号	大学	全国第四轮学科评估 "0825 航空宇航科学与技术" 或其他支撑学科排名（2017年12月28日公布）	第一轮 "双一流" 建设的支撑强度（国家或所在省、直辖市、自治区）	第二轮 "双一流" 建设高校及建设学科	空天类学院对学校定位的支撑
29	电子科技大学	0810 信息与通信工程（A+） 0811 控制科学与工程（B）	2017年"双一流"建设高校涵盖的"双一流"学科：电子科学与技术、信息与通信工程	电子科学与技术、信息与通信工程 无变化	电子科技大学以"求实求真，大气大为"为校训，以人才培养为根本，以服务国防建设和国家、地方经济建设为己任，加强基础前沿交叉研究，开拓进取，锐意创新，为早日建成中国特色世界一流大学而努力奋斗。 航空航天学院（空天科学技术研究院）成立于2006年7月，是电子科技大学以航空航天科技为拓展航空航天科研领域、建设航空航天学科，开展多学科融合型高水平科研和培养本硕博多层次高素质人才而组建的研究型学院。学院坚持面向国际科学前沿、国家重大需求和区域经济发展，结合世界大需求航空航天未来飞行器发展的战略需求，明确国家对航空航天未来飞行器能力发展方向：未来智能飞行器系统技术（信息+控制+AI→飞行器）
30	复旦大学	0701 数学（A+） 0801 力学（C+）	2017年"双一流"建设高校涵盖的"双一流"学科：哲学、政治学、应用经济学、中国语言文学、外国语言文学、中国史、数学、物理学、化学、生物学、生态学、材料科学与工程、环境科学与工程、基础医学、临床医学、中西医结合、药学、机械及航空航天和制造工程、现代语言学	哲学、应用经济学、政治学、马克思主义理论、中国语言文学、外国语言文学、中国史、数学、物理学、化学、生物学、生态学、材料科学与工程、环境科学与工程、公共卫生与预防医学、基础医学、临床医学、中西医结合、药学、集成电路科学与工程	学校扎根中国大地办大学，为中国共产党治国理政服务，为巩固和发展中国特色社会主义制度服务，为改革开放和社会主义现代化建设服务。学校立足中国特色社会主义新时代，全面履行人才培养、科学研究、社会服务、文化传承创新、国际交流合作的使命，坚持自身特色的办学定位，致力于培养德智体美劳全面发展的社会主义建设者和接班人，在实现中华民族伟大复兴的历史进程中建设中国特色世界顶尖大学，引领并服务于整个人类社会的进步和文明进程

续表

序号	大学	全国第四轮学科评估"0825航空宇航科学与技术"或其他支撑学科排名（2017年12月28日公布）	第一轮"双一流"建设的支撑强度（国家或所在省、直辖市、自治区）建设一流学科	第二轮"双一流"建设高校及建设学科	空天类学院对学校定位的支撑
30	复旦大学		机械及航空航天和制造工程属于重点建设的27个"拟建设一流学科"	去掉机械及航空航天和制造工程、现代语言学2个学科，增加应用经济学、马克思主义理论、外国语言文学、公共卫生与预防医学、集成电路科学与工程5个学科	积极响应创新型国家建设的要求，在学科前沿领域和科技战略制高点尽早布局，拓展学科前沿。通过理科、工科和医科医理科学优势学科，对接国家和上海科技创新力的科技创新中心，整合全球优势资源，形成若干具有全球影响力的科技应用技术研究院，以新工科建设和"工程与应用技术研究院""工程技术学院"为抓手，努力实现跨越式发展
31	北京大学	0801 力学（A+）	2017年"双一流"建设高校涵盖的"双一流"建设相关学科：哲学、理论经济学、应用经济学、法学、政治学、社会学、马克思主义理论、心理学、中国语言文学、外国语言文学、考古学、中国史、世界史、数学、物理学、化学、地理学、地球物理学、地质学、生物学、生态学、统计学、力学、材料科学与工程、电子科学与技术、控制科学与工程、计算机科学与技术、软件工程、环境科学与工程、基础医学、临床医学	自主确定建设学科并自行公布	国家培养高素质、创造型人才的摇篮，科学研究的前沿和知识创新的重要基地以及引领北京大学"新工科"发展的新思路，与业界紧密合作探索和推动国内工科发展的新方向

续表

序号	大学	全国第四轮学科评估"0825 航空宇航科学与技术"或其他支撑学科排名（2017年12月28日公布）	第一轮"双一流"建设的支撑强度（国家或所在省、直辖市、自治区）	第二轮"双一流"建设高校及建设学科	空天类学院对学校定位的支撑
31	北京大学		口腔医学、公共卫生与预防医学、药学、护理学、艺术学理论、现代语言学、语言学、机械及航空航天和制造工程、商业与管理、社会政策与管理 工学院有四个双一流学科，包括力学、材料科学与工程、机械工程、控制科学与工程，其中力学航空航天和制造工程在第四轮学科评估中被评估为A+学科		
32	华中科技大学 0801 力学（B+）0802 机械工程（A+）		2017年"双一流"建设高校 建设的"双一流"学科：机械工程、光学工程、材料科学与工程、动力工程及工程热物理、电气工程、计算机科学与技术、基础医学、公共卫生与预防医学，根据机械学校学科优势特色、发展基础、发展条件和发展潜力，现阶段重点建设了11个	机械工程、光学工程、材料科学与工程、动力工程及工程热物理、电气工程、计算机科学与技术、基础医学、临床医学、公共卫生与预防医学，增加临床医学1个学科	华中科技大学正以建设世界一流大学为目标，秉持"明德厚学、求是创新"的校训，敢于竞争、善于转化，聚精会神、科学发展，全面提升办学水平，努力开创更加辉煌灿烂的明天 航空航天学院以建设"有特色的世界一流航空航天学院"为发展愿景，以"秉持立德树人根本宗旨、服务国家战略需求、聚焦世界科技前沿、传承航天报国精神"为使命，以"建一流事科、聚一流队伍、出一流成果、育一流人才"为目标，以"出亮点、补短板、扩优势、强特色"为途径，加强学科间的文理交融，打造"特色鲜明、创新能力突出"

续表

序号	大学	全国第四轮学科评估"0825航空宇航科学与技术"或其他支撑学科排名（2017年12月28日公布）	第一轮"双一流"建设的支撑强度（国家或所在省、直辖市、自治区）	第二轮"双一流"建设高校及建设学科	空天类学院对学校定位的支撑
32	华中科技大学		学科（群） 先进制造学科群。针对高档数控、航空航天、电子制造、智能机器人、人工智能与自动化等国家重大需求和学科前沿，聚焦创新人才培养、队伍建设、科学研究、社会服务和国际合作等重大建设任务，通过机械、自动化、信息、设计学等学科交叉和互融，建设具有中国特色和世界影响力的智能制造国家级研究平台和创新基地，打造"Advanced Manufacturing"高峰论坛和国际品牌。支撑工程学学科进入世界一流学科前列，ESI排名趋近1‰，支撑中国制造2025国家战略 通过重点建设，11个学科（群）达到或接近世界一流水平，牵引和带动了下列学科		的航空宇航和力学学科方向，积极推动我国航空航天领域的科技进步。通过加强价值引领，坚持精英化、国际化办学模式，着力培育"空天报国、力创未来"的高层次尖端人才

185

续表

序号	大学	全国第四轮学科评估"0825 航空宇航科学与技术"或其他支撑学科排名（2017年12月28日公布）	第一轮"双一流"建设的支撑强度（国家或所在省、直辖市、自治区）	第二轮"双一流"建设高校及建设学科	空天类学院对学校定位的支撑
32	华中科技大学		协调发展，形成与世界一流大学相适应的学科体系。战略性学科：网络空间安全、航空航天、船舶与海洋工程		
33	西安电子科技大学	0810 信息与通信工程（A）0811 控制科学与工程（B+）0804 仪器科学与技术（B）	2017年"一流学科建设高校"涵盖的"双一流"建设相关学科：信息与通信工程、计算机科学与技术 "信息通信与电子科学技术"和"电子科学与技术"两个优势学科进行建设。拟建设的学科方向包括：超高密度网络认知和组网理论、智能信息与智能通信系统、雷达系统、新体制雷达成像与识别、网络化基础理论与关键技术、宽禁带半导体电路、复杂环境下高性能集成天线系统、高性能电子装备、空天地多维光电信息感知	信息与通信工程、计算机科学与技术无变化	在全面建设社会主义现代化国家新征程中，学校坚持以习近平新时代中国特色社会主义思想为指导，秉承"全心全意为人民服务"的办学宗旨，以高质量发展为主题，全面落实立德树人根本任务，全面提升教育质量，为把学校建设成为特色鲜明的世界一流大学而不懈奋斗。空间科学与技术学院成立于2013年7月14日，是学校为满足国家航天发展需求支持发展重点、中国电子信息优势学科的重大举措。学校特别聘请中国科学院院士、中国航天科技集团科技委主任包为民担任院长，集中学校在空间科技通信导航制导、空间探测等领域的团队力量组建。学院是以空间科学前沿研究为重点，以国家需求为根本目标，以基础性、创新性发展急需的创新型人才培养为重点，以培养新型与工程结合紧密的一流和研究成果服务于国家重大发展需求

续表

序号	大学	全国第四轮学科评估"0825航空宇航科学与技术"或其他支撑学科排名（2017年12月28日公布）	第一轮"双一流"建设的支撑强度（国家或所在省、直辖市、自治区）	第二轮"双一流"建设高校及建设学科	空天类学院对学校定位的支撑
34	南京大学	0704 天文学（A+）0810 信息与通信工程（B）	2017年"双一流"建设高校涵盖的"双一流"建设相关学科：哲学、中国语言文学、外国语言文学、化学、天文学、大气科学、地质学、生物学、材料科学与工程、计算机科学与技术、化学工程与技术、环境科学与工程、图书情报与档案管理 天文与空间科学属于23个重点建设工程，数天基础与空间科学发展为9个重点重组的特色发展的空间科学与宇宙探索科群、地球科学与宇宙高峰为5个学科高峰	哲学、理论经济学、中国语言文学、外国语言文学、物理学、化学、天文学、生物学、大气科学、地质学、材料科学与工程、计算机科学与技术、化学工程与技术、矿业工程、环境科学与工程、图书情报与档案管理 增加理论经济学1个学科	面向未来，南京大学将坚持以习近平新时代中国特色社会主义思想为指导，深入贯彻习近平总书记关于建设"第一个南大"的指示精神，扎实推进习近平总书记给南京大学留学归学者著重要回信精神落地见效，聚力内涵式发展，着力高质量提升，以新时代"修齐治平"的理念与格局为主线，以系统性、协同性、前瞻性的综合改革为动力，积极探索具有南大风格的中国特色世界一流大学建设模式，努力为实现中华民族伟大复兴作出新的更大贡献 天文与空间科学学院的空间科学与技术体系是与国家的航天事业密切相关，通过与传统天文学、宇航科学、控制科学、计算机科学等诸多学科交叉发展起来的一门新兴学科
35	山东大学	0702 物理学（B+）0802 机械工程（B+）	2017年"双一流"建设高校涵盖的"双一流"建设相关学科：数学、化学	中国语言文学、数学、化学、临床医学 增加中国语言文学、医学2个学科	新的征程上，学校将在习近平新时代中国特色社会主义思想指引下，认真学习贯彻习近平总书记"七一"重要讲话精神和给《文史哲》编辑部全体编辑人员重要回信精神，聚势谋远，守正创新、追求卓越，只争朝夕，全面落实立德树人根本任务，深入实施"七大战略"，加快推进中国特色世界一流大学建设，为全面建成社会主义现代化强国、早日实现中华民族伟大复兴

续表

序号	大学	全国第四轮学科评估"0825 航空宇航科学与技术"或其他支撑学科排名（2017年12月28日公布）	第一轮"双一流"建设的支撑强度（国家或所在省、直辖市、自治区）	第二轮"双一流"建设高校及建设学科	空天类学院对学校定位的支撑
35	山东大学				贡献山大力量。空间科学与物理学始终秉承"为天下储人才,为国家图富强"的办学宗旨,高度重视学生培养,其学生多次获得国际重要奖项,现已成为我国空间科学和物理学高水平人才培养的重要基地之一。目前,学院已经确立了以"谋大事,干大事,成大事"为驱动的"七大战略",将努力实现"强院兴校"的发展目标,只争朝夕、砥砺奋进
36	长春理工大学	0804 仪器科学与技术（B）0803 光学工程（A-）	吉林省特色高水平学科"一流学科A类"名单:光学工程、机械工程;吉林省特色高水平学科"一流学科B类"名单:物理学、信息与通信工程、仪器科学与技术		新时代开启新征程,新起点勇担新使命。全校师生在习近平新时代中国特色社会主义思想指引下,在"明德、博学、求是、创新"的校训和"志存高远、坚毅自强、知行合一、追求卓越"的理工精神引领下,全面落实立德树人根本任务,持续增强综合办学实力和核心竞争力,为早日建成特色鲜明的高水平大学而不懈奋斗。光电工程学院:回眸过去,筚路蓝缕,励精图治,玉汝于成。光电工程学院建设与发展的总体目标是:建成以光电特色为优势,学风优良,水平领先,学科一流的教学研究型学院。学院将秉承老校长王大珩院士"实践求是,审时度势,传承辟新,寻优勇进"的理念,继往开来,继往前行

资料来源:各校主页上的各种信息综合查询,最后查阅更新日期为2022年11月7日。

七 空天类代表高校的产教融合探索

（一）北京航空航天大学深化校企合作、产教联合积极探索卓越工程师培养新路径

北京航空航天大学认真学习贯彻习近平总书记关于教育的重要论述，牢记为党育人、为国育才初心使命，把服务国家作为最高追求，坚持"四个面向"、践行"四个服务"，积极探索卓越工程师培养新路径，持续深化校企合作、大力推进产教联合，努力培养造就更多爱党报国、敬业奉献、具有突出技术创新能力、善于解决复杂工程问题的高素质工程技术人才。

完善体制机制，聚力卓越工程人才培养。成立由学校党委书记、校长任组长的人才培养工作领导小组，发布"新时代人才培养领航行动计划"，构建"强情怀、强基础、强实践、强融通"的人才培养"四强"模式。每年召开人才培养大会，将完善卓越工程师培养体系纳入年度重点工作持续推进。组建"未来空天技术学院"，成立专业学位研究生教育办公室，着力构建以前沿交叉学科、重大科研项目为核心的人才培养模式，探索推动本硕博一体化培养。建设卓越工程师学院，组建产教联合人才培养共同体，健全"校企共同招生、共同培养、共同选题、共享成果"以及"师资互通、课程打通、平台融通、政策畅通"的"四共四通"工作机制。实施特色人才培养专项，与相关行业企业合作开设"大型飞机高级人才班""航空发动机吴大观班"等项目，校企共同确定培养目标、设计培养方案、建立教学团队、开展课题研究等。截至2022年，已累计举办15届"高级人才班"，培养相关行业工程技术人才1000余人。

突出思想引领，坚定空天报国信念情怀。把思想政治教育融入人才培养全过程、各环节，在专业课程、实习实践、就业教育中上好"大思政课"，帮助学生厚植家国情怀。实施本科生培养导师制，为本科生配备学业、专业、科研和社会导师，对学生学习科研、职业发展等进行全方位指

导。凸显航空航天文化，打造"长鹰志""中国心""陀螺梦"等文化品牌，组织学生排演《罗阳》《百年守锷》等原创剧目，用身边榜样引导学生强化空天报国使命担当。组织行业企业专场宣讲，邀请行业专家学者举办专题讲座，持续开展行业形势分析、典型案例分享、先进人物宣传等活动，与学生面对面座谈交流，不断培养学生专业兴趣、激发学习动力。建立学生职业发展辅导专家库，加强与行业企业对接合作，鼓励支持更多优秀毕业生到重点行业、关键领域，到祖国最需要的地方建功立业。

坚持目标导向，探索人才培养特色路径。聚焦"高精尖缺"人才培养，布局加强新工科专业建设，先后增设了 15 个新工科专业。结合卓越工程技术人才培养规律和特点，制订特色人才培养方案，完善人才培养目标和毕业要求，注重科学基础、工程能力、系统思维和人文精神的交叉融合培养。鼓励博士生面向国家经济社会发展需求，以产教协同攻关的关键问题作为研究方向，以大型工程项目的论证、设计或实施为背景的技术成果申请学位。加强教师教育教学能力培训，改革教学方法和考试模式，不断提升教育教学质量。共建校企工程实践课程，组建校企联合授课团队，将行业前沿技术知识融入专业课教学，打造具有航空航天特色的通识导论课，开设"未来空天技术导论""航天器机构技术与应用""AI 开源计算系统前沿技术实践讲堂"等 60 余门工程实践课程，着力探索走好战略人才自主培养之路。

强化科研育人，打造科创融合优质平台。试点开设"科研课堂"，深化"寓教于研、寓研于学"的科研育人模式改革，布局建设"飞行器综合化数字实验教学平台"等多学科交叉融合的科教协同创新平台。实施"科研导师、实验室开放日、微课题"学生创新能力提升计划，把高水平科研资源转化为高质量育人资源，实现学生科技创新能力培养与教学科研体系的有效衔接。构建科创实践育人体系，深入实施大学生科学与工程训练计划、创新创业训练计划等，着力培养学生创新意识和创新能力。与行业企业共建"人工智能"等校企联合创新实验室，面向区域内高校开放共享。组织青年教师和学生走进厂所一线，聚焦行业和产业发展急需，切实提高关键核心技术攻关能力和独立解决复杂工程技术问题能力。

注重实践能力，深化产教联合协同育人。校企合作建设"先进飞行器高级人才联合培养基地"等全国示范性工程专业学位研究生联合培养基地，与企业联合建设国家产教融合创新平台、社会实习实践基地等，为学生接触学科前沿、开展科研实践创造条件，鼓励学生开展原创性实践活动。实施"卓越领军"工程博士专项计划，试点非财政拨款博士专项，鼓励重大科研项目经费与博士研究生招生培养有机衔接。成立卓越工程师产教联合培养研究中心，围绕产教融合的重大理论实践问题开展深入研究。实行校企双导师制度，牵头组建全国航空系统厂所校院实习共同体，落实本科生驻厂研究性实习制度，将生产实习作为工程训练的重要环节，着力帮助学生在动手实践中锤炼过硬本领。

（二）西安交通大学"四个强化"加快推进卓越工程师教育培养

西安交通大学认真学习贯彻习近平总书记关于教育的重要论述，牢记为党育人、为国育才初心使命，积极适应新一轮科技革命和产业变革新趋势，把卓越工程师教育培养作为"双一流"建设的重要任务，持续深化工程教育改革，努力培养造就爱党报国、敬业奉献、具有突出技术创新能力、善于解决复杂工程问题的卓越工程师队伍。

强化组织领导，构建协同联动新格局。学校党委将"协同育人，培养卓越工程人才"作为"十四五"规划重点任务，先后出台《"六卓越一拔尖"计划2.0实施方案》《"百千万卓越工程人才培养"计划》等文件，党委常委会、校长办公会定期专题研究、协调推进。建立创新创业联动协作工作机制，成立由校领导任组长的专项工作领导小组，相关部门和学院联合组建工作专班，着力构建校、院、专业三级落实体系。成立未来技术学院、现代产业学院、产教融合创新平台和创新联合体等，加强人员、资源统筹配置，持续推进多学科交叉人才培养模式改革。深化校企合作与科教融合，校领导带队走访企业和科研院所，鼓励支持教师主动对接外部资源，拓展校外实践育人平台，积极营造协同并进、开放共享的良好育人生态。

完善以目标为导向的督促激励机制，建立工作台账，按季度检查调度，将目标完成情况作为绩效考核重要指标，切实推动各项任务举措落地落实。

强化专业建设，完善人才培养新机制。聚焦"高精尖缺"专业建设，按照"试验班—新方向—新专业"建设路径，开设人工智能试验班、热流国际班、3D打印班等，试行新方案、新课程，探索与企业合作加强相关专业建设。面向新兴产业，通过专业规划、教改项目、大类招生等，支持引导传统专业转型升级。依托机械、能源动力、电气等优势专业，创办智能制造、新能源科学与工程、能源互联网等新工科专业。完善特色人才培养方案，根据专业培养目标和就业导向，调整优化31个工科专业的课程体系，实施课程大纲定期更新制度，及时引入行业领域前沿内容，获批国家级一流专业建设点61个。构建"规划—建设—评价—改进"闭环机制，围绕国家重大战略与经济社会发展需求，大力建设新兴专业，完善专业综合水平评估体系，覆盖生源、培养、资源、教改、质保、效果、特色等7个方面、35个观测点，每四年开展一轮校内自评。组织全部工科专业开展国家工程教育专业认证，不断提升学科专业建设质量。

强化校企合作，打造产教融合新平台。以国家重大项目为牵引，瞄准人工智能、储能科学与工程、智能制造、医工学等方向，探索构建本硕贯通的人才培养模式，建立纵向贯通式项目课程体系与横向衔接式理论课程体系，组建跨学科、校企融合师资队伍，不断提升卓越人才培养能力和水平。搭建产教融合创新平台，整合优势学科力量，联合相关行业企业，申请并获批国家储能技术产教融合创新平台。与相关行业企业、科研院所等共建多学科交叉创新联合体，打造科教一体、产教融合、科研创新、成果孵化全链条式协同育人新平台。实施校企联合"百千万卓越工程人才培养计划"，联合百家行业企业和科研院所，聘请千名卓越工程师，共同培养万名高素质工程师。2022年与52家单位合作，建设创新联合体项目34项，遴选企业导师192名，录取专项研究生187名。

强化目标导向，探索实践育人新模式。建设校企协同、学科专业交叉的"菁英班"，优化人才培养方案和课程体系，通过"一队一策双师资"和

"一人一题双导师"，推动实现学生修读专业方向、校企师资、实践育人和学生能力素质"四融合"，着力提升学生解决复杂工程问题能力。近年来，共建设 24 个"菁英班"，引进 115 名行业领域专家，覆盖校内所有工科学院。依托交叉创新实践平台开展国创项目、学科竞赛等 100 余项，学生在 VEX 机器人世界锦标赛、SAE 国际航空设计大赛等多个国际赛事中获得优异成绩。加强实验教学示范中心和实验室建设，拓展校外实践育人资源，年均开放 600 余个实验项目、吸引 4500 余名本科生参与，依托平台参加各类竞赛并获奖 400 余项，发表论文近 200 篇；建立 400 余个校外实践教育基地，年均开展实习实践 7000 余人次。构建以国家、省、校各级创新训练项目及学科竞赛为载体的分层次、结构化创新能力培养体系，每年投入经费 400 余万元，推进实施创新创业训练计划，近五年本科生获得专利授权 118 项。积极组织参加中国国际"互联网＋"大学生创新创业大赛等，累计获得国家级金奖 22 项，孵化学生创业企业 197 个。

（三）上海交通大学积极推进工程科技创新人才培养改革

上海交通大学深入学习贯彻习近平总书记关于教育的重要论述，坚持"四个面向"、践行"四个服务"，以新工科建设为抓手，持续深化工程教育改革，在学科专业、课程体系、产教融合、教师队伍、专业认证等方面多措并举、协同发力，努力培养适应和引领新一轮科技革命和产业变革的卓越工程科技人才。

服务国家战略，优化学科专业结构。按照符合国家战略发展需要、符合学校办学定位和办学特色、符合学校学科专业布局的原则，推进"四新"专业建设，不断优化学科专业设置，提升办学水平和质量。设立智慧能源创新学院、设计学院、海洋学院等，增设人工智能、智慧农业、可持续能源等新专业，着力培养新兴科技产业急需紧缺人才。发挥工科人才培养综合优势，联合 8 个工科学院，集聚 23 个一流工科专业，突出多学科交叉融合、创新行动力提升、团队协作能力建设等目标方向，设置通用专业基础课程模块，强化数理基础、力学、电学和信息学等课程，推进强基础、重交叉的"大专业"培养改革。每年约 2100 名工科新生进行"大专业"培养，不断探索创新人才培养模式。实施双学位项目改革，强化工科人才的理科基础，设立"机械＋数学""材料＋物理""能源＋化学"等 17 个应用型专业与基础性专业相结合的双学士学位培养项目，着力培养既有扎实专业知识，又能熟练运用基础学科理论和方法开展创新实践的高素质人才。

注重交叉融合，加强课程体系建设。优化设计 500 余门知识整合度高、实践结合度紧、学习挑战度大的课程，其中工科核心课程 191 门，着力打造理论与实践相互融合的课程体系，引导学生增强整体性和系统性学习，提升解决复杂问题的综合分析能力。探索工科专业项目式教学，加强自主探究，将工程技术需求提炼为课程项目，教师结合课程项目贴近实际讲授专业知识，指导学生组建跨专业团队集体协作完成项目，进一步提升团队合作意识和创新能力。积极打造共建共享的"交·通全球课堂"，与 20 多所海外知名高校共建"量子信息技术及实践""数字图像处理"等 42 门课程，中外教师同堂授课，多国学生同堂学习，着力拓宽学生的全球化视野，不断提升跨文化理解和沟通能力。

突出协同联动，抓实产教融合育人。瞄准国家双碳战略和行业卓越人才需求，与电力行业企业共建智慧能源创新学院，校企双方共同研制面向产业前沿的人才培养方案，加大办学资源和师资力量投入，着力培养复合型、交叉型、实践型、创新型人才。聚焦未来能源技术，与新能源企业等合作共建未来技术学院，共创培养体系、共建课程模块、共享人力资源、共同科技攻关，打造校园与科技园相互融通，人才培养与科技创新有机衔接的产教融合新平台。依托大学科技园、学生创新中心等，与行业企业共建人工智能、云计算等重点实验室，每年开设 100 余门企业课程及项目，让学生紧跟前沿发展，培养工程专业兴趣，不断提高实践应用能力。

坚持内外结合，强化教师队伍建设。健全校企合作长效机制，鼓励教师深入企业一线，合力解决企业发展面临的重大问题，促进基础研究和实践创新紧密结合，推动实践经验转化为教学资源，不断提升教师实践教学能力和水平。选聘校企"双导师"共同指导学生，围绕工程实践问题，在真实情景中培养学生的知识综合运用能力、复杂问题分析能力和创造性解决问题能力等。目前，已有50余家企业参与学生创新中心教学工作，一批优秀工程师、架构师组成的授课团队成为学校师资队伍的重要组成部分，与校内教师联合授课，促进企业需求与教育教学深度融合，打造覆盖基础实践训练、交叉创新探究、创新创业教育等方面的课程体系。持续深化教师队伍"分类发展"改革，推进实验技术队伍、技术转化队伍等专业化发展，积极营造"人人皆可成才、人人尽展其才"的发展环境，不断提升实验实践课程教师队伍的能力素质和教学水平。

推进专业认证，提升人才培养质量。以工程专业认证工作为抓手，持续加强人才培养全过程的质量标准体系建设，推动机械工程、材料科学与工程、电气工程及其自动化、土木工程、临床医学等22个专业通过国内外专业认证。按照价值引领、知识探究、能力培养、人格养成四大板块，形成20项具体目标，并有机融入课程思政内容，构建"学校培养目标—专业培养方案—课程教学大纲—学业考核标准"一体化的质量标准体系。完善校院协同管理机制，鼓励引导专业积极参加相关认证，不断完善"招生—培养—就业"全过程人才培养链条。引导专业围绕人才培养目标、课程体系设置、教育教学情况、师资队伍建设等方面，健全系统性、周期性评估与监督制度，积极营造卓越文化，进一步激发专业发展内生动力，不断提升人才培养质量。

八 分析与展望

（一）我国内地高水平航空航天类高校分析

从2013年初到2022年11月，历经10年的高校与学科变革，上述各类航空航天类高校或有航空航天类学科实力的高校变化很大，一方面，从"十二五"到"十三五"，我国航空和航天战略产业发展很快，航空航天政产学研的协同创新力度更大，对高校的学科建设、专业发展产生深刻的影响。另一方面,"双一流"建设又对高校,特别是高水平高校是否继续,或者加大在航空航天类学科建设方面的决策起到"检验"作用。在很多综合因素的作用之下,上述的一些高校分化很大,有的一度终止了航空航天学院的建设;更多学校的航空航天学院在学科建设、专业建设、产学研合作等方面集聚冲锋,为航空强国、航天强国和民航强国培养英才。如湖南大学于2010年3月,原力学与航空航天学院并入机械与运载工程学院,成立了新的机械与运载工程学院,自此之后,航空航天院系名称、专业、学科在该校和机械与运载工程学院都难觅其踪,但是在2021年10月底教育部网站发布的《2020年湖南省经动态调整增列的学位授权点名单》中,湖南大学把"航空宇航科学与技术"作为增列的"硕士一级"学位点,反映了该学科在该校又开始受到重视。也有的高校在此期间,抓住航空航天产业发展的重要战略机遇,培育出了航空航天类学科并取得了快速发展,如2013年12月,重庆大学以力学学科为基础正式成立航空航天学院。

结合之前的研究,按同比口径计算,2022年12月与2012年12月相比,在所研究的航空工业、民航、军航、其他类型航空航天高校中,共获得42所样本高校,其中经深入分析,去掉燕山大学等6所没有典型航空航天特色的高校,在剩下的36所高校中,截止到2022年12月底,有22所具有"航空宇航科学与技术"一级学科博士点,分别是航空工业的北航、南航、西工大、沈航等4所,军航的国防科技大学、空军工程大学、海军航空大学、火箭军工程大学、航天工程大学等5所,其他类型的北京理工大学、哈尔滨工业大学、西安交通大学、清华大学、南京理工大学、上海交通大学、浙江大学、电子科技大学、复旦大学、华中科技大学、同济大学、四川大学等12所高校,1所具有"安全科学与工程"民航特色一级学科博士点(中国民航大学)的高校,这22所属于高水平航空航天或民航类高校的第一阵营。除此之外的南昌航空大学、中国民用航空飞行学院、空军航空大学、陆军航空兵学院、哈尔滨工程大学、厦门大学、大连理工大学、中南大学、中北大学、北京大学、西安电子科技大学等11所高校为航空航天或民航类高校的第二阵营。既未设立航空航天类院系,又未设立航空航天类专业,但是在航空宇航科学与技术学科方面有较强研究实力的是南京大学、山东大学、长春理工大学等3所高校。

（二）讨论与展望

面向未来，有三个方面可以预测。

第一，上述第一阵营和第二阵营的航空航天类和民航类高校还会有大的发展。回顾过去，正是在《国民经济和社会发展第十个五年计划科技教育发展专项规划（科技发展规划）》中对航空航天、高性能对地观测卫星与应用等战略高技术研究做了重点部署。《国家中长期科学和技术发展规划纲要（2006—2020年）》中，在重点领域及其优先主题的交通运输业部分，明确发展思路之一是提高飞机、汽车、船舶、轨道交通装备等的自主创新能力；在重大专项中，明确了大型飞机、高分辨率对地观测系统、载人航天与探月工程等16个重大专项；在前沿技术部分，列出了空天技术；在基础研究部分，将航空航天重大力学问题作为面向国家重大战略需求的基础研究的十大任务之一。可以说正是面向这一时期的国家战略需求，才形成了上述这些非航空工业、非民航、非军航的高水平高校在航空航天领域的战略布局、学科发展、产学研结合。而党的十九大确立的第二个百年的强国建设目标和2035年远景目标纲要，将进一步引领上述航空航天类高校的高强度发展。

第二，我国港澳台也有一批航空航天类高校，与2012年底相比也有一些新的变化，限于篇幅，有关研究和结论不在本书呈现。

第三，一批新兴航空航天类高校或民航高校已经快速成长。之前，本章是以2013年初选择的航空工业高校（大学）、民航类高校（本科）、军航类高校（本科）、国防工业、"211"（含"985"）高校复合型样本为基点进行的分析。但是如果分析2013年初到现在的其他本科院校或"211"高校中稍晚进入航空航天特色学科建设的高校情况，又会发现新的"蓝海"。

如果考虑职业教育目录中航空装备类、航空运输类在职业院校的本科、专科、中专层次的分布；再考虑2018年4月更新的《学位授予和人才培养

学科目录》中，一些航空航天类可能在电子信息、机械、能源动力、交通
运输等领域授予航空、航天、民航类专业硕士、专业博士高级人才，那么
在我国航空强国、航天强国、民航强国的建设征程中，人才链、创新链、
产业链互相支撑，各类航空航天高校的学科群、专业群与航空航天产业发
展紧密结合的创新生态体系将更趋完善。

第五章　中国新生空天类高校
发展动态

一　培育航空类高校的"河南现象"

（一）河南航空高校的发展基础

河南省历史较长的航空类高校，一个是郑州航空工业管理学院，另一个是中国民用航空飞行学院洛阳分院。

郑州航空工业管理学院自身的表述是河南省唯一一所具有鲜明航空特色的全日制普通本科院校。学校始建于 1949 年，时称平原省财经学校，1964 年全国 16 所航空学校调整，更名为郑州航空工业学校，1978 年升格为郑州航空工业管理专科学校，1984 年升格为郑州航空工业管理学院（本科）。1999 年学校隶属关系发生转变，由中国航空工业总公司主管转变为中央与地方共建，2009 年通过硕士单位立项建设评审，2013 年新增为硕士学位授予单位，2017 年入选国家中西部高校基础能力建设工程规划高校。2017 年 12 月成为河南省人民政府与中国民用航空局共建高校，进入省部共建高校行列。在 2020 年 6 月底由河南省教育厅、河南省发展改革委、河南省财政厅发布的《关于公布河南省特色骨干大学和特色骨干学科建设名单的通知》中，该校航空产业技术学科群和航空经济与管理学科群分别进入"河南省特色骨干学科建设学科（群）"的 B 类和 C 类。在 2021 年河南省确定的"两个确保，十大战略"及有关"十四五"的专项规划中，明确该校将更名为"郑州航空航天大学"，2022年7月新校长刘代军到位，该校正在更名大学、建设博士点的新征途上奋力前行。

中国民用航空飞行学院洛阳分院是中国民用航空飞行学院下辖的五个飞行分院之一，也是唯一在豫的飞行分院（副司局级），位于河南省洛阳市北郊机场，洛阳分院前身为1959年下半年成立的中国人民解放军第十四航空学院第三训练团，1963年在四川广汉重新组建，1993年搬迁至古都洛阳，与原洛阳航站整建制合并为中国民用航空飞行学院洛阳分院。洛阳分院集飞行教学训练与航空运输生产两项主业于一体，根据洛阳师范学院就业创业中心于2022年11月25日发布的《2022年秋季中国民用航空飞行学院洛阳分院公开招聘工作人员公告》，洛阳分院在当时有各类教职工500余人，飞行教师100余人，执管64架初教机、10架中教机、2架高教机，全年可完成6万余小时的训练任务，年培养飞行员400名左右。分院成立以来，已累计完成飞行教学训练超过110万小时，起降超300万架次，有1万余名中国和外国的民航飞行人员在分院毕业或学习过。2019年8月28日，分院实现自建院以来的第56个飞行安全年，再次刷新世界通航业界独立运行机构最好的安全运行纪录。为推进"分院+基地"战略的实施，落实学院开拓北方训练网络的要求，分院启动建立山西芮城训练基地工作。2018年7月14日，学院与山西省芮城县人民政府签订了《战略合作框架协议》，明确洛阳分院入驻芮城航空产业园区，设立飞行培训基地并开展飞行训练。2019年9月29日，山西省芮城县通航机场举行了奠基和开工建设仪式。该机场建成后将成为洛阳分院重要的飞行训练基地，能有效缓解本场训练压力，提升飞行总量，完善中国民用航空飞行学院北方训练网络，为早日实现洛阳分院"一网两牌一基地"奠定了基础。洛阳分院根据中国民用航空飞行学院提出的"全面建成世界高水平民用航空飞行大学"的目标，进一步加强人才队伍建设、为学院加快创建"双一流"高水平特色大学贡献力量。

（二）在"内生外引"中河南完善航空高校的阵列

1. 省内两大高校迅速生成航空特色

从河南省内来看，安阳工学院和中原工学院发展航空的强力举措，对郑航造成很大挤压。

安阳工学院的战略定位是在国家新工科建设大背景下，围绕服务中原经济区、郑州航空港经济综合实验区和安阳航空运动之都等建设需求，打造航空特色鲜明的航空专业集群，建设特色鲜明应用型大学。从截止到2022年6月的数据来看，该校在航空特色的建设上发展迅速，是全国第九所、河南省第一所培养飞行员的高校，学校着力打造航空、先进装备制造、土木建筑、化学化工、电子电气与信息技术、生物食品及农产品等六大工科专业集群和应用文科专业集群。学校建有"飞行器仿真与机载设备"重点实验室，投入6000余万元建成飞行机务实训中心、物流实训中心和民用航空虚拟仿真教学中心，拥有B737 - 300、小鹰500教练机等6架实训飞机以及民航CBT、陆空通话、飞行模拟、空客A320 - 3D模拟维护、国际货代、三维物流互动仿真、综合业务模拟和空港智能仓储等30个实训室。学校建有独立资质的CCAR - 147部飞机维修培训机构和考点、河南省示范校重点建设产业学院——智慧民航学院，与河南民航发展投资集团有限公司、安阳市人民政府携手共建民航141部新丝路国际飞行学院，与莫斯科国立民用航空技术大学共建非独立法人中外合作办学机构——"安阳工学院莫斯科航空科技学院"，与中国民航管理干部学院、昆明航空有限公司、南方航空公司河南分公司、中航通飞有限公司、美国航空运动协会（ASA）、台湾"中华科技大学"、美国塞拉航校、美国ISCAO航校等合作培养航空人才。学校获批"河南省航空＆建筑科普教育基地""全国农产品质量安全与营养健康科普工作站"2个科普教育基地；获批联合建设"国家精准农业航空施药技术国际联合研究中心安阳工学院分中心"等3个国家级科研平台分支基地；获批联合共建"农业部航空植保重点实验室""河南省航空复合材料螺旋桨及旋翼工程研究中心"等9个省部级科研平台。学校着力提升创新创业能力，构建协同育人机制。学校现有南方航空河南分公司等校外实习实训基地 226 个，学校注重实施"以赛促建、以赛促学、以赛促教"，以科技创新和专业竞赛为抓手，促进学生实践创新能力与专业素养教育深度融合。近 3 年，该校学生在科研类航模比赛暨国际飞行器设计大赛等各类比赛中获得省级以上奖项 1676 项。学校坚持"地方性""应用型"办学定位，抢抓机遇，聚力重干，创新发展，按照既定的"1324"发展思路，为把学校建设成特色鲜明的应用型大学而努力奋斗。

安阳工学院在有关"航空航天类"专业、"民航类"专业、"航空宇航科学与技术"学科建设方面积极推进。该校依托 2012 年创办的飞行技术本科专业，跨学科、跨学院、跨专业办专业，整合资源做大做强航空专业集群。截至 2022 年 7 月，开办了飞行器制造工程、飞行器质量与可靠性、飞行技术、飞行器适航技术、交通运输（民航交通方向）、交通运输（合作办学）、电子信息工程（航空电子方向）、物流管理、安全工程、播音与主持艺术、商务英语（民航服务英语方向）等 11 个本科专业或方向；在 2021 年的专科招生计划中，还有直升机驾驶技术、民航空中安全保卫 2 个专业，而在 2022 年的专科招生计划中只剩下了民航空中安全保卫 1 个专业。这些专业主要集聚在飞行学院，但是依托机械工程学院、电子信息与电气工程学院、外国语学院等学院也办有 3 个专业或方向。2018 年 3 月，该校"人机与环境工程"学科获批河南省第九批省级二级学科重点学科立项建设，该学科属于"航空宇航科学与技术"一级学科之下的二级学科。总体来看，该校的航空专业集群和航空特色学科建设卓有成效。

中原工学院也是后发先至，在航空大学的创建上先声夺人。中原工学院一直在认真思考主动融入地方经济社会发展和国家重大战略需求的具体路径。经过四年的不懈努力，2017 年，与俄罗斯联邦圣彼得堡国立宇航仪器制造大学合作创办的中原彼得堡航空学院，获教育部批复成立。这是河南省与世界著名大学合作办学的新突破，也标志着河南省在航空航天领域人才培养上进入更高的平台。2018 年 7 月 15 日，两所高校又在俄罗斯正式签署协议，合作创办中原彼得堡航空技术协同创新中心，省委主要领导出席签字仪式并对未来中原工学院的发展提出"三点希望"。该校为了把与俄罗斯联邦圣彼得堡国立宇航仪器制造大学的合作项目建设成为人才培养的平台、智力引进的平台和科技创新的平台，真正办成中俄合作交流的典范项目，加大改革创新，实施内部变革，进行战略转型，实施了一系列举措：一是与俄罗斯联邦圣彼得堡国立宇航仪器制造大学成立了联合管理委员会和中俄国际教育合作领导小组，从管理机制上为确保合作项目稳定运转奠定了良好基础；二是按照"高水平、国际化、有特色"的目标建设中原彼得堡航空学院，将建成拥有航空科学与工程、自动化科学与电气工程、材料科学与工程、机械工程及自动化等学科方向，在校本科生6000人、研究生2000人的航空特色大学；三是紧紧围绕郑州航空港经济综合实验区发展和中俄在航空领域重大合作项目的科技创新需要，高标准建设中原彼得堡航空技术协同创新中心，出台支持政策，为协同创新中心的建设提供保障，积极引进俄方大学航空电子系统与导航、航空仪表与测量等方面的院士专家团队，依托中俄双方力量组建研发团队、凝练学科方向、制订研发方案，加快推进协同创新；四是在郑州航空港经济综合实验区或周边筹建国际校区，按照国际化的定位制定校区的特色建设规划，为航空技术人才培养与科学研究提供优良的硬件环境。查询该校近年的本科招生计划后发现，该校的电子信息学院2018年开始招收飞行器控制与信息工程、无人驾驶航空器系统工程两个专业；2020年开始，这两个专业按照航空航天类招生；查询其2022年的本科招生计划，上述两个专业仍然按照航空航天类一本招生。2018年，该校的中原彼得堡航空学院开始招收软件工程、测控技术与仪器、电气工程及其自动化三个本科专业；2022年，这三个专业仍在中原彼得堡航空学院体系内按照一本招生，但是专业并没有体现出鲜明的航空特色。

2020年6月29日，河南省教育厅公布的《河南省特色骨干大学和特色骨干学科建设名单》中，中原工学院没有进入9个河南省特色骨干大学建设高校的名单，但是该校的纺织服装新材料及高端装备学科群（B类）、智能与航空信息技术学科群（C类）进入了河南省41个特色骨干学科建设学科（群）名单，所以该校过去孜孜以求的纺织服装和航空技术学科特色鲜明的建设成效已经呈现。据报道，该校将在尉氏县开港经济区建立国际校区、将在郑州上街区设立民航校区，两大校区的建设将有力地支撑学校的更名大学、获得博士点授权等建成国内一流特色骨干大学的发展目标。根据 2022 年 7 月 30 日更新的信息，由于河南省高校战略部署的改变，要以该校为主体建设河南电子科技大学，所以该校的简介中不再突出航空特色，其表述变为"中原工学院是一所以工为主，以电子信息和纺织服装为特色优势，工、管、艺、理、文、经、法、哲等多学科协调发展的河南省特色骨干学科建设高校"。站在新的历史起点上，该校提出了"实现更名大学、获得博士授权、建成高水平工科大学"的"三步走"发展战略，力争到 21 世纪中叶把学校建成国内先进、电子信息类学科特色鲜明的新型研究型工科大学。

2. 河南省积极吸引中国民航大学落户港区

2009 年开始，中国民航大学就承担了郑州航空港区临空产业规划编制工作。2013 年，郑州航空港经济综合实验区获批不久，中国民航大学与河南省人力资源和社会保障厅、河南日报报业集团签署三方合作协议，"中国民航大学河南教育中心"正式揭牌。2014 年，时任中国航空运输协会副理事长、中国民航大学校长的吴桐水表示，希望中国民航大学在郑州建设一所民航学院。2019 年 12 月 26 日，河南省教育厅赴中国民航大学，洽谈省校合作事宜，双方在办学定位、合作模式等方面初步达成共识。

2020 年 8 月 21 日，中国民航大学拟在郑州航空港经济综合实验区设立郑州校区的推进工程进入一个历史性时刻。该日，民航局副局长崔晓峰在京会见河南省副省长霍金花一行，双方就进一步推进河南省民航教育发展深入交换了意见。崔晓峰表示，近年来，河南省委、省政府大力实施民航优先发展战略，把做优做强做大航空优势产业作为河南经济提速换挡的强劲"引擎"。民航局与河南省始终保持着紧密联系，不断开拓局省合作新领域，致力于航空教育发展和人才培养，这与 2020 年全国民航工作会议提出的"加强科技创新战略规划引领"任务是相适应的。建议河南省在与中国民航大学的合作中，转变发展理念，以培养高技术、高层次、高水平民航人才为目标，重点结合民航产业发展新动能，打造特色、优势学科，发挥行业引领和示范作用，实现河南省民航发展新旧动能转换和产业升级、民航大学科研创新和人才培养"双促进""双提升"。霍金花对民航局长期以来给予河南经济社会发展的关心和支持表示感谢。同时，中国民航大学拟在郑州航空港经济综合实验区设立郑州校区，为河南省民航发展提供专业人才和科技支撑，希望在此方面得到民航局的支持与帮助。

但是，由于国家对高校跨区域办学有关规范文件的出台，中国民航大学在河南省建分校的举措已经终止。

二　区域战略驱动的典型新生空天类高校分析

本部分按照三个线索，构建我国新生空天类本科高校集群。第一条线索是依托河南省招生办公室近年出版的《招生考试之友》，扫描获取当年在河南省招生的所有高校信息；第二条线索是上海软科教育信息咨询有限公司的 2022 年"软科中国最好学科排名"和"软科中国大学专业排名"。第三条线索是根据 2017 年以来国务院学位委员会公布的硕士、博士授予单位及授权点文件分析而来。

根据第一条线索，按照我国东部地区、东北地区、中部地区和西部地区四大经济区域的划分，参照《普通高等学校本科专业目录（2020 年版）》，参照 2018 年 4 月更新的《学位授予和人才培养学科目录》，对近五年新增的含有航空宇航科学与技术、交通运输工程（看是否与民航有关）一级学科或其二级学科的有关高校进行扫描，分析其发展特点，总结一般性规律。从 2020 年的分析来看，东部地区、中部地区、西部地区有新增的空天类高校或民航高校，而东北地区没有，2020 年扫描共发现了 13 个省份的 21 所新增空天类高校或民航高校。

根据第二条线索，首先来看 2022 年"软科中国最好学科排名"中的"0825 航空宇航科学与技术"学科，发现在该年排名中，太原理工大学和中山大学是新出现的，分别排列在"前 50%"的最后两位，排名分别是第 17

位、第 18 位。再回溯 2017～2021 年这五年的"0825 航空宇航科学与技术"学科排名，均无发现其他新增空天类高校。

根据第二条线索，再来看 2021 年、2022 年"软科中国大学专业排名"中的"航空航天类"专业。"软科中国大学专业排名"于 2021 年首次发布，排名覆盖 92 个专业类的 500 多个本科专业，发布了近 3 万个专业点，是迄今为止规模最大的中国大学本科专业排名。排名采用独具特色的学校 - 学科 - 专业三层次专业竞争力评价框架，设置学校条件、学科支撑、专业生源、专业就业、专业条件 5 个指标类别 19 项指标，对 1200 多所高校的 6 万个本科专业点进行了动态监测式评价。

最后，根据第二条线索，分析 2021 年、2022 年"软科中国大学专业排名"中的"交通运输类"专业。该类专业一共有 7 个，排除明显与民航无关的专业，只剩下"交通运输""交通工程""飞行技术""交通设备与控制工程""智慧交通"5 个，但是除"飞行技术"专业之外，无法从其他专业的名称中辨别其是否属于"空管或签派"等有关民航类的专业，因此本部分只从"飞行技术"专业的 2021 年和 2022 年排名中去寻找"新增"空天类专业的高校。

合并第二条线索，共发现新增高校 19 所，分别是：太原理工大学、中山大学、合肥工业大学、天津工业大学、上海工程技术大学、重庆交通大学、北华航天工业学院、贵州理工学院、常州工学院、临沂大学、黄河交通学院、西华大学、中国消防救援学院、昆明理工大学、中原工学院、台州学院、云南警官学院、滨州学院、黑龙江八一农垦大学（见表 5 - 1）。按照我国四大经济区域可归纳为：东部地区 9 所，分别是中国消防救援学院（北京市）、北华航天工业学院（河北省）、天津工业大学（天津市）、临沂大学（山东省）、滨州学院（山东省）、常州工学院（江苏省）、台州学院（浙江省）、上海工程技术大学（上海市）、中山大学（广东省）；东北地区 1 所，黑龙江八一农垦大学（黑龙江省）；中部地区 4 所，分别是太原理工大学（山西省）、合肥工业大学（安徽省）、中原工学院（河南省）、黄河交通学院（河南省）；西部地区 5 所，分别是昆明理工大学（云南省）、云南警官学院（云南省）、贵州理工学院（贵州省）、西华大学（四川省）、重庆交通大学（重庆市）。

表 5 - 1　空天类与民航类专业新增高校

"航空宇航科学与技术"学科	2022 年新增排名高校	2017～2021 年新增排名高校
航空宇航科学与技术	全部 18 所，新增：太原理工大学，排名第 17 位；中山大学，排名第 18 位	五年均无新增
航空航天类专业类型	2022 年新增排名高校	2021 年新增排名高校
航空航天工程	全部 9 所，中山大学为新增，排名第 9 位	全部 9 所，中山大学为新增，排名并列第 8 位
飞行器设计与工程	全部 15 所，无新增	全部 13 所，无新增
飞行器制造工程	全部 19 所，有新增：合肥工业大学，排名第 10 位；天津工业大学，排名第 11 位；上海工程技术大学，排名第 12 位；重庆交通大学，排名第 13 位；北华航天工业学院，排名第 14 位；西安航空学院，排名第 16 位；贵州理工学院，排名第 17 位；常州工学院，排名第 18 位；临沂大学，排名第 19 位	全部 17 所，有新增：合肥工业大学，排名第 10 位；上海工程技术大学，排名第 11 位；重庆交通大学，排名第 12 位；西安航空学院。排名第 14 位；北华航天工业学院，排名第 15 位；贵州理工学院，并列第 16 位；黄河交通学院，并列第 16 位
飞行器动力工程	全部 12 所，有新增：重庆交通大学，排名第 12 位	全部 11 所，无新增
飞行器环境与生命保障工程	全部 2 所，无新增	全部 2 所，无新增
飞行器质量与可靠性	全部 3 所，无新增	全部 2 所，无新增
飞行器适航技术	全部 4 所，有新增：西华大学，排名第 4 位	全部 3 所，无新增
飞行器控制与信息工程	全部 7 所，有新增：中国消防救援学院，排名第 6 位；昆明理工大学，排名第 7 位	全部 4 所，无新增
无人驾驶航空器系统工程	全部 11 所，有新增：郑州航空工业管理学院，排名第 6 位；中原工学院，排名第 7 位；北华航天工业学院，排名第 9 位；西华大学，排名第 10 位；台州学院，排名第 11 位	全部 7 所，有新增：西华大学，排名第 5 位；云南警官学院，排名第 6 位；台州学院，排名第 7 位

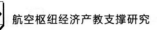

交通运输类专业类型	2022 年新增排名高校	2021 年新增排名高校
飞行技术	共 10 所，有新增：上海工程技术大学，排名第 5 位；滨州学院，排名第 6 位；黑龙江八一农垦大学，排名第 7 位；昆明理工大学，排名第 8 位；太原理工大学，排名第 9 位	全部 10 所，有新增：昆明理工大学，排名第 5 位；滨州学院，并列第 6 位；上海工程技术大学，并列第 6 位；太原理工大学，排名第 8 位

再将第一条线索、第二条线索合并，求其并集，这样共发现新增高校32 所，按照我国四大经济区域可归纳为：东部地区 16 所，分别是中国消防救援学院（北京市）、河北科技大学（河北省）、北华航天工业学院（河北省）、天津工业大学（天津市）、山东交通学院（山东省）、烟台南山学院（山东省）、临沂大学（山东省）、滨州学院（山东省）、常州工学院（江苏省）、台州学院（浙江省）、宁波诺丁汉大学理工学院（浙江省）、上海工程技术大学（上海市）、上海建桥学院（上海市）、中山大学（广东省）、北京理工大学珠海学院（广东省）、广州交通大学（广东省）；东北地区 1 所，黑龙江八一农垦大学（黑龙江省）；中部地区 7 所，分别是太原理工大学（山西省）、合肥工业大学（安徽省）、安阳工学院（河南省）、中原工学院（河南省）、黄河交通学院（河南省）、安阳学院（河南省）、南昌理工学院（江西省）；西部地区 8 所，分别是内蒙古工业大学（内蒙古自治区）、昆明理工大学（云南省）、云南警官学院（云南省）、贵州理工学院（贵州省）、西华大学（四川省）、重庆大学（重庆市）、重庆交通大学（重庆市）、桂林航天工业学院（广西壮族自治区）。

根据第三条线索，发现在 2022 年 7 月 12 日发布的《国务院学位委员会关于下达 2021 年动态调整撤销和增列的学位授权点名单的通知》中，西南交通大学在 "2021 年经动态调整增列的学位授权点名单（分省）" 中，获得 "0825 航空宇航科学与技术" 一级学科硕士点；中国科学院大学于 2022 年 7 月 12 日，在《国务院学位委员会关于下达 2021 年学位授权自主审核单位撤销和增列的学位授权点名单的通知》中，成为 "0825 航空宇航科学与技术"一级学科博士点。

合并三条线索，这样共发现新增高校34所，因为安阳工学院和中原工学院在培育航空类高校的"河南现象"里已经分析过，所以以下只对其他32所高校进行分析。

本书对其他32所新生的空天类和民航类高校进行全方位的扫描分析，主要依据是学校主页信息、2022年的本科生招生计划、2023年的硕士研究生招生目录、2022年或2023年的博士研究生招生目录，目标是发现航空航天类专业或交通运输类（看是否与民航有关）专业，并且按照航空宇航科学与技术、交通运输工程（看是否与民航有关）进行学科分析，以描述这些学校的空天或民航特色。

（一）东部地区扫描分析

经分析，东部有8个省、直辖市含新增空天类高校或民航高校17所，其中北京市2所、河北省2所、天津市1所、山东省4所、江苏省1所、浙江省2所、上海市2所、广东省3所。具体情况如下：中国科学院大学（北京市）、中国消防救援学院（北京市）、河北科技大学（河北省）、北华航天工业学院（河北省）、天津工业大学（天津市）、山东交通学院（山东省）、烟台南山学院（山东省）、临沂大学（山东省）、滨州学院（山东省）、常州工学院（江苏省）、台州学院（浙江省）、宁波诺丁汉大学理工学院（浙江省）、上海工程技术大学（上海市）、上海建桥学院（上海市）、中山大学（广东省）、北京理工大学珠海学院（广东省）、广州交通大学（广东省）。

1. 中国科学院大学

中国科学院大学（简称国科大），是一所以科教融合为办学模式、研究生教育为办学主体、精英化本科教育为办学特色的创新型大学。国科大的研究生教育，发端于中国科学院的人才培养。1955年8月，《中国科学院研究生暂行条例》由周恩来总理签发后颁布实施。1964年9月，中国科学院在北京试办中国科学院研究生院。1977年，中国科学院率先恢复研究生招生，为适应各研究所招收和培养研究生的需要，在北京成立了中国科学技

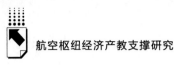

术大学研究生院。1978 年，恢复招生后的首批研究生入学。1982 年，中国科学院党组批准研究生院同时使用"中国科学院研究生院""中国科学技术大学研究生院"两个名称。2000 年 12 月，学校更名为中国科学院研究生院。2005 年，中国科学院管理干部学院并入中国科学院研究生院。2012 年 6 月，中国科学院研究生院更名为中国科学院大学，并于 2014 年开始招收本科生，形成了覆盖本、硕、博三个层次的高等教育体系。国科大以"科教融合、育人为本、协同创新、服务国家"为办学理念，与中国科学院直属研究机构（包括所、院、台、中心等，以下简称培养单位）在管理体制、师资队伍、培养体系、科研工作等方面高度融合。学校由京内 4 个校区（玉泉路、中关村、奥运村、雁栖湖）、京外 5 个教育基地（上海、武汉、广州、成都、兰州）和分布在全国的 116 个培养单位组成。近年来，国科大不断深化科教融合体制机制改革和组织建设，实现了与各培养单位的"共建、共治、共享、共赢"。截至 2021 年 12 月，学校共有直属教学科研单位 72 个，其中院系 47 个，其他各类科教机构 25 个。

中国科学院大学航空宇航学院（School of Aeronautics and Astronautics）成立于 2018 年 10 月 25 日，由中国科学院工程热物理研究所、中国科学院空间应用工程与技术中心、中国科学院微小卫星创新研究院、中国科学院国家空间科学中心、中国科学院空天信息创新研究院、中国科学院自动化研究所等单位协同共建。学院在中国科学院工程热物理研究所的引领下，充分发挥科教融合的机制优势，得到了较大发展。2022 年 7 月 12 日，在《国务院学位委员会关于下达 2021 年学位授权自主审核单位撤销和增列的学位授权点名单的通知》中，国科院成为"0825 航空宇航科学与技术"一级学科博士点。

中国科学院大学扫描分析结果如表 5 - 2 所示。

表 5 - 2　中国科学院大学扫描分析结果

学校文化	大学精神："两弹一星"精神是国科大文化的历史根基和精神脉络。学校不仅注重培养学生勤学善思、严谨求真、勇于创新的科学素养，谦逊务实、坚韧执着、

续表

学校文化	追求卓越的科研品格，更将科学家精神和家国情怀植根大学文化的传承，培育学生胸怀天下、服务国家的使命意识和责任担当。继承中国科学院"科学、民主、爱国、奉献"的传统，发扬"唯实、求真、协力、创新"的院风，培育"博学笃志"的价值追求，涵养"格物明德"的人格气质，促进学生的全面发展 大学愿景：面向未来，国科大将坚持社会主义办学方向，依托怀柔综合性国家科学中心建设，聚集一流师资队伍、建设一流学科体系、产出一流创新成果、培养一流创新人才。到 2025 年，国科大整体实力将进入世界一流大学前列；到 2035 年，国科大将跻身世界顶尖大学行列，为我国的高等教育和科技创新探索出一条独具特色、科教融合、协同创新的成熟道路，为中华民族伟大复兴和世界科技进步做出卓越贡献 航空宇航学院愿景：学院秉承中国科学院大学"博学笃志、格物明德"的校训，继承中国科学院"科学、民主、爱国、奉献"的传统，以建成具有科教融合特色的国际一流、国内领先的航空宇航学院为目标，正在成为我国航空宇航领军人才的培养基地以及国家航空宇航重大科技进步的创新基地
相关科研平台	截至 2021 年 12 月，分布在各研究生培养单位的 23 个国家重大科技基础设施、两个国家研究中心、73 个国家重点实验室、191 个中国科学院重点实验室、8 个国家工程研究中心、17 个国家工程技术研究中心、14 个国家工程实验室，以及众多国家级前沿科研项目，为学生培养提供了世界一流的科研创新实践平台
相关学院及机构	数学科学学院、物理科学学院、核科学与技术学院、天文与空间科学学院、航空宇航学院、工程科学学院、人工智能学院、化学科学学院、化学工程学院、材料科学与光电技术学院、光电学院、纳米科学与技术学院、未来技术学院、海洋学院、地球与行星科学学院等 43 个院系中心 航空宇航学院：成立于 2018 年 10 月 25 日，学院的主干学科是航空宇航科学与技术一级学科，并根据相关院所科学研究与科研任务的需要，重点发展飞行器设计、推进与动力工程、系统工程、信息与控制等二级学科或方向，依此下设了飞行器设计、推进与动力工程、系统工程、信息与控制等 4 个系
相关专业	学校现有数学与应用数学（华罗庚数学实验班）、物理学、化学、生物科学、材料科学与工程、计算机科学与技术、电子信息工程、环境科学、天文学、理论与应用力学（郭永怀力学实验班）、人文地理与城乡规划、网络空间安全、电气工程及其自动化、心理学、人工智能共 15 个本科专业
相关学科	国科大拥有完备的学科体系。截至 2021 年 12 月，共有博士学位授权一级学科点 46 个，分布在哲学、经济学、教育学、历史学、理学、工学、农学、医学、管理学 9 个学科门类；硕士学位授权一级学科 57 个，分布在哲学、经济学、法学、教育学、文学、历史学、理学、工学、农学、医学、管理学 11 个学科门类。此外，国科大还拥有金融、应用统计、应用心理、翻译、电子信息、机械、材料与化工、资源与环境、能源动力、土木水利、生物与医药、农业、药学、工商管理、公共管理、工程管理 16 类专业学位授权点。在保持自然科学领域学科优势的同时，国科大近年来不断加强应用学科、新兴交叉学科以及人文、社会科学学科的建设，在管理学、哲学、医学、心理学、经济学、法学等学科的实力也逐渐显现。有博士后流动站 99 个 国科大是国务院学位委员会首批授权学位自主审核的 20 所高校之一。根据全国

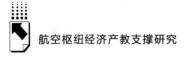

续表

相关学科	第四轮学科评估结果，国科大30个学科被评为A类，其中A+学科18个。在2022年3月公布的ESI（Essential Science Indicators）最新数据中，国科大全球排名第42位，位列内地高校第1位。在ESI全部22个学科排名中，国科大材料科学、化学、环境/生态学跻身ESI前1‰行列；材料科学、化学、环境/生态学、植物与动物科学、地球科学、生物与生化、物理学、农业科学、工程科学等9个学科进入ESI前1‰；19个学科进入ESI前1%学科
研究生招生	2023年硕士研究生招生：航空宇航学院及相关的国家空间科学中心、工程热物理研究所、空间应用工程与技术中心、微小卫星创新研究院、空天信息创新研究院，航空宇航科学与技术一级学科，设飞行器设计、航空宇航推进理论与工程、航空宇航制造工程等3个二级学科 2023年博士研究生招生：航空宇航学院及相关的国家空间科学中心、工程热物理研究所、空间应用工程与技术中心、微小卫星创新研究院、空天信息创新研究院，航空宇航科学与技术一级学科，设飞行器设计、航空宇航推进理论与工程、航空宇航制造工程等3个二级学科。上述5个研究机构在相关二级学科下设立不同的方向

资料来源：中国科学院大学官网，最后访问日期为2023年4月4日。

2. 中国消防救援学院

中国消防救援学院坐落于北京市昌平区，校园占地面积73.33余公顷。学院是我国第一所专门的消防救援高等院校，是国家综合性消防救援队伍的重要组成部分。学院前身为1978年9月成立的黑龙江省森林警察总队教导队；2000年5月由内蒙古、黑龙江、吉林森林警察学校调整合并为武警森林指挥学校；2003年6月由黑龙江省哈尔滨市迁入北京市昌平区办学；2004年7月开办本科教育；2006年9月由武警黄金技术学校、武警森林指挥学校和武警水电技术学校合并组建为武警警种指挥学院，隶属武警森林指挥部领导管理；2011年8月更名为武警警种学院，隶属武警部队直接领导管理；根据党中央、国务院跨军地改革决策部署，2018年9月29日学院整体转隶应急管理部，在整合消防院校力量和资源的基础上，12月29日更名组建为中国消防救援学院。

中国消防救援学院扫描分析结果如表5-3所示。

表 5 - 3　中国消防救援学院扫描分析结果

学校文化	面向未来，学院将以推进高质量育人为主题，以教育改革创新为动力，以推动应急管理事业发展为根本目的，以本科教育为主体、研究生教育与继续教育协调发展为两翼的"一体两翼"教育新格局，为加快建设成一所"具有鲜明特色的、高质量的、与大国应急管理体系地位相匹配的消防救援高等院校"而努力奋斗
相关科研平台	建有 1 个部级研究中心（应急管理部森林草原防灭火研究中心），3 个校局共建研究中心（与北京市应急管理局共建的应急与防灾研究中心、应急救援应用技术研究中心，与北京市文物局共建的文物安全研究院）。在建 2 个部级重点实验室（应急管理部森林草原火灾风险防控实验室、无人机应急救援技术实验室），1 个校所共建部级重点实验室（与天津消防研究所共建的应急管理部工业与公共建筑火灾防控技术实验室）
相关学院及机构	消防指挥系、消防工程系、应急救援系、应急通信与信息工程系、基础部、政治工作系、学员管理部、进修部 首批设置消防指挥等 4 个本科专业 消防指挥系：学院实行"院—部系"两级管理模式，消防指挥系作为支撑消防指挥专业建设的教学系，主要担负着消防指挥专业（消防救援、森林消防两个方向）人才的培养任务。目前设有消防救援指挥、消防救援技能、消防救援装备、森林灭火指挥、森林灭火技术和火场供水与排烟等 6 个教研室，建有支撑教学、科研使用的实训实验场地 10 余处 应急通信与信息工程系（以下简称信息工程系）以构建航空救援、应急通信、空间信息技术等消防救援战略支撑学科专业体系，为消防救援队伍培养新的高质量人才和提供科技支撑为使命。信息工程系由转制前武警警种学院无人机教研室和应急救援教研室融合发展而来，从 2013 年开始致力于无人机遥感侦测人才培养、科研创新和实战应用，先后圆满完成尼泊尔地震跨境救援等重要实战、演训任务 信息工程系下设航空救援教研室、通信工程教研室、无人机教研室、空间信息技术教研室、大数据和人工智能教研室，拥有无人机应急救援技术实验室（应急管理部重点培育实验室）和西峰山无人机综合实训基地。目前，主要承担飞行器控制与信息工程专业及与中国民航飞行学院联合开展的航空救援专业人才培养任务，负责学院无人机侦测分队建设
相关专业及创立时间	开设消防指挥、消防工程、火灾勘查、航空航天工程、飞行器控制与信息工程、抢险救援指挥与技术、消防政治工作等特色本科专业，与中国民用航空飞行学院共同开展"直升机飞行与指挥""直升机维修与工程" 2 个联合学士学位培养项目 2022 年招生专业及方向：消防指挥（消防救援方向）、消防指挥（森林消防方向）、消防指挥（直升机飞行与指挥）、消防工程（消防救援方向）、飞行器控制与信息工程（消防救援方向）、飞行器控制与信息工程（森林消防方向）、抢险救援指挥与技术（消防救援方向）、抢险救援指挥与技术（森林消防方向）、航空航天工程（森林消防方向）、消防政治工作（消防救援方向）、消防政治工作（森林消防方向）、火灾勘查（消防救援方向）

续表

相关专业 及创立时间	中国消防救援学院与中国民用航空飞行学院共同推进航空救援专业人才联合学士学位培养，设置消防指挥专业（直升机飞行与指挥）、飞行器控制与信息工程（直升机维修与工程）、航空航天工程专业。三个专业均采用"1.5 + 2 + 0.5"培养模式，即联合培养学员第一至第三学期在中国消防救援学院学习，第四至第七学期在中国民用航空飞行学院学习，第八学期在中国消防救援学院学习
相关学科	构建以火灾预防扑救为主、特灾救援与应急管理相互促进的学科专业体系。学院的组建成立，标志着消防救援教育事业站在了新的历史起点，对于加快构建消防救援高等教育体系、培养造就高素质消防救援专业人才、推动新时代应急管理事业改革发展，具有重大而深远的意义
研究生招生	公共管理硕士已被列入北京市新增硕士学位授予规划建设单位

资料来源：中国消防救援学院官网，最后访问日期为2023年4月4日。

3. 河北科技大学

河北科技大学坐落于河北省石家庄市，由原河北轻化工学院、河北机电学院、河北省纺织职工大学、河北纺织工业学校合并组建而成。1956年举办高等教育，在多年的办学历程中，学校始终坚持"致力于人的全面发展，服务于区域经济建设和社会进步"的办学宗旨，秉承"兴业、尽责"的校训和"进取、协作、奉献"的科大精神，为国家培养了30余万名优秀毕业生。学校是河北省首批重点建设的多科性骨干大学、河北省人民政府与国家国防科技工业局共建高校、河北省重点支持的国家一流大学建设高校、教育部卓越工程师教育培养计划高校。2021年获批成为博士学位授予单位。

河北科技大学扫描分析结果如表5-4所示。

表5-4　河北科技大学扫描分析结果

学校文化	办学宗旨：致力于人的全面发展，服务于区域经济建设和社会进步 校训：兴业、尽责 科大精神：进取、协作、奉献 发展愿景：征程万里风正劲，重任千钧再奋蹄，展望未来，全体科大人将拼搏奋进、攻坚克难，朝着学校第三次党代会确立的建设特色鲜明的全国一流大学的奋斗目标不懈努力，为建设经济强省、美丽河北，实现中华民族伟大复兴的中国梦做出新的更大贡献

相关科研平台	学校建有国家地方联合工程研究中心——挥发性有机物与恶臭污染防治技术国家地方联合工程研究中心、省部共建国家重点实验室培育基地——河北省药用分子化学重点实验室、石家庄国家生物产业基地生物制造公共实验中心，有省级重点实验室和技术创新中心 14 个、河北省产业技术研究院 1 个、河北省工程实验室（研究中心）5 个、河北省协同创新中心 2 个、河北省软科学研究基地 1 个、河北省社科研究基地 1 个。学校技术转移中心是科技部认定的"国家技术转移示范机构"
相关学院及机构	电气工程学院下设电气工程系、自动化系、测控飞行器系，以及河北省生产过程自动化工程技术研究中心、河北省风电/光伏耦合制氢及综合利用工程实验室、河北省生产过程自动化综合实验教学示范中心和通用航空产业重点实验室
相关专业及创立时间	5 个专业入选卓越工程师教育培养计划试点专业，8 个专业通过中国工程教育专业认证，13 个专业入选国家级一流本科专业建设点，25 个专业入选省级一流本科专业建设点 电气学院 2016 ~ 2021 年连续招收"飞行器设计与工程"专业本科生，但是 2022 年没有招收该专业本科生
相关学科	现有 9 个省级重点学科、1 个省级重点发展学科，1 个学科入选河北省世界一流学科建设项目、2 个学科入选河北省国家一流学科建设项目。工程学学科、化学学科进入 ESI 世界排名前 1%。拥有 1 个博士学位授权一级学科，28 个硕士学位授权一级学科，16 个硕士专业学位授权类别
研究生招生专业及方向	总体情况：有 1 个博士学位授权一级学科，28 个硕士学位授权一级学科，16 个硕士专业学位授权类别 2023 年硕士招生：材料科学与工程学院含材料科学与工程、材料与化工，研究方向为先进功能材料与器件（高分子材料、储能材料、智能材料、航空轻质复合材料）；电气工程学院含控制科学与工程、电子信息，研究方向为组合导航与精确制导 2021 年 11 月获批为审核增列且需要加强建设的博士学位授予单位，化学工程与技术学科为博士学位授权点

资料来源：河北科技大学官网，最后访问时间为 2023 年 4 月 4 日。

4. 北华航天工业学院

北华航天工业学院（原华北航天工业学院）是河北省人民政府举办、省政府与国家国防科技工业局、中国航天科技集团有限公司、中国航天科工集团有限公司共建的一所全日制公办普通高等院校，是国务院学位委员会批准的硕士学位授予单位，是国家"十三五"应用型本科产教融合发展工程建设单位，是河北省应用技术大学研究会会长单位、航天应用技术大学联盟理事长单位。从专业来看，该校航空航天类的 3 个专业分布在航空宇

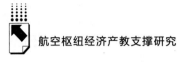

航学院和机电工程学院；与航空航天密切相关的"空间信息与数字技术"属于计算机类，"遥感科学与技术""导航工程"属于测绘类，分布在遥感信息工程学院和电子与控制工程学院。

北华航天工业学院扫描分析结果如表 5 – 5 所示。

表 5 – 5　北华航天工业学院扫描分析结果

学校文化	愿景（目标）：学校全面贯彻党的教育方针，遵循高等教育发展规律，坚持立德树人根本任务，继承和弘扬航天精神，秉承"进德修业、精益求精"的校训，营造"勤学、慎思、求真、笃行"的学风，努力发挥人才培养、科学研究、社会服务和文化传承创新的功能，实施"质量立校、人才强校、特色兴校"的强校战略和"三步走"发展战略，大力推进治理体系和治理能力建设，按照"固基、强本、兴硕、进位、创大"的基本思路，努力把学校建设成为一所以工为主、特色鲜明的高水平应用型大学
相关科研平台	有精密光栅测控技术与应用、航天遥感信息应用技术等 2 个国家地方联合工程研究中心；有河北省跨气水介质飞行器重点实验室、河北省热防护材料重点实验室、河北省微小型航天器技术重点实验室等 3 个省级重点实验室；有河北省航天遥感信息技术创新中心、河北省电动汽车充换电技术创新中心、河北省计算机视觉智能检测技术创新中心等 3 个省级技术创新中心；有与航天五院共建"航天工程制造工艺研发中心"、与航天九院共建"电子工艺工程技术研究中心"等 2 个省部共建高校重点实验室；有河北省航天遥感信息处理与应用协同创新中心、河北省微纳卫星协同创新中心等 2 个省级协同创新中心；有精密光栅测控技术与仪器、航天遥感信息应用技术、装配检测机器人等 3 个河北省工程研究中心；有河北省军民融合产学研用示范基地、河北省军民融合创新创业中心、河北省高校先进制造技术与生产过程自动化应用技术研发中心、河北省航天产业发展软科学研究基地、河北省院士工作站、河北省技术转移示范机构、河北省中国特色社会主义理论体系研究基地、河北省高等学校人文社会科学重点研究培育基地航天精神研究中心等 24 个国家和省级科技创新平台
相关学院及机构：航空航天类或民航类学院设置、专业及学科设置	学校设有机电工程学院、电子与控制工程学院、经济管理学院、建筑工程学院、计算机学院、外国语学院、材料工程学院、文理学院、航空宇航学院、遥感信息工程学院、艺术设计学院、马克思主义学院、体育部、工业技术中心等教学单位 航空宇航学院于 2020 年 3 月组建而成，学院设有力学系、飞行器设计系、无人机系、实验教学中心、跨气水介质飞行器重点实验室 5 个教学科研单位。学院拥有航空宇航科学与技术河北省重点发展学科，航空宇航制造工程国防特色学科，拥有航空宇航科学与技术一级学科硕士学位授予权，学院现有飞行器设计与工程、无人驾驶航空器系统工程 2 个本科专业 机电工程学院：2014 年更名为机电工程学院，学院设有"航空宇航科学与技术"一级学科硕士点和"机械"专业学位硕士点，其中"航空宇航制造工程"为国家国防特色学科；设有飞行器制造工程等 6 个本科专业

续表

相关学院及机构： 航空航天类或民 航类学院设置、 专业及学科设置	电子与控制工程学院：2014 年获批更名为电子与控制工程学院，学院现有"航空宇航科学与技术"一级学科硕士点和"电子信息类"专业学位硕士点，有电子信息工程、自动化、通信工程、微电子科学与工程、电气工程与智能控制、导航工程等 6 个本科专业 遥感信息工程学院：2012 年，在"两弹一星"功勋、"共和国勋章"获得者、名誉校长孙家栋院士亲自规划和关怀下成立，学院现有"遥感科学与技术""空间信息与数字技术"2 个本科专业，"航天遥感技术与应用"学术硕士学位专业方向、"空间信息技术与应用"专业硕士学位专业方向
相关专业	飞行器设计与工程、无人驾驶航空器系统工程、飞行器制造工程、导航工程、遥感科学与技术、空间信息与数字技术、航空服务艺术与管理等 7 个本科专业
相关学科	有"军用计算机应用技术""航空宇航制造工程"等 2 个国家国防特色学科；有"检测技术与自动化装置"省级重点学科；有"航空宇航科学与技术""信号与信息处理""产业经济学"等 3 个省级重点发展学科 航空宇航科学与技术、统计学等 2 个一级学科
研究生招生	2011 年 10 月 17 日，学校被国务院学位委员会确定为"培养服务国家（航天）特殊需求人才硕士专业学位研究生教育试点单位" 2012 年起，学校在"航天工程"和"电子与通信工程"2 个领域招收研究生 2018 年 5 月 2 日，国务院学位委员会下达 2017 年审核增列的博士、硕士学位授予单位及其学位授权点名单，学校获批为硕士学位授予单位，首批增列"航空宇航科学与技术"一级学科硕士学位授权点和工程（航天工程、电子与通信工程）硕士专业学位授权点 2023 年硕士研究生招生：航空宇航科学与技术、统计学等 2 个一级学科学术硕士；机械、电子信息、会计、材料与化工、土木水利等 5 个专业硕士，航天工程专硕

资料来源：北华航天工业学院官网，最后访问日期为 2023 年 4 月 4 日。

5. 天津工业大学

天津工业大学是教育部与天津市共建、天津市重点建设的全日制普通高等学校。学校办学历史悠久，始建于 1912 年，2000 年更名为天津工业大学，2017 年入选国家"双一流"建设高校，2018 年获批国防科工局与天津市共建高校，是我国最早开展纺织高等教育的学府之一，现已发展成为一所以工为主，工、理、文、管、经、法、艺、医协调发展的多科性综合大学。

天津工业大学扫描分析结果如表 5-6 所示。

表 5-6 天津工业大学扫描分析结果

学校文化	面向未来，学校将在习近平新时代中国特色社会主义思想指引下，全面贯彻党的教育方针，坚持社会主义办学方向，秉承"教研相长、学能并进"的办学理念，光大"严谨、严格、求实、求是"的学校品质，弘扬"爱校尚德、励学笃行、求实创新"的学校精神，聚焦"一带一路"、京津冀协同发展等国家战略，坚持立德树人，坚持为党育人、为国育才，坚持改革创新，努力建设具有中国特色的"双一流"高水平大学，为建设高等教育强国、实现中华民族伟大复兴做出新的更大的贡献
相关科研平台	学校鼓励自主创新，彰显现代纺织和国防军工特色，拥有天津市属高校中第一个国家重点实验室——分离膜与膜过程省部共建国家重点实验室，建有国家级国际联合研究中心 1 个、国家地方联合工程研究中心 2 个，教育部重点实验室 2 个、天津市重点实验室 8 个、教育部工程研究中心 2 个和天津市工程中心 6 个、天津市国际联合研究中心 6 个、天津市人文社会科学重点研究基地 1 个，建有天津市中国特色社会主义理论体系研究中心、天津市膜分离技术协同创新中心、天津市科技成果转化中心、天津市工业设计中心
相关学院及机构	工学部（含航空航天学院等）、信息学部、生医学部、理学部、人文社科部、天工创新学院、博雅书院、国际教育学院等 2020 年 9 月，根据天津市航空航天产业发展规划和学校"双一流"学科建设布局，学校组建成立航空航天学院。学院建设旨在紧密结合天津市区域经济发展实际需求，以校企合作的育才模式培养航空航天产业所需的后备力量，以产学研合作方式驱动产业升级换代，为京津冀航空航天装备制造产业需求提供重要的人才和技术支撑。目前学院设有"飞行器制造工程"本科专业，"航空宇航科学与技术"一级学科硕士点。在全校选拔建设本科航空航天实验班，并在机械工程一级学科博士点招收培养航空航天方向博士研究生
相关专业及创立时间	学校现有 67 个本科专业，其中包括 25 个国家级一流专业建设点、6 个国家级特色专业、6 个市级一流专业建设点、15 个天津市品牌专业、6 个天津市战略性新兴产业相关专业、8 个天津市优势特色专业、12 个应用型专业，6 个专业通过工程教育专业认证 2022 年本科招生：飞行器制造工程
相关学科	学校拥有 1 个国家重点学科、12 个天津市重点学科，纺织科学与工程学科入选国家"双一流"学科，5 个学科入选天津市一流学科，5 个学科入选天津市高校顶尖学科培育计划，建有 5 个天津市特色学科群、2 个天津市服务产业特色学科群；纺织科学与工程学科在全国第四轮学科评估中获得 A +；4 个学科进入 ESI 全球前 1%
研究生招生	学校拥有 3 个博士后流动站、6 个博士学位授权点（"纺织科学与工程""材料科学与工程""机械工程""控制科学与工程""数学"一级学科博士学位授权点 5 个，"电子信息"博士专业学位授权类别 1 个），拥有"航空宇航科学与技术"等 27 个一级学科硕士学位授权点和 11 个硕士专业学位授权类别 2023 年硕士招生：航空航天学院含航空宇航科学与技术（学术学位）、航空工程（专业学位）、航天工程（专业学位） 2022 年博士招生：机械工程一级学科博士点招收培养航空航天方向博士研究生

资料来源：天津工业大学官网，最后访问日期为 2023 年 4 月 4 日。

6. 山东交通学院

山东交通学院是一所以培养综合交通人才为办学特色的全日制普通本科高校，是山东省高等教育应用型人才培养特色名校立项建设单位、山东省与交通运输部共建高校。2011年，学校经国务院学位委员会批准为培养硕士专业学位研究生试点工作单位；2017年，获批山东省硕士学位授予立项建设单位（A类）；2020年，入选山东省"高水平学科"建设高校；2021年，获批山东省应用型本科高校建设首批支持单位。经过60多年的发展，学校逐步发展成为以"工"为主，"管、理"为支撑，以培养具有爱国主义精神、国际化视野，富有创新意识和实干精神的交通事业高级应用型专门人才为办学特色的高校。

山东交通学院扫描分析结果如表5-7所示。

表5-7　山东交通学院扫描分析结果

学校文化	校训：明德至善 格物致知 历代交院人艰苦奋斗，自强不息，以创业的精神、创新的意识、科学的态度，务实的工作，致力于服务国家战略和地方经济社会发展。在新的历史起点上，坚持社会主义办学方向，全面落实立德树人根本任务，全面深化综合改革，着力提高人才培养质量和教学科研水平，为建设具有鲜明交通特色的高水平应用型大学不断努力奋斗
相关科研平台	学校拥有市厅级及以上科研平台50个，包括1个全国交通运输行业重点实验室、1个工信部实验室（山东）、1个省级重点实验室（筹）、3个省级工程技术研究中心、3个省级工程实验室、1个省级工程研究中心、2个省高校协同创新中心、1个省海洋工程技术协同创新中心、1个省重点行业领域事故防范技术研究中心（交通运输行业）、3个省大数据发展创新实验室、7个省交通运输行业重点实验室、2个厅级工程研究中心、12个地市级重点实验室和工程技术研究中心、3个地市级工程实验室。此外，还有1个省级新型研发机构
相关学院及机构	设有20个学院（部） 航空学院：成立于2013年，是学校"路海空轨"综合交通专业布局四足鼎立之一足，民航特色鲜明，以"山东省智能感知材料与高端装备技术创新中心"和"山东省通用航空研究院"为依托，组建了复合材料、无人机、智能装备技术等科研团队
相关专业及创立时间	开设57个本科招生专业，国家级特色专业2个，国家级一流本科专业建设点4个，省级特色专业7个，省级一流本科专业建设点22个，通过工程教育认证专业3个，省高水平应用型建设专业（群）5个，山东省教育服务新旧动能转换专业对接产业项目1个 空天类和民航类专业设立时间：飞行器制造工程（飞机结构维修）（2013年）、电子信息工程（航空电子设备维修）（2013年）、飞行器设计与工程（2016年）、飞行技术（2018年）

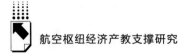
相关专业及创立时间	2022 年本科招生：飞行器制造工程、测控技术与仪器、智慧交通等专业 2022 年专科招生：空中乘务 2023 年提前批：飞行技术
相关学科	以交通类专业为主，涵盖"工、管、理、经、文、艺、法"等 7 个学科门类，构建起交通建设类、综合运输类、载运工具设计制造类三大优势专业群。具有山东省高水平学科（优势特色学科）1 个，省级重点学科 4 个（二级学科）
研究生招生（2012 年开始）	2023 年硕士研究生招生：交通运输硕士专业学位、机械硕士专业学位 注：在航空学院未招收硕士。在其他学院招收的 2 个专业硕士学位中，未招收与空天或民航相关方向的硕士

资料来源：山东交通学院官网，最后访问日期为 2023 年 4 月 4 日。

7. 烟台南山学院

烟台南山学院是由中国 500 强企业南山控股投资兴办，教育部批准设立的全日制普通本科院校。学校始建于 1988 年，2005 年教育部批准为全日制普通本科高校，2017 年被山东省人民政府确定为硕士学位授予立项培育建设单位，2019 年经山东省教育厅批准与青岛科技大学联合培养硕士研究生。学校是以工学为主，工学、管理学、经济学、艺术学、文学、医学六大学科门类协调发展的高水平应用型本科高校。现设有东海、南山两处校区。

该校在校企融合方面成效显著。学校秉承"党建引领，立德树人，校企一体，协同育人"的办学理念，坚持立德树人根本任务，以共建本科专业为基础，以"三元制"特色培养班建设为抓手，充分发挥大型企业集团南山控股办学优势，创新应用型人才培养模式。坚定"核心产业引领特色专业，特色专业支持核心产业"的发展路径，进一步提升"校企一体化"办学特色的南山高等教育品牌。在东海校区，南山控股投资 15 亿元建设了12 万平方米的"山东南山科学技术研究院"，下设化工产业研究院、有色金属产业研究院、纺织新材料产业研究院、新南化学研究院、健康产业研究院、烟台南山学院研究院等 6 个分院，学校选派教学科研骨干教师进驻研究院承担应用型科研任务。根据该校 2023 年 3 月 13 日官网最新的简介数据，学校与行业企业共建了 13 个现代产业学院，涵盖 45 个本科专业，2022 年"南山铝业产业学院"获首批"山东省现代产业学院"。政校企共建"山东南山科学技术研究院",业务领域涵盖83%的学科专业。学校面向"十强"产业和区域发展需求,聚焦了9个一级学科、5个硕士专业学位类别、9个专业群,形成"959"重点建设布局。将岗位职业标准、工程和管理案例编入教材、进入课堂,共建教材近70部,实现教学内容与岗位职业标准对接;有实习实训基地270个,在28个专业共建校企合作"三元制班",31个专业实践教学课时的30%在产业一线完成,实现教学过程与行业生产过程对接。学校联合高校、行业、企业共建产业类协同创新中心、优质型协同创新中心、协同创新中心、省工程研究中心等平台17个。联合完成的国家重点研发计划"汽车轻量化用铝板材工业化应用",取得经济效益5.67亿元;"铝合金自然时效稳定性的热处理方法及铝合金板材"获批省专利一等奖。学校联合"沿黄"9省区相关高校、企业、协会发起成立了"黄河流域纺织服装校企科技创新联盟"。

烟台南山学院扫描分析结果如表5-8所示。

表5-8　烟台南山学院扫描分析结果

学校文化	学校文化的核心:秉承南山精神,建设现代大学。烟台南山学院秉持立德树人的育人宗旨,大力实施"文化兴校"战略,构建了特色文化育人机制,打造了先进文化育人品牌,成为胶东半岛特色鲜明的人才摇篮。根植南山控股深厚文化底蕴,吸纳先进企业精神。融合地域和文化双重特征,创立"山海精神"核心文化内涵 学校目标:顺应南山控股二次创业大潮,遵循"整合、优化、创新、突破、发展"十字方针,坚持"12345办学理念",切实履行人才培养的使命担当,不断书写永不褪色的创业初心;勇于创新改革,承担起立德树人的时代使命和任务,学校以硕士点建设培育为抓手,建设一流学科专业,推进校企一体化,向独具特色、国内一流的民办本科高校的宏伟目标快速迈进,为办好人民满意的教育而继续奋斗
相关科研平台	学校依托南山控股优势产业,紧密围绕化工、有色金属、纺织新材料、健康等区域产业发展需求与南山控股共建共享"国家铝合金压力加工工程技术研究中心""院士工作站""博士后工作站"等科技创新平台。拥有山东省工程研究中心1个、山东省高等学校协同创新中心1个、山东省高等职业院校应用技术协同创新中心1个、山东省高等学校工程研究中心2个、山东省高等学校"青年创新团队发展计划"2个、山东省"十三五"高等学校科研创新平台2个、山东省社会科学普及教育基地2个、烟台市工程实验室2个、省级产业学院1个。联合"沿黄"9省相关高校、企业、协会发起成立"黄河流域纺织服装校企科技

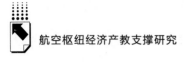
续表

相关科研平台	创新联盟" 学校设有烟台南山学院研究院，下设 7 个研究所。研究院以关键技术研发与产业化应用为目的，主要从事技术研发创新、科技成果转化和科技企业孵化的工作，打造应用科学技术创新与成果转化平台、硕士授权单位条件建设支撑平台、南山控股科技创新资源共享平台等三大平台
相关学院及机构	整体情况：下设工学院、商学院、人文学院、化学工程与技术学院、材料科学与工程学院、纺织科学与工程学院、健康学院、音乐学院、航空学院、马克思主义学院、国学院、应用技术与培训学院 12 个二级学院，包含 55 个系（部、中心） 航空学院：2011 年设立，设有飞行技术系、航空技术系、航空英语教学部 3 个教学单位，设有飞行技术、飞行器动力工程、交通运输、测控技术与仪器 4 个本科专业和空中乘务、民航空中安全保卫 2 个专科专业，其中飞行器动力工程专业是省级一流本科专业。现有在校生 1500 余人 建设有风洞、空气动力、飞机发动机、陆空通话、飞行模拟等 15 个专业实验实习室
相关专业及首次招生年份	学校现有 53 个本科专业，42 个专科专业，打造材料与化工、电子信息、旅游管理、设计、食品与营养 5 个申硕专业学位类别；形成了新材料与工程、高端能源化工、智能科技纺织服饰、物联网与数据科学、信息与智能技术、智慧旅游、数智管理与应用、数字艺术设计、食品科学与健康 9 个重点应用型本科专业群 2021 年航空学院招收本专科专业：本科，飞行技术、测控技术与仪器、飞行器动力工程、交通运输；专科，空中乘务 2022 年航空学院招收本专科专业：本科，测控技术与仪器、飞行器动力工程、交通运输 首届招生时间：飞行技术（2014 年）、测控技术与仪器（主要方向：飞机机载电子电气设备维修及管理方向，2015 年）、飞行器动力工程（2015 年）、交通运输（2016 年）
相关学科	学校现有 27 个一级学科，依托南山控股战略性新兴产业，对接山东省"十强"产业，坚持"核心产业引领特色专业，特色专业支持核心产业"的发展路径，凝练应用型研究方向。聚焦建设材料科学与工程、化学工程与技术、纺织科学与工程、计算机科学与技术、控制科学与工程、电子科学与技术、工商管理学、设计学、食品科学与工程 9 个重点一级学科
研究生招生	2017 年被山东省人民政府学位委员会确定为硕士学位授予立项培育建设单位，2019 年开始与青岛科技大学联合培养硕士研究生

资料来源：烟台南山学院官网，最后访问日期为 2023 年 4 月 4 日。

8. 临沂大学

临沂大学是一所理、工、文、经、管、医、法、艺、教等多学科协调发展、特色鲜明的综合性大学，是山东省高水平学科首批培育建设单位、山东省应用型本科高校建设首批支持高校、山东省应用型人才培养特色名校、山东省首批教育信息化试点单位、国家发展改革委"产教融合"项目重点建设高校。该校1998年开始本科办学，2010年经教育部批准更名为临沂大学，2018年获批硕士学位授权单位。

该校牢固树立校地命运共同体理念，坚持融入临沂、依靠临沂、服务临沂、贡献临沂，构建了"水乳交融、共生共荣"的校地关系；对接山东省八大发展战略和临沂市主导产业，集中打造12个应用型专业（群），获批5个山东省高水平应用型立项建设专业（群）；与临沂市委、市政府联合推进城校融合发展，参与临沂市"才聚沂蒙"行动，校地联合成立山东商贸物流研究院、山东沂蒙文化研究院等10余个应用型协同性研究院所；成立校院两级理事会，理事单位有1500余家。

临沂大学扫描分析结果如表5-9所示。

表 5-9　临沂大学扫描分析结果

学校文化	办学特色：根植琅琊文化沃土，传承红色基因，弘扬沂蒙精神，积淀形成"明义、锐思、弘毅、致远"的校训和"实"的校风，铸就"有信仰、能吃苦、善创新、敢担当、乐奉献"的临大特质和"团结包容、崇实尚贤、艰苦创业、勇于争先"的临大精神，形成革命老区大学浓厚红色基因和鲜明办学特色
	愿景：全面贯彻党的教育方针，落实立德树人根本任务，确立"一二三五六"的总体思路，即树立"一个奋斗目标"，遵循"两高两有"工作方针，实施"三大办学战略"，采取"五大行动"和推进"五大工程"，坚持"六大原则"和实现"六个转变"；坚守为党育人、为国育才，聚焦内涵式高质量发展，朝着建设"区域一流省内一流高水平综合性应用型大学"的奋斗目标迈进
相关科研平台	建有2个省重点实验室、2个省工程实验室、4个省工程技术研究中心、1个省大数据产业创新中心、2个省高校工程技术中心、1个省高校协同创新中心、1个省社科理论重点研究基地。获批教育部全国普通高校中华优秀传统文化（柳琴戏）传承基地
相关学院及机构	物流学院、物理与电子工程学院、化学化工学院、机械与车辆工程学院、材料科学与工程学院、自动化与电气工程学院、信息科学与工程学院等18个学院
相关专业及创立时间	在招本科专业76个，涵盖11大学科门类，其中国家级一流本科专业建设点11个、省级一流本科专业建设点24个，2个工程教育类专业和2个师范类专业通过认证 经查找资料，发现2011年临沂大学开始首次招收"飞行器制造工程"本科专业，一直持续到2020年，该专业目前在机械与车辆工程学院，但是2021年、2022年两年均未招收该专业

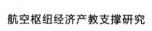

续表

相关学科	设有 4 个硕士授权一级学科、11 个硕士专业学位授权类别。化学学科入选山东省高水平学科培育学科、进入 ESI 全球前 1%
研究生招生	2023 年：应用统计、控制科学与工程、化学等学术硕士或专业硕士

资料来源：临沂大学官网，最后访问日期为 2023 年 4 月 4 日。

9. 滨州学院

滨州学院是一个快速发展的高校。该校是一所省属全日制普通本科院校，坐落在兵圣孙子故里、渤海革命老区、美丽富饶的黄河三角洲中心城市——滨州市，前身是始建于 1954 年的北镇师范学校，1983 年更名为滨州师范专科学校，2004 年经教育部批准改建为滨州学院，2021 年 1 月获批山东省应用型本科高校建设首批支持高校，2021 年 10 月获批硕士学位授予单位。该校航空高等教育特色办学优势突出，2006 年设置飞行技术专业，成为全国首家培养飞行员的地方普通本科高校，填补了山东省航空学科高等教育空白。该校建有山东省通用航空运行与制造工程实验室等省级科技创新平台，拥有省部级行业资质平台 6 个，合作航校达 23 家，合作航空公司达 22 家，其中"订单式"联合培养单位达 20 家。现有 5 个航空类二级学院，面向航空领域培养人才的专业占学校总专业的 57.3%，在校生人数超过总在校生人数的 50%。现已培养各类航空人才 6000 余人，600 余人升任机长，山东航空公司近 70% 的飞行员由该校培养，现已成为全国第五大航空类人才培养基地，成为山东省高等教育的一张亮丽名片。

滨州学院扫描分析结果如表 5 – 10 所示。

表 5 – 10　滨州学院扫描分析结果

学校文化	学校精神：自强不息、守正出奇 校训：明德、砺学、日新、致远 定位与目标：主动对接行业和区域经济社会发展需求，提出了"顶天（对接航空业）立地（对接区域）"的发展思路，紧紧围绕建设航空特色鲜明的高水平应用型大学的发展目标，坚持"三步走"发展战略，深入推进转型发展、特色发展、高质量发展、卓越发展，认真落实立德树人根本任务，锚定"走在前列、全面开创""三个走在前"总遵循、总定位、总航标，聚力实施学校"十四五"事业发展规划确定的"一二三十七"发展任务，踔厉奋发，笃行不怠，努力开创航空特色鲜明的高水平应用型大学建设新局面，为新时代社会主义现代化强省建设贡献力量

续表

相关科研平台	建有山东省通用航空运行与制造工程实验室、山东省通用航空运行与制造协同创新中心、山东省航空材料与器件工程技术研究中心、山东省航空信息技术研发基地、山东省安全文化研究基地等省级科技创新平台，拥有"ATPL 理论培训机构""民用航空器维修培训机构"等省部级行业资质平台 6 个
相关学院及机构	飞行学院：2006 年经教育部和中国民用航空局批准设置飞行技术（本科）专业，填补了山东省内高校民用航空类专业空白，学校成为全国第一家设置飞行技术专业的地方普通本科高校；同年，学校设立飞行学院，掀开了服务航空产业、打造航空特色的崭新篇章。飞行学院现有飞行技术（驾驶、通航）、交通运输（民航机务工程、空管与签派）、飞行器适航技术 5 个本科专业方向和定翼机驾驶技术、直升机驾驶技术 2 个专科专业，在校生 1599 人。2021 年，飞行学院交通运输学科获批专业硕士学位授权点。飞行学院为山东省首批立项建设的现代产业学院。飞行技术专业被评为国家级综合改革试点专业、山东省特色专业、山东省一流本科专业、山东省卓越工程师教育培养计划试点专业，飞行专业群获批为山东省高水平应用型专业群，山东省民用航空技术应用型人才培养模式创新实验区被评为山东省高等学校人才培养模式创新实验区 航空工程学院：面向航空工程技术、航空宇航科学与技术、民航机务、电子信息等领域开展人才培养、专业建设、学科建设和科学研究。学院设有飞行器动力工程、无人驾驶航空器系统工程、电子信息工程（航空电子、智能电子两个方向）、光电信息科学与工程 4 个本科专业和无人机应用技术、应用电子技术（无人机控制方向）2 个专科专业。建有电工电子实验教学中心（省级）、航空技术实验教学中心、无人机培训与研发中心（具有民用无人机驾驶员培训资质）、无人机产业学院（与深圳大疆创新科技有限公司、济南华恒兴通信科技有限公司共建）、全国青少年无人机科学素质等级考务中心 机场学院：创建于 2015 年 7 月，是学校为加快以航空为主要特色的高水平应用型大学建设，整合相关师资与专业组建而成。现有交通运输（机场运行与管理方向）、交通运输（中外合作办学）、物流工程（航空物流方向）、交通工程 4 个本科专业和民航安全技术管理 1 个专科专业 乘务学院：成立于 2015 年 7 月，现设有航空服务艺术与管理、舞蹈学（民族舞方向）2 个本科专业和空中乘务、民航空中安全保卫 2 个专科专业 机电工程学院：学院现有机械设计制造及其自动化、车辆工程、飞行器制造工程、飞行器设计与工程 4 个本科专业和机电一体化技术 1 个专科专业。其中，机械设计制造及其自动化专业是山东省"3＋2"分段贯通培养职教改革试点专业。飞行器制造工程被立项为山东省高水平应用型重点建设飞行技术专业群的辐射专业 化工与安全学院：现有化学工程与工艺、应用化学、高分子材料与工程、能源化工工程、安全工程和油气储运工程等 6 个本科和应用化工技术、工业环保与安全技术 2 个专科 电气工程学院：开设电气工程及其自动化、自动化、机器人工程、人工智能 4 个本科专业和电气自动化技术、航空电子电气技术（飞机机载设备装配调试技术）2 个专科专业

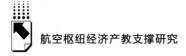

相关专业	主动对接山东省"十强"产业、滨州市"五大千亿级产业集群"发展需求,重点打造航空、生态环境、化工、机电、信息、土建、教师教育、智能控制 8 大应用型专业群,立项国家新工科研究与实践项目 1 个、省级应用型人才培养专业发展支持计划项目 1 个、省高水平应用型专业(群)4 个,建有国家一流本科专业建设点 1 个、省级一流本科专业建设点 12 个 2022 年本科招生:乘务学院专业及方向有航空服务艺术与管理;飞行学院专业及方向有飞行技术(驾驶方向、通航方向)、飞行器适航技术、交通运输(空管与签派方向、民航机务工程方向);航空工程学院专业及方向有飞行器动力工程、无人驾驶航空器系统工程;机场学院专业及方向有交通运输(中外合作办学)、交通工程、物流工程(航空物流方向);机电工程学院专业及方向有飞行器设计与工程、飞行器制造工程、飞行器制造工程(中外合作办学)、航空航天工程 以上 15 个本科专业及方向的归类: 航空航天类 7 个:飞行器适航技术、飞行器动力工程、无人驾驶航空器系统工程、飞行器设计与工程、飞行器制造工程、飞行器制造工程(中外合作办学)、航空航天工程;交通运输类 6 个:飞行技术(驾驶方向)、飞行技术(通航方向)、交通运输(空管与签派方向)、交通运输(民航机务工程方向)、交通运输(中外合作办学)、交通工程;物流管理与工程类 1 个:物流工程(航空物流方向);音乐与舞蹈学类 1 个:航空服务艺术与管理
相关学科	学校紧紧围绕经济社会发展需求,构建起以应用型学科为主体,以服务航空学科群和服务区域学科群为两翼,以理学、信息、人文学科专业群为支撑的"一体两翼三支撑"学科布局,形成了以工科为主,文、理、工、经、管、教、艺协同发展,航空特色和区域特色鲜明的高水平学科体系,建有应用数学、生态学等省级重点学科 7 个
研究生招生	2021 年 10 月,学校正式成为硕士学位授予单位,成功获批资源与环境、交通运输 2 个硕士专业学位授权点 拥有博士、硕士研究生导师 160 余人,与中国科学院、中国矿业大学、山东科技大学等 30 余家单位联合培养研究生 2023 年首次研究生招生:资源与环境、交通运输 2 个专业硕士学位

资料来源:滨州学院官网,最后访问日期为 2023 年 4 月 4 日。

10. 常州工学院

常州工学院是一所全日制普通本科院校,坐落于经济发达、文教昌盛、交通便捷、美丽富饶的国家历史文化名城——常州,其前身为创建于 1978 年的常州市七·二一工业大学。1980 年,经江苏省人民政府批准,建立常州职业大学。1982 年,经教育部批准,建立常州工业技术学院。2000 年,常州工业技术学院、常州市机械冶金职工大学合并组建升格为本科层次的常州工学院。2003 年,传承常州师范教育百年文脉的常州师范专科学校并入常州工学院。历经 40 多年的建设和发展,学校现已成为一所以工科为主、多学科门类协调发展、特色明显的地方应用型本科高校。

自建校以来，学校始终坚持面向基层、服务地方的办学定位，致力于培养切合地方经济社会发展需要的应用型人才，已为社会培养输送了一大批高素质人才。学校是国家"十三五"产教融合发展工程立项高校和首批启动高校，教育部和江苏省卓越工程师教育培养计划试点高校；拥有省产教融合型品牌专业4个，教育部卓越工程师教育培养计划试点专业5个，教育部综合改革试点专业1个，省卓越工程师教育培养计划试点专业4个，5个专业通过国际工程教育专业认证；国家级大学生校外实践教育基地1个，省实验教学与实践教育中心10个。截至2023年1月，学校现有智能制造产业学院、碳纤维新材料产业学院、电机产业学院等12个产业学院，其中，智能制造产业学院为首批国家级现代产业学院，电机产业学院为省重点产业学院，学校被授予2021年"中国产学研合作示范基地"称号。

常州工学院扫描分析结果如表5-11所示。

表5-11 常州工学院扫描分析结果

学校文化	学校坚持"在服务常州中获取资源、在扎根常州中打造特色、在贡献常州中提升能力"的办学方略，秉承"团结、严谨、求是、创新"的校风和"教会学成、守正有为"的校训，持续培育产教融合和创新创业教育"两个特色"，整体优化设计人才培养体系 学校正以习近平新时代中国特色社会主义思想为指引，落实立德树人根本任务，聚焦高等教育改革，扎根地方办大学，切实履行"争当表率、争做示范、走在前列"的光荣使命，围绕常州"532"发展战略，深化产教融合，坚持改革创新，精准务实地推进学校事业高质量发展，向着建成一流应用技术大学的目标不断迈进
相关科研平台	获批江苏高校文化创意协同创新中心牵头建设单位；拥有特种加工、特种电机研究与应用2个江苏省高校重点（建设）实验室，微特电机研究与应用、建设工程结构与材料性能研究等9个常州市重点实验室，通用航空器关键部件智能循环制造、智能网联汽车信息安全、资源循环材料、江苏省退役光伏组件资源化利用等4个省工程研究中心，与11家企业共建了省级工程技术研究中心；建有电子废弃物资源化利用、化工危废与工业固废协同处置、报废汽车绿色精细拆解与利用等3个行业联合创新实验室。拥有空天地信息感知与无人机应用研究、智能网联汽车信息安全等江苏省高校优秀科技创新团队，建有江苏省博士后创新实践基地，建有集研发、生产和实践于一体的常州市科技企业孵化器——常州工学院大学科技园以及数控技术应用及装备、软件、建筑工程技术等10个校内产学研一体化中心。拥有习近平新时代中国特色社会主义思想研究院、大运河文化带建设研究院常州分院、常州工学院先进制造产业研究院等24个社科研究智库平台

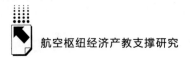

相关学院及机构	航空与机械工程学院/飞行学院、汽车工程学院、电气信息工程学院、光电工程学院、计算机信息工程学院、化工与材料学院等18个教学单位 航空与机械工程学院/飞行学院由1978年创建的机械工程系和2015年筹建的民航飞行学院发展而来，2018年11月改为航空与机械工程学院/飞行学院，是常州工学院下设的培养航空类和智能制造类技术人才的二级教学单位。学院在充分吸取国内外先进办学经验的基础上，采用"产教融合"和"国际协同"的办学模式，与德国亚琛工业大学、新西兰梅西大学等高校开展合作办学，按照国际标准培养具有国内外竞争实力的航空与智能制造类设计、制造与管理人员，形成了以航空和机械交叉集成的"两翼一体"的特色和优势，是国内19家具有飞行员培养资质的院校之一。学院下设五系（材料与先进成型、智能制造工程系、机械工程系、航空制造工程系、交通运输工程系）、一院（智能制造科研院）、一所（生物与医疗器械研究所）、三中心（实践教学运行与管理中心、智造工程师培训中心、航空培训中心）。学院学科覆盖机械工程、航空宇航科学与技术、交通运输3个一级学科，1个省重点实验室（特种加工），1个江苏省工程研究中心（通用航空关键部件智能循环制造），6个江苏省工程技术研究中心，1个江苏省重点建设学科，1个国家级一流本科专业建设点，2个江苏省一流专业，1个江苏省品牌专业，6个本科专业（方向）。拥有2个国家级实验实训基地和2个省级实验教学示范中心以及1个省级重点产业学院建设点
相关专业及创立时间	拥有59个本科专业（47个专业招生），其中国家级一流本科专业建设点9个、国家级特色专业1个、省高校一流本科专业建设点19个 2022年本科招生：交通运输、飞行技术、智能制造工程、飞行器制造工程、测控技术与仪器、光电信息科学与工程等专业 其中，交通运输、飞行器制造工程均为2017年首次招生，飞行技术为2018年首次招生
相关学科	学校现有机械工程、电气工程、土木工程、工商管理等4个江苏省"十四五"重点学科
研究生招生	目前未独立招收硕士研究生

资料来源：常州工学院官网，最后访问日期为2023年4月4日。

11. 台州学院

台州学院是一所经教育部批准建立，实行省市共管、以市为主办学体制的综合性普通高校，办学源头上溯至1907年成立的三台中学堂简易师范科；1958年开办高等教育；1978年国务院批准建立台州师范专科学校；2002年升格为本科；2019年入选浙江省应用型建设试点示范学校；2020年进入中国应用型大学排行榜前十强；2021年获批硕士学位授予单位，并聘任中国科学院院士陈十一教授为名誉校长。学校在发展历程中海纳百川，1995～2007年，原台州教师进修学院、临海师范学校、台州卫生学校、温岭师范学校相继并入。学校树牢学科建设龙头地位，狠抓应用型建设，"将学科专业建在产业上、把人才培养放到车间里、让科研论文写在大地上"，紧紧围绕区域先进产业集群和战略性新兴产业发展，建立了制药化工、材料建筑、智能制造、电气信息、生命环保等一批与产业群良性互动、共生发展的学科专业群。学校笃定校地发展"命运共同体、利益共同体、奋斗共同体"理念，对接党委政府战略部署，密切校地校企互动，已与台州8个县（市、区）、10余个市有关部门建立了全面合作关系，成立了台州生物医化产业研究院、三门研究院、浙江（台州）小微金融研究院等30多个产学研平台，携手行业龙头、上市公司搭建了台州湾生物医药产业学院、杰克学院、模具与塑料产业学院、浙江省建筑业现代化台州产业学院等产业学院群，组建了近百支企业身边的"1139科技小分队"。

台州学院扫描分析结果如表5-12所示。

表5-12 台州学院扫描分析结果

学校文化	校训：澡身浴德 修业及时 新时代、新使命、新征程、新作为。台州学院笃定"申硕、升格、创一流"发展战略，全面推进改革创新、全面加强内涵建设、全面提高教育质量，为加快建设国内一流、国际上有良好声誉的高水平应用型大学而不懈奋斗
相关科研 平台	省领军型创新创业团队和高校高水平创新团队各1个，省重点实验室和工程（技术）研究中心、技术联盟6个，国家级专家服务基地、国家级博士后科研工作站、省院士专家工作站各1个
	拥有"高性能工业泵与真空装备浙江省工程研究中心"等省级学科与产学研平台，以及机械设计制造及其自动化和先进制造协同创新服务中心等5个市级学科科研平台，成立了先进制造与智能装备、流体机械及装备2个研究所；建有机电工程浙江省级重点实验示范中心
相关学院 及机构	总体情况：下设人文学院、商学院、外国语学院、电子与信息工程学院（大数据学院）、生命科学学院、医药化工学院、艺术与设计学院、教师教育学院（体育学院）、智能制造学院（航空工程学院）、建筑工程学院、医学院、马克思主义学院、材料科学与工程学院、药学院等14个二级学院
	智能制造学院（航空工程学院）是在原机械工程学院基础上经学科专业优化调整后于2018年8月成立的，一个机构两块牌子。学院围绕学校办学定位，立足区域产业特点办学，努力培养适应地方经济社会发展需要的智能制造、机械设计制造和航空无人机领域高素质应用型人才。学院现设有机械设计制造及其自动化（省级一流专业）、机械电子工程（机电控制与工业自动化核心专业）、机械电子工程-杰克卓越工程师班（特色班）、智能制造工程（教育部新设专业）、电气工程及其自动化和无人驾驶航空器系统工程（新兴热门专业）等6个本科专业及1个特色班。努力培养产业转型升级、打造制造业强国急需人才

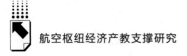
相关专业及创立时间	学校树牢学科建设龙头地位，狠抓应用型建设，"将学科专业建在产业上、把人才培养放到车间里、让科论论文写在大地上"，紧紧围绕区域先进产业集群和战略性新兴产业发展，建立了制药化工、材料建筑、智能制造、电气信息、生命环保等一批与产业群良性互动、共生发展的学科专业群
	设立 55 个本科专业，工科专业接近 50%，拥有 2 个国家级特色专业、3 个国家级一流专业建设点、11 个省级一流专业建设点，8 个专业通过国家认证，获批 7 个省级实验教学示范中心、9 个省级人才培养基地
	2022 年本科招生：无人驾驶航空器系统工程，该专业从 2019 年开始招生
相关学科	化学学科进入 ESI 全球排名前 1%，生态学、化学工程与技术、材料科学与工程学科进入艾瑞深校友会学科排名"中国高水平学科"序列，生态学进入"软科世界一流学科排名"前 500 强
	省一流学科：生态学、材料科学与工程、控制科学与工程、化学工程与技术
研究生招生	2021 年获批硕士学位授予单位，2023 年首次招收硕士研究生
	2023 年硕士研究生招生：资源与环境、材料与化工、机械（机械工程、智能制造技术）等 3 个专业硕士研究生

资料来源：台州学院官网，最后访问日期为 2023 年 4 月 4 日。

12. 宁波诺丁汉大学

宁波诺丁汉大学于 2004 年经教育部批准成立，是中国第一所具有独立校园、独立法人资格的中外合作大学，也是英国诺丁汉大学全球教育体系的重要成员之一。学校致力于培养立足中国、具有国际化视野且能胜任未来的创新型高级人才，面向国内外招收本科生、硕士研究生和博士研究生，学生来自世界上 70 多个国家和地区，从 2009 年起招收博士研究生。

在英国诺丁汉大学的支持下，宁波诺丁汉大学近年来在航空研究领域迅速起步且获得了重要的进展。英国诺丁汉大学的航空研究在欧洲享有盛誉，大学与航空领域标杆企业以及专业机构合作建立了一系列研究平台，包括与波音合作的复合材料研究中心，英国工程和物理科学研究委员会支持的复合材料先进制造中心，与劳斯莱斯合作的先进制造、先进推进领域的两所大学技术中心，等等。同时，诺丁汉大学也是欧洲"清洁天空"联合技术计划唯一拥有会员资格的大学。宁波诺丁汉大学的研究领域包括聚合物基复合材料、驱动系统、气动力学和结构、无人机、多电飞机、先进制造以及机场运营和调度等，与中航、中国商飞等企业建立了长期合作。

通过查阅宁波诺丁汉大学网页资料，其下属的理工学院之下设有航空学院，开设有航空航天工程（2＋2，4＋0）工学学士，"2＋2"即学生前两年在宁波诺丁汉大学就读，后两年在英国诺丁汉大学就读；"4＋0"即四年都在宁波诺丁汉大学就读，但第三年有众多交换生和海外学习机会。

宁波诺丁汉大学扫描分析结果如表5–13所示。

表5–13　宁波诺丁汉大学扫描分析结果

学校文化	学校致力于培养立足中国、具有国际化视野且能胜任未来的创新型高级人才
相关科研平台	宁波诺丁汉大学已与众多研究中心建立重要战略合作伙伴关系，学校目前已建成海洋经济、高端材料、数字经济和能源技术领域的重要科研平台，AHRC数字版权及知识产权研究中心，宁波诺丁汉大学新材料研究中心，宁波普惠金融研究中心，诺丁汉（余姚）智能电气化研究院等。设有国际海洋经济技术研究院、新材料研究院及亚太研究所 理工学院拥有1个浙江省省级工程研究中心和2个浙江省重点实验室 2017年5月12日，慈溪市人民政府与宁波诺丁汉大学举行关于合作共建宁波诺丁汉大学航空学院、航空研究院、航空产业园框架协议的签约仪式。航空研究院是承载科研成果的主要平台，有复合材料、驱动系统、航空结构及飞机设计、多电飞机、推进系统等研究方向，推进产业创新型博士人才的培养和新技术、新材料研发；与本地企业合作实现技术产业化。航空产业园旨在引进新航空相关企业，提供航空技术服务及人才培训。宁波诺丁汉大学于2018年11月获得浙江省创新团队——"面向未来航空的多功能绿色复合材料"；2019年初又获科技部"国家级国际联合研究中心"牌匾；获得"浙江省多电飞机技术重点实验室"称号
相关学院及机构	现拥有理工学院、商学院、人文社科学院三大学院 理工学院下设的院系有：建筑与建筑环境系、化学与环境工程系、土木工程系、计算机科学系、电气与电子工程系、地理科学系、数学科学系、航空学院，以及机械、材料与制造工程系等9个 宁波诺丁汉大学航空学院：2017年5月12日成立，由浙江省慈溪市人民政府与宁波诺丁汉大学共建，同日，正式揭牌成立
相关专业及创立时间	理工学院10个本科专业均获得国际权威专业认证，理工学院5个本科专业入选浙江省一流本科专业名单 宁波诺丁汉大学航空学院于2018年陆续开启本科、硕士研究生、博士研究生培养，设定航空电子、航空动力、航空制造、机场调度与物流等本科专业及航空工程硕士研究生项目
相关学科	工程科学和社会科学总论分别进入基本科学指标数据库（ESI）全球排名前0.5%和1%。工商管理、管理学、经济学三个学科分别位列国内高校第11位、第26位和第44位（"2021软科世界一流学科排名"），宁波诺丁汉大学也是唯一有三门学科上榜的中外合作大学。商学院通过欧洲质量发展认证体系（EQUIS）认证，获得最高标准的五年期认证

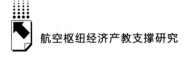

续表

研究生招生	宁波诺丁汉大学自2009年起与英国诺丁汉大学联合开展博士研究生教育，双方导师共同指导博士生，学生毕业时将获得英国诺丁汉大学的博士学位，该学位受教育部留学服务学位认证中心认可 自2018年开始，宁波诺丁汉大学推出一系列联合培养项目，分别与中国科学院地理科学与资源研究所、中国科学院上海高等研究院、浙江财经大学及中国科学院宁波材料技术与工程研究所合作联合培养博士生。主要包括地理科学、环境科学、能源、制造、材料、电机、市场、经济、商科和社科等众多研究领域的博士生联合培养项目 除联合培养项目外，宁波诺丁汉大学在商科、人文社科及理工类学科均设有博士项目，包括教育学、英语、国际传播学、建筑与建筑环境学、化学与环境工程、土木工程、计算机科学、电子电气工程、环境科学、地理科学、数学、机械材料制造工程、可持续能源与建筑技术、会计学、商务管理、经济学、金融学、国际事务、航空航天工程

资料来源：宁波诺丁汉大学官网，最后访问日期为2023年4月4日。

13. 上海工程技术大学

上海工程技术大学是工学、经济、管理、艺术、设计等多学科互相渗透、协调发展的全日制普通高等学校，是教育部卓越工程师教育培养计划首批试点高校、全国地方高校新工科建设牵头单位、上海市"高水平地方应用型高校"试点建设单位。2017年被列为上海市博士学位授予单位立项建设。学校的前身为创建于1978年的上海交通大学机电分校、上海化工学院分院（1984年编入上海交通大学机电分校）和上海纺织工学院分院（1980年更名为华东纺织工学院分院）。1985年在上述院校的基础上，组建上海工程技术大学。2003年，上海市高级技工学校（创建于1951年）整体划入上海工程技术大学。

学校致力于深化教育教学改革，提高人才培养质量。坚持依托现代产业办学、服务经济社会发展的办学宗旨，以现代产业发展需求为导向，学科群、专业群对接产业链和技术链，以产学研战略联盟为平台，与行业、企业共同构建了协同办学、协同育人、协同创新、协同就业的"四协同"模式、"一年三学期，工学交替"的产学合作教育模式，助力学校成为培养优秀工程师和工程服务人才的摇篮。

上海工程技术大学扫描分析结果如表5-14所示。

表 5 – 14 上海工程技术大学扫描分析结果

学校文化	按照学校第三次党代会确立的"新三步走"奋斗目标，大力实施"人才强校、特色发展、国际化"三大发展战略，扎根中国大地办大学，培养担当民族复兴大任的高素质工程应用型人才，在建设国内一流的高水平现代化工程应用型特色大学征程上自信前行
相关科研平台	协同创新中心、研发公共服务平台、工程技术研究中心、高校智库等省级学科科研平台 21 个
相关学院及机构	现有机械与汽车工程学院、电子电气工程学院、管理学院、化学化工学院、材料科学与工程学院、艺术设计学院、国际创意设计学院、航空运输学院（飞行学院）、纺织服装学院、城市轨道交通学院、数理与统计学院、外国语学院、马克思主义学院、国际教育学院、继续教育学院、高等职业技术学院、体育教学部、工程训练中心等教学机构，拥有国家级实验教学示范中心、国家级虚拟仿真实验教学中心和国家大学科技园 航空运输学院（飞行学院）：于 1993 年创办了"上海工程技术大学航空运输学院"、2007 年成立了上海高校中唯一培养飞行技术专门人才的"上海工程技术大学飞行学院"，设立了校企"双主任"制的院务委员会制度，成为国内民航领域培养飞行技术人才的八所主要非军事院校之一
相关专业及创立时间	本科专业 63 个；机械工程、车辆工程、计算机科学与技术、信息管理与信息系统、工商管理、市场营销、旅游管理、化学工程与工艺、制药工程、环境工程、产品设计、服装设计与工程、交通运输共 13 个专业入选国家级一流本科专业建设点；汽车服务工程、能源与动力工程、电气工程及其自动化、自动化、高分子材料与工程、材料成型及控制工程、材料科学与工程、交通管理、物流管理、飞行技术、飞行器制造工程、轨道交通信号与控制、铁道工程等 19 个专业入选上海市一流本科专业建设点；制药工程、环境工程、交通运输、机械工程、自动化等 10 个专业通过工程教育认证；车辆工程专业通过德国 ASIIN 认证 2022 年航空运输学院（飞行学院）本科招生：飞行技术、飞行器制造工程、物流管理（民航物流）、交通管理、航空服务艺术与管理
相关学科	学校坚持学科引领，持续增强科研核心创新力。工程学、材料科学、化学学科进入 ESI 全球前 1%；拥有上海市 Ⅲ 类高峰学科 1 个、Ⅳ 类高峰学科 1 个
研究生招生	学校现有一级学科硕士学位授权点 13 个，硕士专业学位授权点 8 个。获批非独立法人中外合作办学机构国际创意设计学院，设有中韩、中法和中瑞等合作办学项目，提供博士联合培养、硕士和本科双学位联合培养、学分互认、毕业设计、海外实习、线上课程、国际产学合作、国际友城等 110 多个海外学习交流项目，为学生打造了丰富多彩的海外学习交流平台 2023 年硕士研究生招生：机械工程、控制科学与工程、工商管理、化学工程与技术、药学、材料科学与工程、设计学、纺织科学与工程、交通运输工程、设计学、光学工程等学术硕士；机械、电子信息、MBA、资源与环境、材料与化工、艺术设计、交通运输等专业硕士

资料来源：上海工程技术大学官网，最后访问日期为 2023 年 4 月 4 日。

14. 上海建桥学院

上海建桥学院位于中国（上海）自由贸易试验区临港新片区，是一所以本科教育为主，培养生产、建设、管理、服务第一线应用型专门人才的民办大学。学校全称为上海建桥学院有限责任公司，为营利性民办高校。学校是全国民办高校创新创业教育示范校、全国应用技术大学（学院）联盟成员，并通过 ISO9001 质量管理体系认证。学校还获批设立教育部高校思想政治工作创新发展中心。2017 年 5 月，学校入选"上海市新增硕士学位授予单位立项建设单位"。

学校以应用型人才培养为核心，构建了全要素、深层次、多元化的深度产教融合体系，形成了"毕业即就业，上岗即上手，发展可持续"的应用型人才深度产教融合的培养特色。学校与上海南麟集成电路有限公司合作，投资约 4000 万元，建设了集实习实训、生产服务、经营管理于一体的生产性、功能性和代表性的"集成电路设计封装测试"产教融合示范基地。与上海工业自动化仪表研究院在共建"上海智能制造系统创新中心"产教融合示范基地的基础上，进一步深化合作内容和形式，共建了"智能系统与运维技术研发中心"。2021 年 10 月，本校"数联智造产业学院"被批准为首批上海市级重点现代产业学院，11 月，本校被临港新片区管委会授予"中国（上海）自由贸易区临港新片区产教融合基地"。学校坚持广泛的校企合作和深度的产教融合办学模式，寻求与行业、企业紧密对接的共同发展理念，探索建设应用技术型大学，实现校企资源共建共享和多方共赢目标。通过"四个既是又是"形成了"生产厂房既是工作车间又是实践教室，技术能手既是生产骨干又是带教师傅，见习学徒既是企业员工又是专业学生，加工订单既是生产任务又是实训项目"的学习场所与生产基地双重学习平台、教师与工程师互聘互助的双重教育主体、学生与准员工双重受教者身份的"双元性"模式，充分发挥行业、企业在应用型人才培养中的重要作用。先后与中兴通讯、迪士尼、海昌、豫园集团、东华美钻、科大讯飞、上海电气、永达汽车、沃尔玛、临港集团、南麟集成电路、顺丰、建发物流、易盟集团、东方卫视等百余家企事业单位建立了不同形式的合作关系，实现校企合作培养人才。

上海建桥学院扫描分析结果如表 5 – 15 所示。

表 5 – 15　上海建桥学院扫描分析结果

学校文化	校训：感恩、回报、爱心、责任 质量方针：以人为本，德育为先，依法治校，严格管理 办学理念：民营模式、公益性质、人本观念、文化管理 办学使命：为学生建成才之桥，为教师建立业之桥，为社会建育人之桥 进入新时代，学校贯彻落实党的教育方针，坚持立德树人根本任务，遵循应用技术大学办学定位，坚持"以人为本，德育为先，依法治校，严格管理"的质量方针，紧密结合上海和浦东经济社会发展，立足临港新片区推进"产·教·城"融合发展，以改革创新为动力，以提高质量为核心，坚持国际合作与产学合作，努力把上海建桥学院办成一所特色鲜明的应用技术型大学，力争在国内一流民办大学建设进程中实现新突破
相关科研平台	国际商务研究中心、新闻传播研究所、新时代雷锋精神研究中心
相关学院及机构	机电学院、商学院、信息技术学院、国际设计学院等 15 个学院和教学单位 机电学院下设机械工程系、电子工程系、汽车工程系、智能制造系和机电实验中心。学院设有机械设计制造及其自动化、微电子科学与工程、电子科学与技术、汽车服务工程、智能制造工程等 5 个本科专业
相关专业及创立时间	2022 年学校共有 34 个本科专业。学校拥有国家级特色专业、教育部综合改革试点专业 1 个，上海市一流本科专业 15 个，上海市一流本科培育项目 1 个，上海市应用型本科试点专业 5 个，上海市特色专业 3 个 2022 年本科招生：机械设计制造及其自动化（中外合作办学）（合作方为美国沃恩航空科技大学；单列专业），方向为"航空机械维修"。该方向从 2016 年开始招生，为 2016 年春招专业、2016 年秋招专业
相关学科	涉及经济学、文学、工学、管理学、艺术学、理学、教育学等 7 个学科门类
研究生招生	2017 年 5 月，学校入选"上海市新增硕士学位授予单位立项建设单位" 学校先后与东华大学、上海海洋大学、江西财经大学签署联合培养硕士研究生协议，开展联合培养专业硕士研究生合作

资料来源：上海建桥学院官网，最后访问日期为 2023 年 4 月 4 日。

15. 中山大学

中山大学作为知名的"985"高校进入新生的空天类高校，只能说是太迟了！但是，这再一次证明了航空航天与民航领域有着无穷的魅力，有实力的"985"或"211"高校都会做出进入的战略决策。

今日的中山大学，由 1952 年院系调整后分设的中山大学和中山医科大学于 2001 年 10 月合并而成，是一所包括文学、历史学、哲学、法学、经济学、管理学、教育学、理学、医学、工学、农学、艺术学等在内的综合性大学。中山大学由孙中山先生创办,有着100多年的办学传统。作为中国教育部直属高校,通过部省共建,中山大学已经成为一所国内一流、国际知名的现代综合性大学。现由广州校区、珠海校区、深圳校区3个校区、5个校园及10家附属医院组成。中山大学正在向世界一流大学迈进,努力成为全球学术重镇。中山大学航空航天学院成立于2017年5月,是中山大学深圳校区首批建设的工科学院之一。2018年6月,中山大学工学院应用力学与工程系并入航空航天学院。中山大学力学专业创办于1958年,是全国较早创办的力学专业之一,力学学科具有一级学科博士学位授予权和博士后流动站。航空航天学院在科研平台建设、重大项目推进方面进展顺利,已与国内多间相关业务的主管单位、科研机构、工业部门建立了良好合作关系,一批重大项目已经或正在落地。学院将充分把握国家航天强国发展战略,利用中山大学多学科综合优势和粤港澳区位发展优势,努力建设成为国内一流、国际知名的高水平航空航天学院。

中山大学扫描分析结果如表5-16所示。

表 5-16 中山大学扫描分析结果

学校文化	学校使命:以立德树人为根本任务,坚持社会主义办学方向,致力于培养"德才兼备、领袖气质、家国情怀"的优秀人才;传承优秀文化,追求卓越创新,促进国家社会文明事业发展 战略目标:扎根中国大地,加快进入国内高校第一方阵步伐,努力迈进世界一流大学前列 办学理念:坚持中国特色社会主义大学办学方向,培养"德才兼备、领袖气质、家国情怀"的社会主义合格建设者和可靠接班人;守护大学精神、文化和价值,守护现代大学制度;倡导"大学是一个学术共同体",守护绝大多数人的利益。提高学校教育质量和师资队伍的学术水平;确立教授在学校事务中的学术主导地位 指导思想:紧紧抓住学科建设这个高校发展永恒的主题,坚持面向学术前沿、面向国家重大战略需求、面向国家和区域经济社会发展,实现文理医工的全方位融合发展 愿景:中山大学正站在新的起点上,为稳居国内高校第一方阵,建设世界一流大学的目标努力奋斗
相关科研平台	国家级研究机构35个,省部级科研机构224个,地方研究院10家,国际合作学院1所,重大平台10个

续表

相关学院 及机构	中山大学深圳校区：航空航天学院、医学院、药学院（深圳）、生物医学工程学院、公共卫生学院（深圳）、材料学院、智能工程学院、电子与通信工程学院、农学院、生态学院、集成电路学院、先进能源学院、先进制造学院、网络空间安全学院、商学院、理学院等 16 个学院 航空航天学院：航空航天学院拥有航空宇航科学与技术、力学 2 个一级学科，航空航天工程、理论与应用力学 2 个本科专业，以及应用力学与工程、宇航工程 2 个系
相关专业 及创立时间	本科专业（办学权）141 个。截至 2022 年 9 月，学校已有 10 个专业入选强基计划（基础学科招生改革试点）；11 个学科专业入选教育部基础学科拔尖学生培养计划 2.0 基地，总数位居全国并列第 4 名；72 个专业入选国家级一流本科专业建设点，19 个专业入选省级一流本科专业建设点，在办专业 100% 入选一流本科专业建设"双万计划"；经济、管理、工科、医科等多个本科专业通过了国内（国际）认证，与法国民用核能工程师教学联盟等国际一流大学开展的中外合作办学项目顺利通过相关国际认证 深圳校区的航空航天学院本科招生： 2018 年分专业招生：航空航天工程、理论与应用力学 2 个本科专业 2019 年、2020 年按大类招生：航空航天类（含航空航天工程、理论与应用力学专业） 2022 年按大类招生：航空航天类，涵盖航空航天工程、理论与应用力学
相关学科	在全国第四轮学科评估中，学校 50 个学科参评，A 类学科数（A＋、A、A－）14 个。2022 年 2 月，教育部、财政部、国家发展改革委印发《关于公布第二轮"双一流"建设高校及建设学科名单的通知》，学校 11 个学科再次入选新一轮"双一流"建设学科名单 航空航天学院拥有航空宇航科学与技术（硕士一级学科，2019 年教育部批复，2020 年首届招生）、力学一级学科博士学位授予权和博士后流动站
研究生招生	博士学位一级学科授权点 57 个，硕士学位一级学科授权点 64 个，专业学位类别 43 种，博士后科研流动站 44 个 航空航天学院研究生招生： 2021 年硕士研究生招生：力学、航空宇航科学与技术、机械（空天工程方向）、能源动力（动力工程方向） 2021 年博士研究生招生：力学 2023 年硕士研究生招生：力学、航空宇航科学与技术、机械 2023 年博士研究生招生：力学、航空宇航科学与技术

资料来源：中山大学官网，最后访问日期为 2023 年 4 月 4 日。

16. 北京理工大学珠海学院

北京理工大学珠海学院是经中华人民共和国教育部批准，于 2004 年 5 月 8 日正式成立的独立学院，以北京理工大学为办学主体，是其重要战略延伸和组成。学校坚持"人才强校"战略，已形成以两院"院士"、学部委员、国家万人计划青年拔尖人才为引领，校本部学科带头人、具有高级职称的骨干教师为核心，具有博士学位的优秀中青年教师为支撑，结构合理、国际化程度较高的师资队伍。学校不断引进北京理工大学校本部优势资源，成立了珠海北京理工大学研究院、北京理工大学院士工作站（珠海）、北京理工大学两化融合发展研究院（珠海）。学校依托北京理工大学校本部高端科研平台资源，对接粤港澳大湾区经济社会发展需求，服务珠海市地方产业转型升级，学校建立了以周立伟院士、朵英贤院士、甘晓华院士、梁慧星学部委员、倪国强教授等专家为核心的光电技术与智能制造系统、民用无人机技术、印制材料、高端制造业、民商法、港航物流、产业生态等科研创新团队。

航空学院是由北京理工大学珠海学院与中航通用飞机有限责任公司于2009年7月合作共建的，依托北京理工大学优势学科和国家民用航空等多方优势，培养在航空产业及相关领域的复合型、应用型航空专业技术人才。学院目前设有飞行技术专业、飞行器制造工程专业（航空维修工程方向）、交通运输专业（机场运行管理、飞行运行管理、航空市场营销与物流管理方向）、无人驾驶航空器系统工程专业。航空学院坚持民用航空特色、学历教育与职业教育相结合特色和准军事化管理特色，秉承勤奋、严谨、责任、荣誉的院训，以应用总体最优化思想、三贴近（贴近学生思想实际、贴近学院培训目标、贴近行业发展人才需求）、两优化（优化学院航空文化环境、优化管教结合的经常性思想工作）的育人思路和培养高素质人才为目标，从教学思想、教学改革、教学建设、教学管理和教学方法等方面，形成了一个比较完整的民用航空应用型人才培养体系。近年来，我国民用航空市场发展迅速、潜力巨大，航空产业被称为制造业领域皇冠上的明珠，现已形成颇具竞争力和影响力的航空经济发展模式。民用航空运输大发展，广东省打造航空省，珠海市打造航空城，航空公司、机场、航空制造企业、航空维修企业、航空服务企业、航空教育与科研等单位航空产业链规模的形成，使航空运输飞行员、航空机务维修人员、航空地面服务人才的需求量与日俱增，为学校飞行技术专业、飞行器制造工程专业和交通运输专业毕业生提供了非常广阔的就业前景。

从航空学院 2016 年的本科专业来看，有 2 个专业，飞行器制造工程（航空机械工程、航空电子工程、民用无人机工程方向）、交通运输（机场运行控制与管理、通用航空飞行技术方向、航空服务与管理方向）；分别设置了 3 个方向。这些方向的设立，也为飞行技术于 2017 年独立成为一个专业，无人驾驶航空器系统工程于 2018 年独立成为一个专业打下了基础，从而形成了 2020 年的专业集群。

北京理工大学珠海学院扫描分析结果如表 5－17 所示。

表 5－17　北京理工大学珠海学院扫描分析结果

学校文化	学校将传承北京理工大学红色基因，秉持"德以明理、学以精工"的校训，充分依托北京理工大学办学优势，坚持立足珠海、服务广东、面向全国、放眼世界的办学宗旨，牢记为党育人，为国育才使命，在高质量内涵式发展道路上砥砺奋进
相关科研平台	学校已建成各级科研平台 22 个，包括 1 个省部级实验室珠海分室、2 个省级工程技术中心、1 个省级联合实验室、3 个市级重点实验室、3 个市级协同创新中心、3 个市级中小企业开放实验室、1 个市级公共实验室、2 个市级公共技术平台、6 个市级社科研究基地
相关学院及机构	现设有信息学院、计算机学院、工业自动化学院、材料与环境学院、航空学院、数理与土木工程学院、会计与金融学院、商学院、民商法律学院、外国语学院、设计与艺术学院、马克思主义学院、中美国际学院、布莱恩特项目、体育部、创业学院、荣誉学院、继续教育学院等 18 个专业学院（教学部） 学校建有信息、计算机、机械、化工、材料、艺术、设计等 52 个实验室（中心）。拥有工程训练中心、电子信息基础实验教学示范中心、化学化工实验中心、机械与车辆学院实验中心、物理实验教学中心、商科综合仿真实训中心等 6 个省级实验教学示范中心；电子信息实践教学基地、嵌入式系统设计方向应用型人才实训实习基地等 8 个省级实验（实践）教学基地；通用航空、电子信息创新创业等 2 个省级协同育人平台 航空学院：由北京理工大学珠海学院与中航通用飞机有限责任公司于 2009 年 7 月合作共建，依托北京理工大学优势学科和国家民用航空等多方优势，培养在航空产业及相关领域的复合型、应用型航空专业技术人才
相关专业及创立时间	涵盖 62 个本科专业，其中理工科专业 34 个，占比 54.84%。拥有 1 个国家级一流本科专业建设点，8 个省级一流本科专业建设点；拥有 1 个省级战略新兴产业特色专业，1 个省级应用型人才培养示范专业，8 个省级专业综合改革试点专业，7 个 IEET 工程及科技教育认证专业 2020 年本科招生专业：飞行技术、飞行器制造工程、交通运输、无人驾驶航空器系统工程 2022 年本科招生专业：飞行技术、飞行器制造工程、交通运输、无人驾驶航空器系统工程等专业

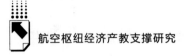
相关学科	涵盖 7 大学科门类，学校现拥有 1 个省级特色重点学科、2 个省级重点培育学科、3 个市级优势学科
研究生招生	暂无独立招生

资料来源：北京理工大学珠海学院，最后访问日期为 2023 年 4 月 4 日。

17. 广州交通大学

广州正在进一步提升国际综合交通枢纽能级，加快建设世界级空港、海港和铁路、公路枢纽。为此省、市政府支持整合广州地区交通类高等教育资源创办新的大学"广州交通大学"。筹建工作已经展开，将投入约 66.67 公顷土地，计划 2023 年正式招生。政府计划以广州航海学院为基础，整合广东交通职业技术学院、广东民航职业技术学院、广州铁路职业技术学院、广东邮电职业技术学院等 7 所广州地区交通类高等教育资源来创办新的大学"广州交通大学"，基本建设投入资金为 62 个亿，建设交通科技创新平台资金为 30 个亿，总投入近 100 个亿。牵头高校广州航海学院将根据国家和广东经济社会发展战略，按照教育部、广东省和广州市的要求，深度融入"一带一路"倡议和粤港澳大湾区建设等国家重大发展布局，对接省市重大发展需求，以广州市筹建广州交通大学为契机，坚持内涵建设、特色发展、创新发展、以人为本，全面提高教育教学质量，大幅度提高学术成果的产出率和转化率，实现学校治理体系和治理能力现代化，全面提升办学水平。而正在筹办的广州交通大学将明确"三步走"战略目标，第一步到 2025 年建设综合交通特色鲜明的应用型本科大学，交通运输工程学科达到省级一流；第二步到 2035 年，推进高水平应用型大学建设，综合实力进入全国同类高校前 10 名；第三步力争到 2050 年，综合实力进入全国同类高校前 5 名，总体实现建成特色鲜明的高水平应用型大学的目标。2022 年 10 月 10 日上午，广州开发区长岭居管理委员会（广州开发区重点项目工作办公室）党支部、广州市黄埔区红山街道党工委、广州航海学院党委联合开展主题党日活动。活动现场，三方签订党建共建协议，表示将通力合作，打造党建"红色矩阵"，加快推进广州交通大学项目建设。广州航海学院党委书记、校长邹采荣表示，广州航海学院前身为交通部广州海运管理局创办的广州海运学校，2013 年由广州航海高等专科学校升格为普通本科院校并更名为广州航海学院。广东省委、省政府，广州市委、市政府在 2018 年明确以广州航海学院为基础新建广州交通大学；教育部、广东省人民政府在 2020 年联合发布《推进粤港澳大湾区高等教育合作发展规划》，明确"推动建设广州交通大学等高校""支持广州建设广州交通大学"；广东省和广州市的"十四五"规划、广州市第十二次党代会报告也均对广州交通大学有明确的建设要求。

一个涵盖五种运输方式的现代交通大学值得期待，而其合并的广州民航职业技术学院因为有资深的民航背景，因此该拟建大学的突出民航类专业和学科特色值得关注。广州民航职业技术学院下设飞机维修工程学院、航空港管理学院、民航经营管理学院等 6 个二级学院，其中飞机机电设备维修、飞机结构修理、航空电子设备维修、航空地面设备维修、通用航空器维修等民航特有专业对口率均超过 90%，优秀毕业生已成为各领域技术骨干与管理人才。学校以现代民用航空体系和航空产业链建设需求为导向，以飞机维修、民航运输等民航特有专业岗位（群）核心能力培养为主线，创新了"课证一体、中外融通、校企融合"的民航特有专业人才培养模式。制定了基于行业标准的民航特有专业课程教学标准，做到"行业标准入体系、职业标准入课程"，与民航行业企业合作共建民航飞机维修工程、航空港安全检查、航空服务、通用航空等民航特有专业的校企共享型"公共实训平台"，对全国其他院校的民航专业教学起到引领作用。可以预见，随着广州交通大学层次的提升，将为所有汇入该校的 7 个本专科学校提供更高的平台，其中的民航类专业和学科将有更大的发展。

（二）东北地区

东北地区 1 所，黑龙江八一农垦大学。

18. 黑龙江八一农垦大学

黑龙江八一农垦大学是黑龙江省属全日制普通高等学校，创建于 1958 年

7 月，首任校长由原国家副主席、时任农垦部部长的王震将军担任。学校原隶属农垦部，1973 年划归黑龙江省人民政府。经过 60 多年的发展建设，现已成为一所具有鲜明现代化大农业特色，以农为主、多学科协调发展的农业大学。

学校与垦区及地方政府合作共建了"建三江水稻产业创新研究院""九三大豆产业创新研究院""北安垦区智慧农业创新研究院""牡丹江垦区绿色农业产业创新研究院""牡丹江垦区奶牛产业创新研究院""宝泉岭产业融合发展创新研究院""大庆设施农业研究院""安达农业科技园区""青冈鲜食玉米产业技术研究院""牡丹江食品与生物技术创新研究院"等十大校垦校地融合发展科技创新基地。"十三五"以来，学校承担国家、省部项目共计 397 项，各级部门科研经费共计 3.54 亿元。建校以来，学校共取得科研成果 1760 余项，获得国家科技进步奖 7 项、省部级奖励 180 项，以"大豆三垄栽培技术""农作物种衣剂""大豆、水稻生产加工全程安全控制关键技术""牛重要疫病防控关键技术研究与应用""'狮白鹅'选育及'玉鹅'生态种养模式""黑龙江水稻大面积均衡高产优质栽培综合配套技术""现代化农机关键技术及装备"等为代表的一批重大科研成果在生产实践中得到有效转化，创造了巨大的经济效益和社会效益。学校先后 3 次获得"黑龙江省省长特别奖"，2 次获得"黑龙江省大专院校和科研单位振兴经济奖"，10 次获得"黑龙江省科学技术奖一等奖"。

黑龙江八一农垦大学扫描分析结果如表 5 - 18 所示。

表 5 - 18 　黑龙江八一农垦大学扫描分析结果

学校文化	边疆农村办学 45 年，学校师生发扬解放军优良传统和"抗大校风"，传承北大荒精神，走出了一条自强不息、砥砺奋进的发展之路。2003 年学校整体迁入大庆市，进入提速升级、跨越发展的新时期。在长期的办学实践中，学校凝练形成了"艰苦奋斗、无私奉献、务实求真、负重致远"的办学精神，并因优良校风和办学实绩赢得了社会的广泛赞誉
	困知勉行，积厚成器。学校坚持"育人为本、质量立校、崇尚学术、特色发展"的核心办学理念，以立德树人为根本任务，以服务黑龙江全面振兴、全方位振兴，服务国家农业现代化为办学使命，以产教融合发展为导向，以质量提升为核心，着力提高学校内涵发展水平和办学综合实力，正在向着建设特色鲜明的高水平现代农业大学目标不断迈进

续表

相关科研平台	学校科研工作以应用研究和技术开发为主要方向，建有国家杂粮工程技术中心、新农村发展学院、教育部粮食副产物加工与利用工程技术研究中心、农业农村部农产品及加工品质量监督检验测试中心（大庆）、农业农村部东北平原农业绿色低碳重点实验室、农业农村部大豆机械化生产重点实验室、农业农村部东北寒区牛病防治重点实验室（部省共建）等28个国家、省部级科研平台，以及7省高校重点实验室、工程技术研发中心 建有1个科技部重点领域创新团队、1个黑龙江省杂粮绿色生产及食品深加工技术研发"头雁"团队、3个省级教学团队、6个省级领军人才梯队、4个省高校科技创新团队
相关学院及机构	学校建有农学院、工程学院（航空学院）、动物科技学院、食品学院（北大荒农产品加工现代产业学院）、信息与电气工程学院、生命科学技术学院、理学院、园艺园林学院、土木水利学院等11个本科学院以及马克思主义学院（北大荒精神与文化研究所）、体育教研部、继续教育学院等教学机构 工程学院（航空学院）始建于1996年，前身为1958年建立的农机系，是黑龙江八一农垦大学历史最为悠久的学院之一，学院拥有农业工程一级博士学位授权点、农业工程博士后科研流动站、农业工程一级硕士学位授权点、机械工程一级硕士学位授权点、农业工程省级重点学科、杂粮生产与加工省级优势特色学科支撑学科。有农业机械化及其自动化、农业电气化、机械设计制造及其自动化、交通运输、工业设计、飞行技术等6个本科专业。学院建有1个北大荒现代农业产业技术协同创新中心平台（智能农业装备与产业信息管理），1个智能农机装备省级重点实验室，3个省级工程技术研究中心（水稻生态育秧装置及全程机械化、保护性耕作、马铃薯机械化），1个省高校重点实验室。拥有1个国家级卓越农林人才教育培养计划改革试点、1个航空产业学院日照基地
相关专业及创立时间	建有53个本科专业，其中国家级特色专业3个、省级重点专业9个、国家级一流专业8个、省级一流专业17个。现有获批1个国家级专业综合改革试点项目，2个国家级卓越农林人才教育培养计划改革试点项目（涵盖7个专业），1个国家新工科研究与实践项目，4个国家新农科研究与改革实践项目，3个省级专业综合改革试点项目，5个省级卓越农业人才教育培养计划改革试点专业项目，2个省级新工科研究与实践项目，2个省级新农科研究与改革实践项目，3个省级新文科研究与改革实践项目，1个国家级现代产业学院；获批国家级实验教学示范中心2个、国家级校外实践教育基地1个，省级实验教学示范中心5个、省级虚拟仿真实验教学示范中心1个、省级校外实践教育基地3个 2022年本科招生：飞行技术、交通运输、农业机械化及其自动化（创新人才培养班）、供应链管理等
相关学科	学科专业涉及农学、工学、管理学、理学、法学、文学、经济学7个学科门类 学校建有3个博士后科研流动站及1个博士后科研工作站，拥有4个一级学科博士学位授权点，11个一级学科硕士学位授权点，7个硕士专业学位授权类别 黑龙江特色学科建设高校及学科名单（分布在7所高校共7个二级学科或交叉学科）：黑龙江八一农垦大学（1个）的杂粮生产与加工入选

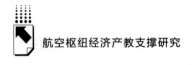

研究生招生	2022 年博士研究生招生：农业工程、作物学、兽医学、食品科学与工程等 4 个一级学科博士学位授权点 2023 年硕士研究生招生：生物学、机械工程、农业工程、作物学、农业资源与环境、植物保护、畜牧学、食品科学与工程、土木水利等 11 个一级学科硕士学位授权点；生物与医药、电子信息、农业工程与信息技术、食品加工与安全等 7 个硕士专业学位授权类别

资料来源：黑龙江八一农垦大学官网，最后访问日期为 2023 年 4 月 4 日。

（三）中部地区扫描分析

中部地区 5 所，分别是太原理工大学（山西省）、合肥工业大学（安徽省）、黄河交通学院（河南省）、安阳学院（河南省）、南昌理工学院（江西省）。值得关注的是除重庆大学、中山大学作为"985"高校如梦初醒杀入空天领域之外，太原理工大学和合肥工业大学作为"211"高校也进军空天领域，提升了进入空天领域高校的研究实力。

19. 太原理工大学

太原理工大学是一所历史悠久、底蕴深厚、特色鲜明的世纪学府，坐落于具有 2500 多年建城史的国家历史文化名城——太原。其前身是创立于 1902 年的山西大学堂西学专斋，为中国创办最早的三所国立大学堂之一。1953 年，学校独立建校，定名太原工学院，直属国家高教部；1962 年划归山西省管理；1984 年更名为太原工业大学。1997 年，太原工业大学与直属于国家煤炭工业部的山西矿业学院（始建于 1958 年）合并，组建太原理工大学，同年跻身国家"211 工程"重点建设大学行列，开启了改革发展的新篇章。2017 年，学校入选国家"双一流"重点建设高校，迎来了崭新的发展时期。

太原理工大学党委常委会 2019 年 11 月 1 日会议研究决定正式成立太原理工大学航空航天学院，2019 年 12 月 7 日，由时任山西省委书记的楼阳生和中国商用飞机有限责任公司副总经理、C919 大飞机总设计师、中国工程院院士吴光辉为该院剪彩揭牌。航空航天学院本着服务国防、服务航空、服务地方的宗旨，策应山西航空产业发展，依托太原理工大学现有的机械工程、力学、材料科学与工程、电子科学与技术、信息与通信工程、控制科学与工程、计算机科学与技术、管理科学与工程、设计学等学科的优势和资源，以建设成为国内一流的航空航天学院、全力助推山西通用航空示范省建设为愿景，由吴光辉院士担任首席学科带头人、名誉院长。

航空航天学院专业建设：2020 年，已获批飞行技术专业（审批专业）、飞行器设计与工程专业（备案专业）2 个专业。学校考虑山西通用航空事业发展和航空航天行业发展对专业人才的需求程度，结合太原理工大学的专业优势，统筹规划航空航天学院的专业设置，包括飞行技术专业、飞行器设计与工程专业（拟设置 2 个培养方向：新概念飞行器设计、无人机设计）、飞行器制造工程专业（拟设置 2 个培养方向：航空维修工程与技术、特种加工与智能制造）、飞行器控制与信息工程专业（拟设置 2 个培养方向：飞行器控制、空管）等专业。

太原理工大学扫描分析结果如表 5 – 19 所示。

表 5 – 19　太原理工大学扫描分析结果

学校文化	大学精神：学校始终秉承"求实、创新"的校训，坚持"以人为本、文体为舟、承载德智、全面发展"的办学传统，彰显"敢为人先、敢于竞争、勇于创新"的精神气质，深刻诠释百年老校"得天下英才以育之、育一代新人以报国"的崇高追求 学校愿景：汾水之滨，煌煌学堂，学校将以习近平新时代中国特色社会主义思想为指导，不忘初心、牢记使命，以推动社会进步、实现国家富强、谋求人类福祉为己任，坚定不移朝着建设综合性研究型高水平一流大学目标奋勇前行 航空航天学院愿景：筚路蓝缕，砥砺前行，学院本着"求实、严谨、创新、筑梦"的院训，聚焦国际航空航天学术前沿、国家重大战略需求、通航经济主战场，以特色鲜明、国内一流、国际有影响为发展愿景，系统谋划、统筹推进、务实高效，朝着特色化、创新性、高水平一流学院目标奋勇前进
相关科研平台	学校拥有省部共建国家重点实验室 1 个、教育部重点实验室 4 个、教育部创新团队 2 个、科技部重点领域创新团队 1 个。山西省重点实验室 11 个、教育部工程技术研究中心 1 个、国家地方联合工程实验室 2 个、国家地方联合研究中心 1 个、山西省工程技术研究中心 13 个、国家国际科技合作基地 1 个、山西省国际科技合作基地 2 个、科技部创新人才培养示范基地 1 个

续表

相关学院及机构	学校设有机械与运载工程学院、材料科学与工程学院、电气与动力工程学院、信息与计算机学院、软件学院、建筑学院、土木工程学院、水利科学与工程学院、化学工程与技术学院、矿业工程学院、轻纺工程学院、环境科学与工程学院、数学学院、光电工程学院、大数据学院、安全与应急管理工程学院、航空航天学院、化学学院等 25 个专业学院、1 个中外合作办学学院（筹） 航空航天学院下设飞行技术与管理系、航空航天工程系和实验实训中心。现为山西省通用航空产业联盟理事长单位。学院与南京航空航天大学航空学院开展合作共建。学院现有飞行器设计与工程和飞行技术 2 个本科专业。学院现有航空宇航科学与技术一级学科硕士点，航空工程、航天工程专业硕士领域
相关专业及创立时间	目前学校 21 个专业通过了国际工程教育专业认证，国家一流专业 41 个，省级一流专业 15 个，国家一流课程 13 门 空天和民航类专业设置时间：飞行器设计与工程（2020 年）、飞行技术（2020 年） 2022 年本科招生：飞行器设计与工程、飞行技术、工程力学、工程力学（试验班）、机械设计制造及其自动化、安全工程、应急技术与管理、物流管理（航空物流）等专业或方向
相关学科	学校以工为主、理工结合、多学科协调发展，涵盖理学、工学、经济学、法学、教育学、文学、管理学、艺术学等 8 个门类 一级学科或交叉学科：机械工程、力学、材料科学与工程、电气工程、电子科学与技术、控制科学与工程、计算机科学与技术、土木工程、水利工程、化学工程与技术、地质资源与地质工程、矿业工程、环境科学与工程、数学、光学工程、生物医学工程、安全科学与工程、管理科学与工程、设计学等一级学科博士点；数据科学与技术为博士交叉学科
研究生招生	2020 年博士研究生招生：机械与运载工程学院，在机械工程专业的机械电子工程学科方向首次设立飞机设计及机电系统研究方向，博士生导师为吴光辉（双聘院士）、黄庆学（院士）；信息与计算机学院，在电子科学与技术专业设电路与系统学科方向，含空间通信与导航定位技术研究方向，博士生导师为李灯熬 2021 年硕士研究生招生：信息与计算机学院设信息与通信工程专业，含卫星定位与导航系统研究方向 2022 年学术学位博士研究生招生：机械与运载工程学院，在机械工程专业的机械电子工程学科方向继续设立飞机设计及机电系统研究方向，博士生导师为吴光辉（双聘院士）、王志华 2022 年工程博士研究生招生：在机械类设置航空工程专业，包含飞行器设计与结构强度、先进制造理论与技术、先进材料制备与成形等 3 个方向 2023 年硕士研究生招生：航空航天学院，设航空宇航科学与技术一级学科学术硕士点；航空工程、航天工程等 2 个专硕点

资料来源：太原理工大学官网，最后访问日期为 2023 年 4 月 4 日。

20. 合肥工业大学

合肥工业大学是中华人民共和国教育部直属全国重点大学，教育部、工信部和安徽省政府共建高校，国防科工局与教育部共建高校。学校创建于1945年，1960年被中共中央批准为全国重点大学。刘少奇、朱德、董必武、陈毅、邓小平等老一辈无产阶级革命家先后来校视察指导工作，邓小平同志于1979年亲笔为学校题写了校名。学校2005年成为国家"211工程"重点建设高校，2009年成为国家"985工程"优势学科创新平台建设高校，2017年进入国家"双一流"建设高校行列。

合肥工业大学扫描分析结果如表5-20所示。

表5-20 合肥工业大学扫描分析结果

学校文化	大学精神：学校深怀"工业报国"之志，秉承"厚德、笃学、崇实、尚新"的校训，以"培养德才兼备，能力卓越，自觉服务国家的骨干与领军人才"为人才培养总目标，形成了"工程基础厚、工作作风实、创业能力强"的人才培养特色。学校培育践行"爱国爱校、笃学问道、团结合作、尽己奉献、追求一流"的校园文化，不断深化教育教学改革，人才培养质量持续提高。学校已经成为国家人才培养、科学研究、社会服务、文化传承创新和国际交流合作的重要基地 学校愿景：面向未来，合肥工业大学将坚定不移以习近平新时代中国特色社会主义思想为指导，坚持社会主义办学方向，坚持党对学校工作的全面领导，坚持立德树人根本任务，全面加强内涵发展，全面深化综合改革，全面推进依法治校，全面从严管党治党，为建设国际知名的研究型高水平大学和一批世界一流学科而继续奋斗
相关科研平台	现有（联合）国家重点实验室（培育）和国家工程实验室各1个、教育部重点实验室2个、教育部工程研究中心5个、教育部哲学社会科学实验室（试点）1个、国家国际科技合作基地（示范型）2个，国家地方联合工程研究中心3个、国家地方联合工程实验室1个，安徽省实验室1个
相关学院及机构	机械工程学院、材料科学与工程学院、电气与自动化工程学院、计算机与信息学院（人工智能学院）、土木与水利工程学院、化学与化工学院、管理学院、仪器科学与光电工程学院、建筑与艺术学院、资源与环境工程学院、食品与生物工程学院、数学学院、微电子学院、物理学院、汽车与交通工程学院、软件学院等22个学院 机械工程学院现拥有机械设计及理论、机械制造及其自动化、机械电子工程、工业工程、环保装备及工程5个二级博士学位授权点，1个工程博士点（机械专业学位博士点），以及机械设计及理论、机械制造及其自动化、机械电子工程、流体机械及工程、工业工程、环保装备及工程6个学术型硕士授权点，机械工程、工业工程、动力工程3个专业学位硕士授权点。拥有机械设计制造及其自动化、工业工程、机械工程、飞行器制造工程、过程装备与控制工程5个本科专业，其中"机械设计制造及其自动化"入选首批国家一流本科专业、通过国际工程教育专业认证

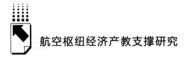

续表

相关专业及创立时间	设有本科专业 101 个，其中 48 个国家级一流本科专业建设点 学校现有 4 个国家级实验教学示范中心、1 个国家级虚拟仿真实验教学中心、3个国家级工程实践教育中心 2022 年本科：机械类（智能制造）含飞行器制造工程专业
相关学科	学校现有 19 个博士学位授权一级学科、3 个博士专业学位授权点；39 个硕士学位授权一级学科、21 个硕士专业学位授权点；学校高质量完成了首轮"双一流"建设任务，顺利进入新一轮"双一流"建设。学校 8 个学科进入 ESI 全球排名前 1%，其中工程科学学科进入 ESI 全球排名前 1‰
研究生招生	2023 年硕士研究生招生：仪器科学与技术、生物医学工程、机械工程、电气工程、控制科学与工程、信息与通信工程、计算机科学与技术、软件工程、化学、化学工程与技术、力学、水利工程、测绘科学与技术、电子科学与技术等一级学科；仪器仪表工程、光电信息工程、机械、材料与化工、电子信息、能源动力等专业学位 2022 年博士研究生招生：仪器科学与技术、机械工程、材料科学与工程、电气工程、控制科学与工程、信息与通信工程、计算机科学与技术、软件工程、化学工程与技术、力学、土木工程、数学等一级学科 2022 年工程博士招生：在机械、能源动力、生物与医药 3 个领域招收全日制和非全日制工程博士

资料来源：合肥工业大学官网，最后访问日期为 2023 年 4 月 4 日。

21. 安阳学院

安阳学院前身为安阳师范学院人文管理学院，创建于 2003 年，是经教育部批准设立的一所以实施普通本科学历教育为主的高等学校，2016 年 5 月正式转设更名为安阳学院。2021 年 4 月安阳学院原阳校区获批成立。目前，安阳学院共有安阳中华路校区、原阳校区 2 个校区，总占地面积约 133.33 公顷。

学校坚持"立德树人、知行合一、特色立校、内涵强校"的办学理念，以全面提升人才培养能力为核心，以校企合作为平台，主动适应经济转型和社会发展，立足安阳、面向河南，结合区域经济社会发展和产业结构调整需求，培养具有高度社会责任感和职业操守、创新精神和实践技能的高素质应用型人才。学校积极探索"政、院、校、企"人才培养模式，先后与龙文教育集团、浙江衡信教育科技有限公司、高顿教育上海总部、上海链家房地产有限公司、安阳万达嘉华酒店、邯郸方特、河北省第四建筑工程有限公司、河南科创数控机械有限公司等多家企业签订了校企合作协议，构建校外实习基地132个，形成互惠互利合作机制。同时，通过开展创新创业大讲堂、创客沙龙、创新创业大赛等一系列活动助推学生创新创业。

安阳学院扫描分析结果如表5-21所示。

表5-21　安阳学院扫描分析结果

学校文化	校训：盛德日新、自强不息 校风：大智、大气、大节 学校愿景：突出特色发展和内涵建设，落实立德树人根本任务，以质量提升为核心，以改革创新为动力，以融入区域和服务地方为导向，以培养担当民族复兴大任的时代新人为历史使命，努力把学校建设成为办学条件优良、管理规范、特色鲜明的高水平应用型民办高校，为全面建设社会主义现代化河南、实现中华民族伟大复兴的中国梦做出积极贡献 航空工程学院愿景：随着中国民航业的逐渐发展和郑州航空港经济综合实验区的飞速建设及安阳打造"航空运动之都"和低空经济试验区战略的确定，中国民用航空器的制造、维护与维修必将在地区及全国蓬勃发展起来。航空工程学院期望更多优秀学子与我们一起，为实现"航空报国"的理想共同努力奋斗
相关科研平台	成立了甲骨文艺术研究中心、红旗渠精神研究中心、非遗艺术文化研究所、应用数学研究所等17个科研机构
相关学院及机构	学校现设有"十三院两部"，即航空工程学院、计算机科学与数学学院、建筑工程学院、文学与传媒学院、外国语学院、创新创业学院、财会学院、经济与管理学院、音乐学院、美术学院、职业教育学院、马克思主义学院、继续教育学院、体育教学部和公共艺术教学部 航空工程学院是春来教育集团旗下安阳学院的具有航空特色的专业学院。在学校领导和指导下，学院致力于建设以飞行器、汽车等运载工具应用与发展为主攻方向，以机械工程类和电子电气工程类为两翼支撑，多学科协同发展的专业集群。目前，学院有机电与信息工程河南省实验教学示范中心；新工科（飞行器设计与工程专业）省级大学生校外实习基地（安阳华翔通用航空有限公司）；机电控制安阳市重点实验室、汽车电控安阳市重点实验室。2021年，学校与安阳华翔通用航空有限公司合作，建立通航产业学院
相关专业及创立时间	设有44个本科专业，37个专科专业，3个双学士学位专业，17个成人高等学历教育专业，23个五年一贯制大专和14个中专专业 会计学、汉语国际教育、数学与应用数学、机械电子工程、环境设计、英语、物流管理等7个专业入选河南省民办高校品牌专业，财务管理、计算机科学与技术、音乐学、工程管理、美术学、法学等6个专业入选河南省学科专业建设资助项目，机电与信息工程实验教学中心被评选为省级实验教学示范中心，信息管理与信息系统、美术学2个专业获批河南省一流本科专业建设点 航空工程学院目前拥有飞行器设计与工程、飞行器制造工程、机械电子工程、电子信息工程4个本科专业和空中乘务、直升机驾驶技术、无人机应用技术、飞机电子设备维修、飞机机电设备维修、机电设备技术、汽车检测与维修技术、机场电工技术、机电一体化技术、电子信息工程技术等12个专科专业

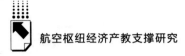

相关专业及创立时间	2022 年本科招生：机械电子工程、电子信息工程、飞行器设计与工程、飞行器制造工程等专业 2022 年专科招生：无人机应用技术、空中乘务、飞机机电设备维修、飞机电子设备维修等专业 空天类本科首次招生时间：飞行器设计与工程（2017 年）、飞行器制造工程（2020 年）
相关学科	学校以学科建设为龙头，始终坚持"优化结构、突出重点、交叉汇集、协调发展"的学科建设指导思想，涵盖文学、理学、工学、法学、经济学、管理学、教育学和艺术学等 8 个学科门类 河南省重点学科培育学科："机械电子工程"
研究生招生	2021 年 11 月，学校再次获批河南省教育厅硕士学位授予立项建设单位

22. 黄河交通学院

黄河交通学院是教育部批准的河南省唯一一所以培养交通运输人才为特色的应用型本科高校。建校以来，学校秉承"修德、启智、博学、笃行"的校训，面向现代综合交通运输行业办学，先后为社会培养了大量专业人才，为地方经济社会发展提供了有力的智力支持和人才支撑。学校不断深化应用型大学内涵建设，紧密对接区域和行业发展需求，截至 2023 年 3 月先后与郑州高端装备与信息产业技术研究院有限公司、华为技术有限公司、广联达科技股份有限公司、航天信息河南有限公司、东风乘用车公司、中国汽车工程研究院股份有限公司等知名企业合作共建了 6 个产业学院，建立了产教融合、协同育人培养模式，实现专业链与产业链、课程内容与职业标准、教学与生产过程对接；立项教育部"产学合作协同育人"项目 21 个。学校在南校区与中国汽车工程研究院股份有限公司合作共建河南省唯一的国家智能清洁能源汽车质量检验检测中心，共同打造产教融合汽车实验实训基地、河南省汽车检测认证行业产学研合作基地、河南省新工科（车辆工程）大学生实践教学基地和河南省博士后创新实践基地。学校形成了以现代交通运输行业为主体，向现代制造、智能建造、现代服务、智能科学与技术、信息技术服务等行业辐射的良好就业格局。学校依托大学科技园平台，成就大学生创新创业梦想，激励学生的创新意识，培育创新能力，提升大学生就业质量，获得了"河南省普通高校毕业生就业工作先进集体"荣誉称号。

黄河交通学院扫描分析结果如表 5-22 所示。

表 5-22　黄河交通学院扫描分析结果

学校文化	校训：修德启智、博学笃行 校风：重德、敬业、善学 学校愿景：坚持"知行合一、特色发展"的办学理念，坚持社会主义办学方向，坚持立德树人根本任务，着力培养德智体美劳全面发展的社会主义建设者和接班人，努力创建特色鲜明、省内一流、行业知名的应用型本科高校
相关科研平台	学校设有 4 省级工程（技术）研究中心和 14 个市级工程技术研究中心 机电工程学院建有 5 个工程技术研究中心：河南省智能制造技术与装备工程技术研究中心、焦作市数控铣床设备工程技术研究中心、焦作市物料传输设备关键件制造工艺与装备工程技术研究中心、焦作市黄河流域生态监控智能无人机技术研究中心和焦作市智能机器人工程技术研究中心
相关学院及机构	学校设有汽车工程学院、交通工程学院、机电工程学院、智能工程学院、经济管理学院、马克思主义学院、艺术设计系、公共体育部、基础教学部、创新创业学院等学院（系、部） 机电工程学院前身是 2007 年郑州交通职业学院设立的机电工程系，2014 年学校升本后更名为机电工程学院。学院现有 8 个教研室和 2 个中心，分别是机械制造教研室、机械电子教研室、电气工程教研室、机械工程教研室、航空教研室、机器人工程教研室、机械原理教研室和产业学院教研室，实验中心和工程训练中心
相关专业及创立时间	学校现开设 32 个本科专业，有河南省一流本科专业建设点 3 个，河南省民办高校品牌专业 8 个，河南省民办高校学科专业建设资助项目 7 个，河南省综合教学改革试点项目 1 个，河南省一流本科课程 2 门、河南省精品在线开放课程 2 门，河南省课程思政样板课程 2 门，河南省大学生校外实践教育基地 6 个，河南省教学成果奖 1 项，拥有校内实验实训场所 215 个，校外实习基地 92 个 机电工程学院现开设有机械设计制造及其自动化、机械电子工程、电气工程及其自动化、机械工程、飞行器制造工程和机器人工程 6 个本科专业 2022 年普通本科招生：机械设计制造及其自动化、机械电子工程、车辆工程、能源与动力工程、电气工程及其自动化、机器人工程、飞行器制造工程、交通运输、交通工程等 空天类本专科专业首次开设时间：本科，飞行器制造工程（2018 年）；专科，航空物流（2015 年）、无人机应用技术（2016 年）、飞机机电设备维修（2016 年）、空中乘务（2018 年）
相关学科	形成了以工学为主，管理学、经济学、法学、艺术学等多学科协调发展的格局
研究生招生	暂无硕士研究生招生

资料来源：黄河交通学院官网，最后访问日期为 2023 年 4 月 4 日。

23. 南昌理工学院

南昌理工学院是经教育部批准设置的民办普通本科高校。1999 年 5 月创建；2001 年 4 月，经江西省人民政府批准升格为高职院校，定名为江西航天科技职业学院；2005 年 5 月，经教育部批准升格为江西省首批民办本科高校，定名为南昌理工学院；2009 年 4 月，经江西省人民政府学位委员会批准为江西省首批民办高校学士学位授予单位；2012 年 11 月，学校顺利通过教育部本科教学工作合格评估，是江西省首批第一所一次性通过合格评估的民办高校；2016 年 4 月，学校与华东交通大学开始联合培养研究生；2017 年 4 月，被江西省人民政府学位委员会列为"十三五"硕士授权立项建设单位；2018 年 2 月，被教育部命名为国防教育特色学校；2018 年 11 月，顺利通过了教育部本科教学工作审核评估，专家组一致认为：南昌理工学院是全国示范性民办高校，国防教育特色鲜明，军魂育人成效显著。2021 年，被江西省人民政府学位委员会列为"十四五"硕士授权立项建设单位。

学校为深化教育教学改革，坚持知识、能力、素质协调发展的原则，在重视知识传授的基础上，加强专业应用技能的培养。构建了"3 平台＋接口"的培养方案，设计了"课程实验＋每学期的集中职业技能实训＋教学环节实践＋第二课堂实践"的"四实"实践教学体系，形成了"校长总管，副校长分管，三线监控，多点支持，基层落实的质量保障体系"和"管、监、评分离的三线质量监控体系"。近 6 年（截至 2022 年）来，学生在全国和全省数学建模大赛、电子设计大赛、挑战杯全国大学生课外学术科技作品竞赛等各级各类赛事中获奖 3200 项，2021 年当年共计 1003 项，其中国际级有一等奖 9 项、二等奖 11 项、三等奖 32 项；国家级有特等奖 4 项、一等奖 125 项、二等奖 261 项、三等奖 569 项。在世界航天模型锦标赛中，学校师生代表中国队夺得四金一银四铜的好成绩，特别在火箭高度纪录项目和回收项目上，完胜俄罗斯队和美国队，赢得冠军。

学校十分重视科研成果和专利的转化，紧紧围绕电子信息、新能源、新能源汽车工程、智能机器人、航天食品等重点产业，建设了 50 余项前沿科技项目的知识产权及技术成果库。学校研发的通讯通信、音视频系统荣获中国人民解放军军品定点采购，成为各军种列装的首选品牌及航空航天系统等项目的配套产品；自主研发的工业机器人等智能平台和设备，已实现成果转化；研发的光伏电站可调控支架系统设计与开发、光伏电站电路智能检测装备、光伏电站检测漏电设备开发、可清洁防风智能型支架系统设计与开发等太阳能电站装备相关器件已实现转化。学校科研成果和专利不断地转化为生产力，为区域经济社会发展做出了应有的贡献。

南昌理工学院扫描分析结果如表 5 – 23 所示。

表 5 – 23　南昌理工学院扫描分析结果

学校文化	学校校训：科学、求实、厚德、创新 办学宗旨：航天科教、兴我中华 学校愿景：始终坚持社会主义办学方向，坚持立德树人，不忘初心，弘扬"特别能吃苦、特别能战斗、特别能攻关、特别能奉献"的载人航天精神，不断加强内涵建设，牢记党的教育方针和"办好人民满意的教育"的使命，努力培养德智体美劳全面发展的时代新人，继续开拓进取，奋发图强，为把南昌理工学院建成一所有特色、高水平，国内一流、国际知名的民办大学而努力奋斗 航天航空学院（国际飞行学院）教学宗旨：本着"服务航空、服务部队、服务社会"的教学宗旨，以就业为导向，以教学为核心，全面强化学生综合素质和就业核心竞争力，与江西航空、海南航空、东方航空等多家企业建立了长期合作关系
相关科研平台	现建有一批高水平的科研创新平台，其中省级重点实验室 1 个（江西省太阳能光电材料重点实验室）、文化艺术科学省级重点研究基地 1 个（江西赣剧音乐研究中心）、省级科学普及教育基地 1 个、市级人文社科研究基地 1 个、校级研究所（院）20 个。特别是江西省太阳能光电材料重点实验室经省科技厅组织专家会议答辩和实地考察验收，获得"江西省十佳省级重点实验室"荣誉称号，是全省民办高校零的突破 建有"飞机专业"实验、实训所必需的"钣铆实验室、风洞实验室、液压气压实验室、飞机维修实验室、无损检测实验室、飞行模拟实验室"等多种实验室
相关学院及机构	设计算机信息工程学院、机电工程学院、电子与信息学院、航天航空学院（国际飞行学院）、建筑工程学院、新能源与环境工程学院、工商管理学院、财经学院、人文教育学院、外国语学院、音乐学院、美术与设计学院、传媒学院、体育学院、法学院、医学院、国际交流学院、继续教育学院、马克思主义学院等 19 个教学学院 航天航空学院（国际飞行学院）创办于 2004 年，现有用于空中乘务专业实验实训的波音 737、空客 340 客机模拟舱、空乘 VR 智慧教学中心、体能训练中心、形体房、钢琴房、化妆间等实验室；用于飞机专业实验实训的有钣铆实验室、风洞实验室、液压气压实验室、飞机维修实验室、无损检测实验室、航模设计中心等合计 30 多个实验室。2021 年购置了波音 737 – 800 型客机、ERJ145 型客机供相关专业的学生实训实践。2022 年由学校副校长、航天航空学院院长苑鸿骥博士牵头，建成了涡喷发动机实验室和无人机实验室。依托国际飞行学院（南昌理工通用航空有限公司），配置有赛斯纳 172S、泰克南 P2006T 等教练机 6 驾，建有飞行模拟器训练中心（高级 3 台、初级 20 余台）、体能训练中心等用于飞行技术专业学生学习训练。培训业务涵盖民用航空和通用航空领域固定翼飞机私、商、仪培训，同时开展一般商业飞行、警用航空等其他通航业务

相关专业 及创立时间	学校现有 69 个本科专业。学校为了错位发展，积极培育新的学科专业增长点，申报了直升机驾驶技术、飞行技术、航空航天工程等航空类专业，学校飞行技术专业被评为省级一流特色建设专业；学校为了特色发展，积极申报了一批新兴专业，如智能制造工程、机器人工程、数据科学与大数据技术、物联网工程等新工科专业，金融科技、金融工程等新商科专业，护理学、康复治疗学等新医科专业。拥有国家级职业教育实训基地 1 个，省级实验示范教学中心 3 个，建有 263 个实验室，263 个实习实训基地 航天航空学院（国际飞行学院）专业分布： 本科：航天航空工程、飞行技术、飞行器制造工程、表演（航空服务方向） 专科：飞行器制造技术（航天应用技术方向）、空中乘务、直升机驾驶技术 2023 年本科招生：飞行技术、航空航天工程、飞行器制造工程、航空服务艺术与管理等 2023 年专科招生：飞行器数字化制造技术、空中乘务等 空天类专业首次招生时间：飞行器制造工程（2012 年）、航空航天工程（2018 年）、飞行技术（2018 年）
相关学科	涵盖工学、理学、文学、经济学、管理学、法学、医学、教育学、艺术学等 9 个学科门类 学校形成了支持新一代信息技术产业发展，支持先进制造业和航空产业发展，支持现代服务业发展，支持文化及创意产业发展，支持节能环保、新能源、新材料产业发展的五大具有比较优势的学科专业集群
研究生招生	2016 年 4 月，学校与华东交通大学开始联合培养研究生 2017 年 4 月，被江西省人民政府学位委员会列为"十三五"硕士授权立项建设单位 2021 年，被江西省人民政府学位委员会列为"十四五"硕士授权立项建设单位

资料来源：南昌理工学院官网，最后访问日期为 2023 年 4 月 4 日

（四）西部地区扫描分析

西部地区 9 所，分别是内蒙古工业大学（内蒙古自治区）、昆明理工大学（云南省）、云南警官学院（云南省）、贵州理工学院（贵州省）、西南交通大学（四川省）、西华大学（四川省）、重庆大学（重庆市）、重庆交通大学（重庆市）、桂林航天工业学院（广西壮族自治区）。除了西北有 1 所内蒙古工业大学外，其他 8 所高校都在西南地区，显示出西南在空天领域雄厚的研究实力。

24. 内蒙古工业大学

内蒙古工业大学坐落在呼和浩特市，是一所以工为主，工、理、文、经、

法、管、农、艺术相结合，具有学士、硕士、博士完整人才培养体系的特色鲜明的多科性大学。学校创建于 1951 年，始为绥远省高级工业学校，开创内蒙古工程教育先河。1958 年，在清华大学支援下成立内蒙古工学院，开启本科办学新篇章。1983 年，学校由机械工业部划归内蒙古自治区管理。1984 年，在国家第二批博士硕士学位授权审核中，学校获得硕士学位授予权，办学层次得到进一步提升。1993 年，学校更名为内蒙古工业大学，实现了由单一的工科性学院向多科性大学的历史性转变。2003 年，学校获得博士学位授予权。

改革开放 40 多年来，中国民航业获得快速发展，内蒙古民航业也在改革开放的时代潮流中取得了骄人成绩。为更好适应内蒙古自治区经济社会发展的新要求，主动服务于"一带一路"倡议和内蒙古自治区第十次党代会做出的"七网建设"规划，特别是航空网建设规划，2017 年 7 月经内蒙古自治区人民政府专题会议研究决定，依托内蒙古工业大学建设航空学院。同年 7 月，内蒙古工业大学航空学院正式成立并实现一本提前批次招生。

内蒙古工业大学扫描分析结果如表 5 – 24 所示。

表 5 – 24　内蒙古工业大学扫描分析结果

学校文化	学校愿景：站在新的历史起点上，学校将坚持以习近平新时代中国特色社会主义思想为指导，全面贯彻党的教育方针，落实立德树人根本任务，秉承"博学躬行、尚志明德"的校训，弘扬"唯实尚行"的校风，以新发展理念为引领，以高质量发展为主题，努力开创特色鲜明的高水平教学研究型大学建设新局面 航空学院愿景：站在新的历史起点，学院将立足内蒙古工业大学，面向内蒙古自治区，主动服务于民族地区民航事业发展和新型工业化建设，着力将学院打造成内蒙古自治区民航领域高级工程技术人才培养基地、基础应用研究基地和航空服务业高级人才培养的摇篮
相关科研平台	学校现有国家、部委级科研平台 5 个，自治区级（高等学校）重点实验室 27 个、工程（技术）研究中心 21 个、协同创新中心 3 个、高校人文社科重点研究基地 5 个、国际科技合作基地 1 个及其他自治区级平台 20 个。现有化学工程与技术、材料科学与工程 2 个博士后科研流动站，1 个院士专家工作站，37 个自治区级创新团队
相关学院及机构	设有机械工程学院、化工学院、能源与动力工程学院、材料科学与工程学院、土木工程学院、信息工程学院、电力学院、理学院、建筑学院、轻工与纺织学院、矿业学院、航空学院、数据科学与应用学院等 19 个教学单位 航空学院于 2017 年成立并开始招生，内部机构有：学员招生及飞行素质养成管理办公室、航空工程系、交通运输系、飞行技术系

相关专业 及创立时间	现有 72 个本科专业，具有推荐优秀本科生免试攻读硕士研究生资格。现有 20 个国家级、10 个自治区级一流本科专业建设点，5 个教育部特色专业建设点，4 个教育部卓越工程师培养计划试点专业，1 个国家级专业综合改革试点专业，8 个本科专业通过专业认证评估。有 1 个国家级校外大学生工程实践基地，9 个国家级、自治区级实验教学示范中心 内蒙古工业大学 2017 年之前没有本科提前 A 批招生；2017 年、2018 年、2019 年三年，开设的本科提前 A 批普通理科招生专业全部为航空或民航类专业，主要有通信工程（电子系统与机载设备方向）（2017 年）、机械电子工程（机务方向）（2017 年）、交通运输（机场现场运行管理方向）（2017 年）、物流管理方向（航空物流方向）（2017 年） 内蒙古工业大学 2020 年普通高校分省分专业招生：本科提前 A 批普通理科招生有交通运输（机场现场运行管理方向）、交通运输（航空电子方向）（2020 年）、飞行器制造工程（2020 年） 2020 年在本科一批理科专业招生：通信工程、机械电子工程、物流管理，未再设航空或民航类方向 2022 年本科招生（本科一批普通理科）：通信工程、机械电子工程、交通工程、物流管理、交通运输（机场现场运行管理方向）、交通运输（航空电子方向）、飞行器制造工程等专业 航空学院有关空天类或民航类专业（方向）首次招生时间：通信工程（电子系统与机载设备方向）（2017 年）、机械电子工程（机务方向）（2017 年）、交通运输（机场现场运行管理方向）（2017 年）、物流管理方向（航空物流方向）（2017 年）、交通运输（航空电子方向）（2020 年）、飞行器制造工程（2020 年）
相关学科	学校现有力学、材料科学与工程、化学工程与技术、动力工程及工程热物理、建筑学等 5 个博士学位授权一级学科。有硕士学位授权一级学科 25 个，硕士专业学位授权类别 15 个。有 9 个内蒙古自治区重点学科，4 个内蒙古自治区重点培育学科，3 个内蒙古自治区优势特色学科。化学工程与技术、材料科学与工程学科入选自治区"双一流"建设学科。工程学科进入 ESI 全球前 1%
研究生招生	航空学院 2021 年硕士研究生招生：交通运输工程含交通信息工程及控制（全日制）；交通运输（专业学位）含交通信息工程及控制（全日制） 2020 年航空学院博士研究生招生：暂无相关学科 2023 年航空学院硕士研究生招生：交通运输工程含交通信息工程及控制（全日制）；交通运输（专业学位）下设航空交通运输 2022 年航空学院博士研究生招生：暂无相关学科

资料来源：内蒙古工业大学官网，最后访问日期为 2023 年 4 月 4 日。

25. 昆明理工大学

昆明理工大学创建于 1954 年 9 月 4 日，时名"昆明工学院"，1995 年更名为"昆明理工大学"，1999 年原昆明理工大学与原云南工业大学合并组建新的昆明理工大学。经过近 70 年的发展，学校现已成为一所以工为主，理工结合，行业特色、区域特色鲜明，多学科协调发展的综合性大学，是云南省规模最大、办学层次和类别齐全的重点大学,在中国有色金属行业和区域经济社会发展中发挥着重要作用。涌现了一大批享誉全国乃至世界的科技创新人才和重要科技成果。昆明理工大学立足云南、融入云南,面向全国、服务行业,辐射南亚、东南亚,坚持学术立校、人才强校、质量兴校、开放发展、特色发展、融合发展,做强优势学科,做特支撑学科,做优新兴学科,做精人文学科,以积极有为的人才培养、科学研究、社会服务、文化传承创新和国际交流合作成效,为全国及云南省经济社会高质量发展提供人才智力支持。

昆明理工大学重视空天类和民航类平台对区域经济发展的重要支撑作用。2016 年 6 月成立了航空学院,2017 年 3 月成立了民航学院。2019 年 3 月,原航空学院和民航学院合并组建昆明理工大学民航与航空学院。学院紧紧围绕国家和云南省对民用航空领域各专业人才的需求,坚持"需求第一、质量第一"的办学理念,以"建设高质量民航人才培养基地、打造高水平高原航空学科平台"为发展目标,培养飞行技术、机务维修、运行保障、民航服务等相关专业本科层次应用型人才,支撑云南省"民航强省"建设,主动服务和融入国家发展战略,建设面向南亚、东南亚的辐射中心。

昆明理工大学扫描分析结果如表 5 – 25 所示。

表 5 – 25 昆明理工大学扫描分析结果

学校文化	学校愿景:新的历史时期,昆明理工大学坚持以立德树人为根本任务,秉承"根植红土、情系有色、坚韧不拔、赤诚报国"的精神和"明德任责、致知力行"的校训,坚持内涵发展、开放发展,以团结之心、实干之力、拼搏之劲,立足新发展阶段,贯彻新发展理念,构建新发展格局,加快推进"双一流"创建和特色鲜明的研究型高水平大学建设步伐,为谱写昆明理工大学高质量发展新篇章砥砺奋进
相关科研平台	学校拥有国家工程研究中心/工程实验室、省部共建国家重点实验室、国家大学科技园等国家级科技创新平台 22 个;教育部工程研究中心/重点实验室、省重点实验室等省部级科技创新平台 149 个,科技部重点领域创新团队、教育部创新团队、省创新团队等 56 个,甲级资质的设计研究院 1 所
相关学院及机构	设"生命科学与医学学部"1 个学部,冶金与能源工程学院、生命科学与技术学院、环境科学与工程学院、材料科学与工程学院、国土资源工程学院、机电工程学院、信息工程与自动化学院、建筑工程学院、建筑与城市规划学院、化学工程学院、交通工程学院、电力工程学院、民航与航空学院、公共安全与应急管理学院、现代农业

相关学院及机构	工程学院、食品科学与工程学院、管理与经济学院、理学院、医学院、法学院、城市学院、国际学院等 27 个学院，7 个研究院，14 个临床教学基地（含 10 个附属医院、3 个教学医院、1 个实习医院），3 个应用人才培养基地；设有研究生院 民航与航空学院（智华航空学院）：2019 年 3 月，原航空学院和民航学院合并组建昆明理工大学民航与航空学院
相关专业及创立时间	有 107 个本科专业，目前学校有 29 个专业通过国家专业认证（评估），获批国家一流本科专业建设点 43 个 昆明理工大学 2020 年本科招生（普通本科）：民航与航空学院在以下 3 个专业招生，分别是机械工程、交通运输、飞行技术。交通工程学院在以下 3 个专业招生，分别是车辆工程、交通运输类、物流工程 昆明理工大学 2022 年本科招生（普通本科）：民航与航空学院在以下 4 个专业招生，分别是机械工程、交通运输、飞行器控制与信息工程、飞行技术。交通工程学院在以下 3 个专业招生，分别是车辆工程、交通运输类、物流工程
相关学科	昆明理工大学工程学、材料科学、化学、环境/生态学、植物与动物学、农业科学、临床医学先后进入 ESI 全球前 1%。现拥有国家重点学科 1 个、国家重点培育学科 1 个、省级重点学科 23 个、省院省校合作共建重点学科 9 个、国家级博士后科研流动站 11 个、省级博士后科研流动站 8 个、一级学科博士学位授权点 17 个、博士专业学位授权点 3 个、一级学科硕士学位授权点 44 个、硕士专业学位授权点 22 个 学校与民航领域密切相关的力学、机械工程、材料科学与工程、管理科学与工程等一级学科博士点和交通运输工程、动力工程与工程热物理、电气工程、控制科学与工程、信息与通信工程、计算机科学与技术、安全科学与工程等 11 个一级学科硕士点师资力量雄厚。学校有较完备的理工类基础实验教学平台，现有物理、电工电子、工程训练、交通工程、工程力学、机械工程、信息与通信工程、材料科学与工程等14 个国家级、省级和校级重点实验室和实验教学示范中心，有国家级的国家创新人才培养示范基地和国家高校学生科技创业实习基地，为培养高素质民航领域各专业人才奠定了坚实的基础
研究生招生	昆明理工大学 2023 年全日制硕士研究生招生：机械工程，航空交通运输（专业学位），航空工程（专业学位）含航空发动机故障诊断与健康评估、航空器结构健康监测、航空器维修、航空材料、航空器设计等 昆明理工大学 2022 年全日制学术博生研究生招生：测绘科学与技术、动力工程及工程热物理、计算机科学与技术、化学工程与技术、生物学等一级学科 昆明理工大学 2022 年全日制工程博士专业学位招生：资源与环境、材料与化工、能源动力等 3 个

资料来源：昆明理工大学官网，最后访问日期为 2023 年 4 月 4 日。

26. 云南警官学院

云南警官学院始建于 1950 年 4 月（前身为云南公安高等专科学校）。历经中国人民解放军昆明市军管会公安部公安学校、云南省人民政府公安厅公安学校、云南省政法干部学校、云南政治学院、云南省公安学校、云南省人民警察学校和云南公安高等专科学校等历史时期。1978 年开始中专学历教育，1984年开始大专学历教育，2003年4月升格为本科院校。

目前，学院已经成为全国县市公安局局长培训基地、公安部禁毒警察训练基地、公安部科技信息化教育训练基地、公安部警务保障培训基地、东南亚警察训练基地、全国县级公安机关执法规范培训基地、全国武术段位考试点、全国自卫防身术培训基地、云南省公务员考试测评基地。学校在2013年取得招收警务硕士专业学位研究生资格，2014年取得招收外国留学生资质，2017年通过普通高校本科教学工作审核评估，实现了办学层次的历史性突破，拓宽了办学空间。

云南警官学院2017年成立了无人驾驶航空器管理及应用协同创新中心，采取"学院＋科研机构和企业＋实战单位"的发展模式，建成研发实验室、管控指挥中心、实战实训教学团队和大学生创业团队，主要承担云南省警用无人机教学、科研、培训、实战等相关工作，截至2020年，有专兼职人员80余人。2018年，学院向教育部申报并获得批准，成为我国第一家承办公安部警用无人驾驶航空器驾驶执照培训的公安院校，并创建培训考试基地。2019年，该院在全国首家开展了警用无人机外警培训教学课程，组织完成东盟及周边国家、非洲、东欧及西亚地区21国9个外警培训班的教学任务，共培训外警209人。2020年7月18日，云南省无人驾驶航空器科普教育基地揭牌仪式在云南警官学院举行。下一步，该院将按照教育部开展"新工科"建设的要求，推进无人驾驶航空器系统工程专业建设。

云南警官学院扫描分析结果如表5-26所示。

表5-26 云南警官学院扫描分析结果

学校文化	坚持以本科教育为主体，发展警察职业教育、在职民警及外籍警察培训，积极发展研究生教育。坚持立足公安，服务社会。坚持立足云南，服务全国及东南亚。坚持政治建警、政治建校方针。大力弘扬"忠诚、责任、奉献"校训精神，巩固教育训练工作中心地位，突出师资队伍建设关键地位，强化学科专业建设基础地位，夯实基本设施建设保障地位，持续推进现代警察大学建设进程
相关科研平台	设有无人驾驶航空器管理及应用协同创新中心、刑事科学技术研究所、禁毒研究所、司法鉴定中心等科研机构。建有云南毒品问题研究基地、云南禁毒研究中心（省级智库）、云南禁毒教育基地等科研平台

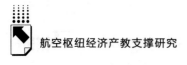

续表

相关学院及机构	禁毒学院、反恐怖学院、刑事侦查学院、治安管理学院、法学院、信息网络安全学院、马克思主义学院、职业与继续教育学院、警察体育与实战教学部、心理健身教研中心、刑事科学技术重点实验室、研究生部等 12 个教学部门
相关专业 及创立时间	学校设有禁毒学、法学、治安学、侦查学、计算机科学与技术、刑事科学技术（国家一流专业）、交通管理工程、经济犯罪侦查、公共事业管理、社会工作等本科专业 建设有 3 个国家（省部）级特色专业建设项目、3 个省（部）级重点实验室、1 个省级重点建设专业、8 门国家（省部）级精品课程 虽然"软科"对该校 2021 年的"无人驾驶航空器系统工程"专业进行了评审排名，但是查阅该校近年招生专业，未发现该专业招生 2022 年本科招生：交通管理工程等专业
相关学科	1 个省级重点学科、学院致力于公安学、公安技术、法学等学科专业建设，形成并推进"教、学、练、战"一体化人才培养模式
研究生招生	2023 年研究生招生：警务硕士专业学位，研究方向为禁毒

资料来源：云南警官学院官网，最后访问日期为 2023 年 4 月 4 日。

27. 贵州理工学院

贵州理工学院于 2013 年 4 月 18 日经教育部正式批准成立，是应中共贵州省委、贵州省人民政府实施工业强省战略和城镇化带动战略对理工类应用型人才之需，在原贵州工业大学校址设立的一所以工学、理学、管理学等为主的多学科协调发展的全日制公办理工类省属普通本科院校。2014 年，学校入选"中西部高校基础能力建设工程"。2017 年，成为全国首批深化创新创业教育改革示范高校。

贵州理工学院的航空航天工程学院于 2015 年 3 月创建，是学校在国防科技工业深度发展的时代背景下，主动贴近贵州军工企业发展需求，前瞻性地把服务国家和贵州航空航天产业作为办学特色之一，落实国家发展战略的重要举措，填补了贵州航空航天类本科教育的空白。2016 年 8 月，学院与中航贵州飞机有限责任公司（以下简称中航贵飞公司）开启校企全面共建的新征程，正式聘任公司副总经理、"山鹰"教 9 飞机总设计师为名誉院长，产教融合特色办学迈出实质性一步。学院柔性引进南京航空航天大学智能制造领域教师团队，为培养高素质应用型人才提供了师资保证。学院有航空航天类 2 个本科专业（飞行器制造工程、飞行器动力工程），2022

年6月飞行器制造工程专业入选国家级一流本科专业建设点。学院拥有
"航空宇航科学与技术"省级特色重点培育学科和"航空宇航与智能制造"
校级特色学科群，获批教育部智能制造领域中外人文交流人才培养基地项
目、教育部产学合作协同育人实践条件建设项目"新工科背景下无人机系
统应用型创新人才工程实践平台建设"，建有贵州省普通高等学校"贵州省
无人机应急减灾信息化工程研究中心"、校级无人机创新创业实验室、钣金
成形实验室、飞机装配调试虚拟仿真实验室、航空发动机虚拟仿真实验室、
风洞实验室等，为教学、科研、社会服务等提供了平台。目前，学院已初
步构建以中航贵飞公司为主体，贵州黎阳国际制造有限公司、中航发贵州
航空发动机维修有限公司、贵州通用航空有限公司等为补充的"一体多翼"
产教融合校企共同体，突出以学生发展为中心，重视学生创新能力和实践
能力培养，以"强责任、精技术、善管理、重实践、求创新"为目标，培
养适应地方经济社会发展需要的航空航天类高素质应用型人才。

　　贵州理工学院扫描分析结果如表5－27所示。

表5－27　贵州理工学院扫描分析结果

学校文化	校训：知行至善、厚积薄发 学校愿景：面向未来，贵州理工学院始终把习近平新时代中国特色社会主义思想作为总遵循、总纲领、总指针，持续发扬"时不我待、只争朝夕、艰苦创业"的办学精神，主动服务"四新""四化"主战略、"四区一高地"主定位，坚决落实立德树人根本任务，坚持把培养高素质应用型人才服务贵州新型工业化为己任，不忘初心，牢记使命，感恩奋进，坚持走内涵式发展道路，以海纳百川的胸怀广聚人才，以改革创新的精神办学治校，以严谨求实的校风教书育人，努力建设"西部一流、人民满意的高水平理工大学"
相关科研平台	学校现有各级各类科研平台及人才团队40余个。建有贵州省电力大数据重点实验室、贵州省轻金属材料制备技术重点实验室、贵州省特种功能材料2011协同创新中心、贵州工业发展研究中心、贵州新型工业化研究中心等省级科研平台，磷煤资源清洁高效利用特色重点实验室、岩溶工程地质与隐伏矿产资源特色重点实验室等贵州省普通高校特色重点实验室，流程性工业新过程工程研究中心、氟硅材料工程技术研究中心等贵州省普通高等学校工程研究中心，国家级健康智造众创空间，贵州省智慧旅游产业发展研究院、贵州省"互联网＋"产业技术研究院；拥有贵州省航空轻金属材料及焊接技术科技创新人才团队、无人驾驶航空器高精度导航系统关键技术研究等人才团队

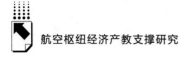
续表

相关学院 及机构	学校现设置资源与环境工程学院、矿业工程学院、材料与能源工程学院、机械工程学院、人工智能与电气工程学院、大数据学院、化学工程学院、土木工程学院、建筑与城市规划学院、交通工程学院、食品药品制造工程学院、航空航天工程学院、工程训练中心等19个学院和机构 航空航天工程学院于2015年3月创建，学院现有航空航天类2个本科专业（飞行器制造工程、飞行器动力工程），2022年6月飞行器制造工程专业入选国家一流本科专业建设点 交通工程学院创建于2016年，现有交通工程、交通运输2个本科专业，是目前贵州省唯一一个交通运输类本科学院
相关专业及 创立时间	38个本科专业。机械设计制造及其自动化专业、飞行器制造工程专业获批国家级一流本科专业建设点，与英国贝德福特大学联合举办电气工程及其自动化中外合作办学本科专业 2022年本科招生：航空航天类（包含专业：飞行器制造工程、飞行器动力工程）、交通运输类（包含专业：交通工程、交通运输）
相关学科	学校获批了"材料科学与工程"1个贵州省区域内一流建设学科群（Ⅱ类），"材料科学与工程""地质资源与地质工程"2个省级重点学科，"管理科学与工程""计算机应用技术""机械制造及其自动化"3个省级重点支持学科，"航空宇航科学与技术"1个省级特色重点学科（培育），"化学工艺""电力系统及其自动化"2个省级重点支持学科（培育）。校级特色学科群"航空宇航与智能制造"
研究生招生	暂无硕士研究生招生

资料来源：贵州理工学院官网，最后访问时间为2023年4月4日。

28. 西南交通大学

西南交通大学是教育部直属全国重点大学，国家首批"双一流""211工程""特色985工程""2011协同创新计划"重点建设并设有研究生院的研究型大学，坐落于中国历史文化名城、国家中心城市——成都。学校坚持国际化办学，着力建设成都东部（国际）校区，同60个国家和地区的200余所高校及科研机构建立了合作关系，与英国利兹大学合作成立"西南交大－利兹学院"，"2+2""本硕4+1""中法4+4"等留学、游学、访学项目和"暑期国际课程周"等在地国际化项目涵盖全部年级；建有6个国家外专创新引智基地（"111计划"）；办有5本国际学术期刊。学校设有国家级大学科技园、国家级科技企业孵化器、国家技术转移中心以及技术转移研究院，建立了"科技－孵化－产业"全链条成果转化模式，在全国率先探索"职务科技成果权属混合所有制"改革，被誉为科技领域的"小岗村实验"。

力学与航空航天学院具有悠久的发展历史，最早可追溯至学校建校之初的土木、机械、矿冶等专业的力学课程。1912 年罗忠忱教授在国内首先开设工程力学相关课程，被誉为"中国工程力学第一人"。1953 年成立理论力学教研组和材料力学教研组；1958 年开设工程力学专业；1959 年成立数理力学系；1964 年合并建立基础课部；1985 年成立力学系；1996 年与应用力学研究所、振动冲击与噪声研究中心合并成立应用力学与工程系；2002年增设工程结构分析专业（后并入工程力学专业）；2008 年成立力学与工程学院；2016 年增设飞行器设计与工程专业；2021 年 12 月 3 日上午，西南交通大学与成都飞机工业（集团）有限责任公司战略合作协议签订暨力学与航空航天学院揭牌仪式在犀浦校区举行，力学与工程学院更名为力学与航空航天学院，来自北京理工大学、中国科学院力学研究所、北京航空航天大学、清华大学等科研院所的 15 位院士、教授担任学院建设咨询委员会委员。

西南交通大学扫描分析结果如表 5 - 28 所示。

表 5 - 28　西南交通大学扫描分析结果

学校文化	交大精神：竢实扬华、自强不息 办学传统：严谨治学、严格要求 校训：精勤求学、敦笃励志、果毅力行、忠恕任事 学校愿景：新时代西南交通大学高举习近平新时代中国特色社会主义思想伟大旗帜，深入贯彻落实习近平总书记关于教育的重要论述，按照学校第十五次党代会提出的"三步走"发展目标，贯彻"五个着力建设"总体办学思路、"五个坚持"办学治校基本准则，突出特色发展、高质量发展，谋发展、建一流，惠民生、聚民心，夯基础、强保障，不断谱写中华民族伟大复兴的西南交大新篇章，为奋力夺取全面建设社会主义现代化国家新胜利做出新的更大贡献 力学与航空航天学院愿景：展望未来，学院将积极贯彻落实习近平总书记关于促进陆、海、天、网四位一体互联互通的重要指示，继续加强力学学科对全校交通主干学科的支撑力度，力争力学学科进入国内 A 类学科行列并获批航空宇航科学与技术一级学科博士学位点，构建以力学见长、围绕轨道交通和航空航天方向协同发展的"一体两翼"模式，为把学院建设成国际知名、国内一流的力学与航空航天领域人才培养和科学研究基地而努力奋斗

相关科研平台	学校建有轨道交通国家实验室（筹）、牵引动力国家重点实验室等13个国家级科技创新平台和36个省部级科研基地，建立起世界轨道交通领域最完备的学科体系、人才体系和科研体系。学校围绕高速铁路、重载铁路、磁浮交通、新型城轨、真空管道超高速等领域大力开展基础研究与原始创新，构建了以世界公认的"沈氏理论"和"翟孙模型"为标志的铁路大系统动力学基础研究体系，科技成果四次入选"中国高校十大科技进展"，在轨道交通领域获得的国家科技奖励总数位居全国高校、科研院所和行业企业第一，为国家经济建设和社会发展，尤其是中国轨道交通事业发展做出了不可磨灭的贡献
相关学院及机构	学校以工见长，设有土木工程学院、机械工程学院、电气工程学院、信息科学与技术学院、计算机与人工智能学院、交通运输与物流学院、材料科学与工程学院、地球科学与环境工程学院、建筑学院、物理科学与技术学院、医学院、生命科学与工程学院、力学与航空航天学院、数学学院、茅以升学院、智慧城市与交通学院/城市轨道交通学院、天佑铁道学院等27个学院（书院、中心） 力学与航空航天学院：由力学与工程学院于2021年更名。学院建立了完整的本科、硕士、博士的高层次力学专业贯通式人才培养体系。学院下设基础力学系、工程力学系、航空航天系、力学实验中心和办公室等机构。现有工程力学（国家级一流专业、国家级特色专业、教育部卓越工程师计划试点专业）、飞行器设计与工程2个本科专业，建有力学一级学科硕士点和一级学科博士点、航空宇航科学与技术一级学科硕士点，设有力学博士后流动站。其中，固体力学博士点是全国首批博士点之一；力学学科是四川省重点建设一级学科，全国第四轮学科评估结果为B，位居西南地区第一（并列）。学院是四川省力学学会理事长单位
相关专业及创立时间	学校有74个专业进入国家一流本科专业"双万计划"建设点，有国家级特色专业12个、专业综合改革试点项目4个、卓越工程师教育培养计划专业17个、通过工程教育认证专业17个；承担国家教育体制改革试点项目4项；获国家级教学成果奖29项，其中特等奖1项、一等奖6项。学校有50门课程入选首批"国家一流本科课程"，有国家级精品课程36门，国家级精品资源共享课24门，国家级精品视频公开课8门，国家级精品在线开放课程23门，国家级双语示范课程3门 2022年本科招生：工程力学、飞行器设计与工程、机械类、智能制造工程、交通运输类、智慧交通、物流管理与工程类、铁道工程等专业或大类 飞行器设计与工程专业为2016年增设
相关学科	学校拥有交通运输工程、机械工程2个一级学科国家重点学科，车辆工程、桥梁与隧道工程等10个二级学科国家重点学科，18个一级学科博士学位授权点，3个博士专业学位授权类别，41个一级学科硕士学位授权点，11个博士后科研流动站。交通运输工程学科位居全国第一（A＋）并进入国家"双一流"建设序列，土木工程学科位居全国第七（A－），工程学、计算机科学、材料科学、化学、社会科学、地球科学、环境/生态学7个学科进入ESI世界排名前1%
研究生招生	力学一级学科硕士点和一级学科博士点（含固体力学、动力学与控制、工程力学、流体力学、航空航天力学与工程、交叉学科力学等方向）、航空宇航科学与技术一级学科硕士点（含飞行器设计、空气动力学、航空材料等方向）

续表

研究生招生	2023 年硕士研究生招生：力学与航空航天学院，力学（全日制）含动力学与控制、固体力学、流体力学、工程力学、航空航天力学与工程、交叉领域中的新兴力学问题；航空宇航科学与技术（全日制），不区分研究方向 2022 年博士研究生招生：力学与航空航天学院，力学（全日制）含动力学与控制、固体力学、流体力学、工程力学、航空航天力学与工程、交叉领域中的新兴力学问题

资料来源：西南交通大学官网，最后访问日期为 2023 年 4 月 5 日。

29. 西华大学

西华大学是四川省属重点综合性大学，是国家中西部高校基础能力建设工程重点支持高校、教育部本科教学工作水平评估优秀高校、四川省卓越工程师教育培养计划高校、四川省首批一流学科建设高校。学校始建于1960 年，时名四川农业机械学院，是为贯彻毛泽东同志关于"农业的根本出路在于机械化"的重要指示，国家在西南地区布点建设的农业机械本科院校，建校当年开始招收本科学生。学校 1978 年被四川省确定为六所重点高校之一，1982 年成为全国首批学士学位授予权单位，1983 年更名为四川工业学院，1985 年开始招收硕士研究生，1990 年获批硕士学位授予权。2003 年四川工业学院与成都师范高等专科学校合并组建西华大学。2008 年四川经济管理学院整体并入西华大学。学校坚持开放办学，不断深化国内合作和国际交流。学校是成渝地区双城经济圈高校联盟高校，四川省乡村振兴促进会会长单位；与应急管理部国家自然灾害防治研究院共建城市灾害研究中心；与北京航空航天大学共建"天府创新研究院"；与中国农业大学、西南大学开展农机和食品领域合作；与省农业厅、省市场监管局等政府厅局分别共建"四川现代农业装备协同创新中心""四川质量发展研究院"。学校建有国家民委"日本应急管理研究中心"、省"澳大利亚研究中心"、省"国际科技合作（澳新）研究院"；与美国、英国、德国、意大利、日本、印度尼西亚、泰国、黑山、捷克等 10 余个国家的 70 余所高校广泛开展人才联合培养、学术及科研合作，加强中外人文交流；学校成立国际教育学院，积极发展留学生教育；在泰国设立西华大学泰国曼谷易三仓校区，与印度尼西亚三一一大学共建孔子学院。

西华大学航空航天学院是顺应航空航天技术未来发展趋势，以四川省产业升级发展和社会经济发展为契机，针对航空航天事业发展对高层次人才的迫切需求，整合学校部分优势学科资源成立的科研教学型学院，2018年组建，2019年4月正式挂牌。是中国航空类院校院长联盟、航空学会成员单位。

西华大学扫描分析结果如表5-29所示。

表5-29　西华大学扫描分析结果

学校文化	大学精神：学校坚持"立足四川，面向西部，辐射全国"的服务定位，秉持"求是、明德、卓越"的校训，传承"知难而进、自强不息"的优良办学传统，主动适应国家和四川省经济社会发展需求，以内涵提升为核心，全面提高人才培养质量、科学研究水平和服务社会能力
	大学愿景：奋进新时代，阔步新征程，全体西华人正以昂扬的精神风貌，改革创新，砥砺奋进，努力把学校建设成特色鲜明、国内知名的高水平综合性大学，为服务国家富强、民族复兴、人民幸福做出新的更大的贡献
	航空航天学院愿景：秉承"面向空天、科教融合、国际接轨、创新发展"的办学理念，旨在打造航空航天领域的高质量人才培养基地和高水平科研创新基地，面向航空航天飞行器设计与制造业、运行与维修业、通用航空产业，培养专业基础扎实、工程实践能力强、综合能力突出、富有创新精神、具有空天报国情怀的应用型复合型高级专门人才，为西华大学建成全省乃至全国知名的"双一流"综合性大学助力扬帆
相关科研平台	现有"流体及动力机械教育部重点实验室"，"智能空地融合载具及管控教育部工程研究中心"，"日本应急管理研究中心"国家民委国别区域研究中心，"流体机械及工程四川省重点实验室""汽车测控与安全四川省重点实验室"等四川省重点实验室，"四川省现代农业装备工程技术研究中心"等四川省工程（技术）研究中心，"四川省国际科技合作（澳新）研究院"等四川省国际科技合作研究院，"能源动力重大装备及技术协同创新中心"等四川2011协同创新中心，"四川军民融合协同创新中心""四川现代农业装备协同创新中心"等四川省协同创新中心，"四川学术成果分析与应用研究中心"等四川省社会科学重点研究基地，四川省博士后创新实践基地等国家省级平台20个
	航空航天学院建有"智能空地融合载具及管控教育部工程研究中心"，"民航无人驾驶航空器系统技术重点实验室"，"先进飞行器与动力省高校重点实验室"，"低空空域运行安全管控技术省高校重点实验室"科研平台，"先进飞行器动力及飞行器控制实验平台、航空动力实验室"本科教学实验室，以及"新概念飞行器设计""无人驾驶飞行管控"学生创新实验室
相关学院及机构	理学院、机械工程学院、建筑与土木工程学院、能源与动力工程学院、电气与电子信息学院、计算机与软件工程学院、建筑与土木工程学院、汽车与交通学院、航空航天学院、食品与生物工程学院、管理学院、应急管理学院、大健康管理学院等21个学院

续表

相关学院 及机构	航空航天学院：2018 年组建，2019 年 4 月正式挂牌。学院设有飞行器适航技术、飞行器动力工程、无人驾驶航空器系统工程 3 个本科专业。实行大类培养模式，建立本科生导师工作机制（为本科生配备学业导师和学术导师），拓展专业实习实训基地，开展"空天大讲堂""空天沙龙"等特色活动，注重育人实效，全面推进三全育人综合改革；在空天信息、航空动力、高温材料、智能制造等方向依托西华大学 –北京航空航天大学天府研究院联合培养研究生
相关专业 及创立时间	77 个本科专业 2022 年招生，拥有国家和省级一流专业、特色专业、综合改革试点专业，以及省级卓越人才培养计划专业等 60 余个，5 个专业通过工程教育专业认证 航空航天学院 2022 年本科招生：航空航天类，含飞行器适航技术、无人驾驶航空器系统工程、飞行器动力工程等 3 个专业 航空航天学院首次招生时间：航空航天类（飞行器适航技术、无人驾驶航空器系统工程、飞行器动力工程）（2019 年）
相关学科	举办有工、理、管、法、经、艺、文、教、农等 9 个学科门类，拥有 2 个四川省"双一流"建设支持学科、8 个省级重点学科，39 个硕士学位授权点，具有面向全国推荐优秀应届本科毕业生免试攻读硕士研究生资格
研究生招生	通过追踪西华大学航空航天学院硕士研究生招生情况，发现 2020 年的首次招生，西华大学 – 北京航空航天大学天府研究院给予了大力支持，然后 2021 年、2022 年有所收缩调整 2020 年西华大学硕士研究生招生：航空航天学院（含西华大学 – 北京航空航天大学天府研究院），学硕有材料科学与工程、动力工程与工程热物理、计算机科学与技术；专硕有材料与化工、能源动力、交通运输 2021 年西华大学硕士研究生招生：航空航天学院（含西华大学 – 北京航空航天大学天府研究院），学硕有动力工程与工程热物理、交通运输工程；专硕有能源动力、交通运输 2022 年西华大学硕士研究生招生：航空航天学院（含西华大学 – 北京航空航天大学天府研究院），学硕有动力工程与工程热物理、交通运输工程；专硕有能源动力、交通运输 2023 年西华大学硕士研究生招生：航空航天学院（含西华大学 – 北京航空航天大学天府研究院），学硕有动力工程与工程热物理、交通运输工程；专硕有能源动力、交通运输

资料来源：西华大学官网，最后访问日期为 2023 年 4 月 5 日。

30. 重庆大学

重庆大学创办于 1929 年，提出建设"完备弘深之大学"的愿景，到 20 世纪 40 年代发展成为文理工商法医各学科齐全的综合性大学。经过 1952 年的全国院系调整，成为以工科为主的多科性大学。1960 年被确定为全国重点大学。改革开放后，学校进行了全面的恢复调整和改革建设，成为一所以工为主、多学科协调发展的高校，1998 年获批国家"211 工程"重点建设高校。2000年原重庆建筑大学、重庆建筑高等专科学校与重庆大学合并组建为新的重庆大学,2001年成为"985工程"重点建设高校。2017年入选国家"世界一流大学建设高校(A类)",2022年入选第二轮"双一流"建设高校。学校发展进入新的历史阶段,朝着中国特色、世界一流大学办学目标不懈奋进。

学校以"扎根巴渝大地、服务重庆发展"为己任,抢抓成渝地区双城经济圈建设、西部陆海新通道建设等国家战略机遇,主动发挥智力优势、人才优势,深度融入区域经济社会创新发展。学校与重庆市政府共同启动筹建重庆实验室、共建长江生态环境联合研究生院;与重庆30多个区县持续深化合作,共建环重庆大学创新生态圈、国际联合研究院、璧山先进技术研究院、气球平台微波垂直传能试验验证平台、重庆新型储能材料与装备研究院等;牵头成立"成渝地区双城经济圈高校联盟",着力打造成渝科教创新共同体。

重庆大学扫描分析结果如表5-30所示。

表5-30　重庆大学扫描分析结果

学校文化	大学精神:秉承"复兴民族,誓做前锋"的精神,遵循"耐劳苦、尚俭朴、勤业业、爱国家"的校训,弘扬"团结、勤奋、求实、创新"的校风与"求知、求精、求实、求新"的学风,坚持"对标一流、追求卓越、服务发展、引领未来"的办学思路 大学愿景:面向未来,重庆大学将高举中国特色社会主义伟大旗帜,全面贯彻习近平新时代中国特色社会主义思想,秉承"研究学术、造就人才、佑启乡邦、振导社会"的办学宗旨,立足新发展阶段、贯彻新发展理念、服务构建新发展格局,与时俱进建设世界一流大学,全面提升服务区域发展和国家战略能力,以"时时放心不下"的责任感,奋力谱写学校新发展阶段高质量发展新篇章,为全面建设社会主义现代化国家、全面推进中华民族伟大复兴贡献"重大"力量 航空航天学院愿景:结合国家中长期科技规划并瞄准国际科技发展前沿,强化力学与航空航天工程及其他工程学科的交叉融合,积极从事航空航天领域的工程技术和相关的力学基础研究,旨在造就一批在国内外有影响的学术骨干及学科队伍,以创新性的研究成果形成具有特色的学科体系;同时致力于培养高质量的力学、航空航天专门人才,为推动航空航天领域科技进步,国家与区域经济发展做出贡献
相关科研平台	深化科研管理服务改革,构建起"1+5"新型科研创新体系,以新的体制机制促进高质量成果产出。加强创新体系内涵建设,全面实施基础研究珠峰计划、重大项目成果人才培育计划、重点研究基地构筑计划、军民融合发展行动计划。加强科研前瞻布局,全面融入西部(重庆)科学城建设,推动建设重庆大学科学中心,培育建

相关科研 平台	设超瞬态实验大科学装置，推动成立人工智能研究院、智慧城市研究院等跨学科交叉研究平台，谋划建设合成生物学、未来芯片、量子物质科学等高水平原始创新平台。"十三五"以来，新增国家和省部级科研平台38个。实施人文社科繁荣计划，获得多项国家重点研发计划项目，荣获鲁迅文学奖，持续推进"中国工程科技发展战略重庆研究院""地方政府治理协同创新中心""城市化与区域创新极发展研究中心""重庆人才发展研究院"等新型高端智库平台建设，服务科学决策 航空航天学院拥有教育部深空探测联合研究中心、深空探测省部共建协同创新中心、非均质材料力学重庆市重点实验室等，已建成与力学、航空宇航科学与技术2个一级学科发展相匹配的科研平台
相关学院 及机构	人文学部、社会科学部、理学部、工程学部、建筑学部、信息学部、医学部等7个学部，含35个学院，以及7所附属医院。其中工程学部包括机械与运载工程学院、电气工程学院、能源与动力工程学院、资源与安全学院、材料科学与工程学院、航空航天学院、重庆大学－辛辛那提大学联合学院、国家（重庆）卓越工程师学院、机械传动国家重点实验室、重庆自主品牌汽车协同创新中心等10个机构 航空航天学院：为适应国家和西南地区航空航天事业的发展需求，重庆大学充分发挥工程学科的优势，以力学学科为基础，于2013年12月26日正式成立航空航天学院，下设工程力学系、基础力学系、航空航天工程系、航空航天学院实验中心、非均质材料力学重庆市重点实验室、重庆市力学实验教学示范中心、工程力学研究所、航空航天学院大型仪器设备公共服务中心
相关专业 及创立时间	学校有61个专业入选国家级一流本科专业 航空航天学院招生：1978年专业工程力学专业开始招生，2016年航空航天工程专业开始招生，2020年工程力学入选国家一流专业建设点，2022年航空航天工程入选国家一流专业建设点 2018年、2019年、2020年按照航空航天类大类招生 2022年本科招生：工科试验班（工程能源类），含航空航天工程、工程力学等专业
相关学科	学校学科门类齐全，涵盖理、工、经、管、法、文、史、哲、医、教育、艺术11个学科门类。坚持以学科内涵发展为核心，按照"强化工科、夯实理科、振兴文科、繁荣社科、拓展医科、提升信科"的思路，建立健全适应科技高速变革的学科优化布局机制以及适宜产生未来引领学科的体制机制，着力构建一流学科生态。持续加大"先进制造""智慧能源""新型城镇化"三大学科群建设。先后成立医学院、医学部，高起点推进医学学科加快发展。启动实施"基础文科振兴行动计划""基础理科卓越行动计划"，加快提升基础学科整体发展水平。机械工程、电气工程、土木工程入选第二轮"双一流"建设学科。工程学、材料科学先后进入ESI世界前1‰学科，12个学科进入ESI世界前1%；7个学科进入"软科世界一流学科"前50名 航空航天学院有力学、航空宇航科学与技术2个一级学科，下设力学一级学科博士/硕士学位点，航空宇航科学与技术一级学科硕士学位点，机械、能源动力专业硕士学位点
研究生招生	2022年有一级学科博士学位授权点38个、博士专业学位授权点8个，一级学科硕士学位授权点51个，专业学位授权点25个 航空航天学院2014年获航空工程硕士专业学位点，2018年获航空宇航科学与技术一级硕士学位点

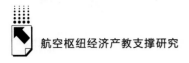

研究生招生	航空航天学院 2021 年硕士研究生招生：学硕有力学，航空宇航科学与技术；专硕有机械，能源动力 航空航天学院 2020 年博士研究生招生：学术博士有力学；工程博士有机械，能源动力 航空航天学院 2023 年硕士研究生招生：学硕有力学，航空宇航科学与技术；专硕有航空工程，能源动力 航空航天学院 2022 年博士研究生招生：学术博士有力学（含空气动力学与气动弹性学等 10 个方向）；工程博士有机械（含高端运载装备专项、先进材料专项），能源动力（新能源技术专项）

资料来源：重庆大学官网，最后访问日期为 2023 年 4 月 5 日。

31. 重庆交通大学

重庆交通大学是一所交通特色鲜明、以工为主的多科性大学。1951 年，根据毛主席指示，为修建康藏公路、建设大西南，邓小平主持的西南军政委员会创办学校，时名西南交通专科学校。1960 年，组建重庆交通学院。随后成都工学院土木系、四川冶金学院冶金系、武汉水运学院水工系等相继并入。2000 年，学校由交通部划转重庆市管理，为省部共建高校。2006 年，学校更名为重庆交通大学，并增列为博士学位授予单位。

重庆交通大学扫描分析结果如表 5 - 31 所示。

表 5 - 31　重庆交通大学扫描分析结果

学校文化	学校愿景：面向未来，学校将秉承"明德行远、交通天下"校训，弘扬"甘当路石、进无止境"办学传统，立足西部，面向全国，争创一流，努力建设在国际上有一定影响、国内知名，以工为主、多学科协调发展，特色鲜明、优势突出的高水平大学，为交通运输行业和地方经济社会发展做出积极贡献 航空学院（重庆航空学院）愿景：学院坚决贯彻党的教育方针，认真落实好立德树人根本任务，坚持"特色化、差异化、产业化、国际化"发展，创新"多元融合、绿色航空、成果转化"机制体制，充分发挥人才培养、科学研究、社会服务三大功能，努力打造航空高端人才集聚基地、航空人才培养基地、航空科技协同创新基地
相关科研平台	学校拥有山区桥梁与隧道工程国家重点实验室、国家内河航道整治工程技术研究中心、交通土建工程材料国家地方联合工程实验室 3 个国家级重点科研平台，水利水运工程教育部重点实验室、山区桥梁结构与材料教育部工程研究中心、城市轨道车辆系统集成与控制重庆市重点实验室、智能物流网络重庆市重点实验室、山地城市交通系统与安全重庆市重点实验室、绿色航空能源动力重庆市重

续表

相关科研平台	点实验室等 42 个省部级科研平台，西南水运科学研究所、沙漠土壤化研究院等 20 余个研发机构。拥有欧洲研究中心和贝宁研究中心共 2 个教育部备案的国别与区域研究中心 航空学院（重庆航空学院）：依托重庆交通大学绿色航空技术研究院及院士专家工作站、绿色航空能源动力重庆市重点实验室（筹建）、航空工程实验中心等科研平台，学院承担了国家级和省级科研项目 20 余项，获得国家科学技术进步奖二等奖 1 项、中国航空学会科学技术奖一等奖 1 项，其他省部级教育教学奖 3 项；是"国际绿色航空科技（重庆）论坛"的发起者和承办方
相关学院及机构	设有土木工程学院、河海学院、交通运输学院、机电与车辆工程学院、航运与船舶工程学院、建筑与城市规划学院、信息科学与工程学院、材料科学与工程学院、航空学院（重庆航空学院）、智慧城市学院（重庆智慧城市学院）、科学城学院、工程训练中心等 21 个学院（部）和教学机构 航空学院（重庆航空学院）：2017 年，重庆交通大学经重庆市教育委员会批准设立航空学院，2018 年 3 月航空学院正式挂牌，2018 年 12 月获批重庆普通本科高校首批新型二级学院。学院现有本—硕—博各层次学生
相关专业及创立时间	学校现有国家级一流本科专业建设点 21 个、重庆市一流本科专业建设点 38 个。土木工程、港口航道与海岸工程、交通运输 3 个国家特色专业，水利水电工程等 7 个专业获批教育部卓越工程师教育培养计划试点专业，有重庆市"三特行动计划"特色专业 15 个、特色学科专业群 7 个。学校为重庆市高水平新工科建设高校 航空学院（重庆航空学院）：学院本—硕—博多层次人才培养体系完善，开设有飞行器制造工程和飞行器动力工程 2 个本科专业 2022 年航空学院本科招生：飞行器制造工程、飞行器动力工程
相关学科	学校现有交通运输工程、水利工程、管理科学与工程、土木工程 4 个一级学科博士学位授权点，16 个二级学科博士学位授权点，土木工程、交通运输工程、水利工程 3 个博士后科研流动站，土木工程等 18 个一级学科硕士学位授权点，土木水利等 13 个硕士专业学位授权类别。获批重庆市 3 个一流学科、16 个重点学科、智能交通和智慧城市 2 个"人工智能＋"学科群 航空学院（重庆航空学院）学科建设：立足航空宇航科学与技术一级学科，突出多元融合、绿色航空特色，发挥交通运输工程、机械工程等多学科交叉融合优势，围绕通用航空、直升机、无人机等领域，系统开展绿色航空工程共性和关键技术研发，重点聚焦绿色航空能源动力系统、绿色航空飞行器技术、绿色航空材料与智能制造等重大科技难题，力争在原始性、颠覆性创新技术上取得实质突破与产业化应用
研究生招生	航空学院（重庆航空学院）：学院本—硕—博多层次人才培养体系完善。围绕行业和地区航空产业发展需求，在交通运输工程的载运工具运用工程（航空工程方向）招收博士、硕士研究生，在机械工程（航空工程方向）招收硕士研究生 2023 年全日制硕士研究生招生：机械Ⅲ（专业学位）的航空工程专业 2023 年博士研究生招生：航空学院，交通运输工程Ⅱ的载运工具运用工程专业，本专业接收直博生、硕博连读生

资料来源：重庆交通大学官网，最后访问日期为 2023 年 4 月 5 日。

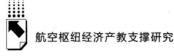

32. 桂林航天工业学院

桂林航天工业学院（简称桂航）创办于 1979 年，曾隶属国家第七机械工业部、航天工业部、航空航天工业部、中国航天工业总公司。1999 年 4 月，学校划转到广西壮族自治区，实行"中央与地方共建，以地方管理为主"的管理体制。学校 2012 年升格为本科院校，2015 年 12 月增列为学士学位授权单位。

根据国家航空航天事业发展、区域航空航天装备制造产业布局和学校建设航空航天特色鲜明的高水平应用型本科大学的需要，学校 2022 年成立航空宇航学院，将分散在机械工程学院、电子信息与自动化学院的有关空天类专业整合到该院，学院设有飞行器制造工程、飞行器动力工程、飞行器质量与可靠性等 3 个本科专业和无人机应用技术 1 个专科专业。2022 年 6 月 20 日上午，学校召开航空宇航学院资源配置协调会。校长吴尽昭在会上强调，航空宇航学院的建立，是学校的一件大事，是学校建设"区域有鲜明特色、行业有重要影响高水平应用型大学"的重要举措，各部门单位要充分认识设立航空宇航学院的重要意义，坚持共建共享的原则协调发展，推进"航空宇航科学与技术"自治区一流学科建设、硕士点建设、自治区一流专业建设融合发展，进一步优化航空宇航工程学科布局，彰显学校办学特色。学校副校长兼航空宇航学院院长孙山林在会上指出，航空宇航学院承担了自治区一流学科、飞行器制造工程和飞行器动力工程等自治区一流专业和重点实验室的建设工作，需进一步加强师资队伍建设，加大高层次人才引进力度，系统推进教学平台建设。该学院的成立，标志着学校的空天类专业建设、航空宇航科学与技术学科建设进入了一个加速发展时期。

桂林航天工业学院扫描分析结果如表 5-32 所示。

表 5-32 桂林航天工业学院扫描分析结果

学校文化	航天路：学校以"航天精神铸魂，航天文化育人"为大学文化建设理念，2015 年创设国内高校第一个"航天日"，实施航天文化进校园"六个一"工程，促进桂航学子在精神上成人，探索出了一条利用行业资源培育和践行社会主义核心价值观的"航天路"

续表

学校文化	学校愿景：学校坚持"育人为本、学以致用"办学理念，弘扬"艰苦奋斗、自强日新"桂航精神，秉承"尚德、博学、慎思、笃行"桂航校训，致力于建设"区域有鲜明特色、行业有重要影响高水平应用型大学"
相关科研平台	现有广西院士工作站 1 个、自治区级工程研究中心 2 个、广西高校重点实验室 4 个和广西高校人文社科重点研究基地 2 个，获批自治区技术转移示范机构、自治区职务科技成果权属改革试点单位
相关学院及机构	学校设有管理学院、航空服务与旅游管理学院、机电工程学院、电子信息与自动化学院（人工智能学院）、汽车工程学院、能源与建筑环境学院、计算机科学与工程学院、理学院、航空宇航学院、工程综合训练中心等 16 个教学单位 航空服务与旅游管理学院是以现代航空旅游服务类学科专业群为主体的教学单位，设有酒店管理、播音与主持艺术本科专业，中外校际交流项目和空中乘务、旅游管理专科专业 航空宇航学院，2022 年正式成立。设有飞行器质量与可靠性、飞行器制造工程、飞行器动力工程等 3 个教研室，设有广西无人机应用技术院士工作站、广西小型无人机系统及应用工程研究中心、广西高校无人机遥测重点实验室等 3 个科研平台
相关专业	学校设有 36 个本科专业，专业布局高度契合广西"14+10"现代产业、粤港澳大湾区重点支持发展的战略性新兴产业、国家航空航天事业。学校以立德树人为根本，聚焦应用型人才培养，突出学生航天品质培育，确立了以"123456"为主要内容的"应用型人才培养思路"。现有 2 个国家级一流本科专业建设点，11 个自治区级一流本科专业建设点 2022 年招生：本科，飞行器制造工程、飞行器质量与可靠性、飞行器动力工程、航空服务艺术与管理物流工程、物流管理等；专科，空中乘务、无人机应用技术
相关空天类本科专业及创立时间	飞行器制造工程（2013 年），飞行器质量与可靠性（2016 年），飞行器动力工程（2015 年），播音与主持艺术（2018 年）
相关学科	学校立项建设 10 个重点学科，其中航空宇航科学与技术获批为广西一流学科，检测技术与自动化装置、管理科学与工程获批为自治区重点培育学科
研究生招生	暂无硕士研究生招生

资料来源：桂林航天工业学院，最后访问日期为 2023 年 4 月 5 日。

三　国内知名空天类高校的扩张

（一）哈尔滨工业大学（深圳）

在所有的"985"和"211"高校中，哈尔滨工业大学（简称哈工大）是最成功地实现了高质量复制扩张的高校，目前除了哈尔滨主校区之外，已经于 1985 年在山东省威海市设立了哈尔滨工业大学威海分校，2002 年更名为哈尔滨工业大学（威海）［简称哈工大（威海）］；2014 年 5 月教育部批准哈工大深圳研究生院筹备举办本科教育，深圳市政府与哈工大签署新的合作办学协议，在哈工大深圳研究生院基础上，合作共建本硕博教育体系完备的"哈尔滨工业大学（深圳）"［简称哈工大（深圳）］。

哈尔滨工业大学深圳校区由哈工大与深圳市政府合作共建，以全日制本科生与研究生教育为主、非全日制教育为辅，是国家"985 工程"建设高校和"双一流"建设 A 类高校首个在深圳市举办的本硕博培养体系齐全的高水平校区。哈工大深圳校区的前身是始建于 2002 年的哈工大深圳研究生院。2016 年，哈工大（深圳）首次面向全国 12 个省市招收机械类、材料类、计算机类、电子信息类、土木类、经济学类本科生。2018 年，哈工大（深圳）面向全国 18 个省（市、自治区）首次以单独招生代码（18213）招收优秀本科生。

经查阅资料，哈工大（威海）突出的是船舶、海洋、汽车领域，没有与航空航天相关的学院。哈工大（深圳）是哈工大高等教育改革的试验田、汇聚高端人才的桥头堡、国际化办学的示范区，是哈工大实现"中国特色、世界一流、哈工大规格"目标的重要组成部分，是深圳市高等教育体系的重要成员，是建设中国特色社会主义先行示范区、创建社会主义现代化强国城市范例的生力军。

我国空间科技正迎来前所未有的大发展时期，为加强我国南方空间科技发展，哈尔滨工业大学（深圳）于 2017 年 6 月 20 日成立了空间科学与应用技术研究院。研究院的办院理念是开放办院、创新为本、走"政产学研用"发展之路，办院的方针是借全国之力，按"开放、合作、共建、共享"的原则抓大战略、办大事，力争打造成我国具有国际先进水平、能承担国家重大空间科技任务、能做出重要空间科技创新成果和能出一批空间科技领军人才的基础和应用基础研究中心。研究院的成立符合建设百年科技强国战略目标，符合深圳建设国际一流科技创新、创业之都的发展目标，符合南方地区的科技发展与国家安全的需求，这对于加速空间科技创新与经济社会发展的融合，汇聚、培养深圳空间科技高端人才都有重大意义。空间科学与应用技术研究院下设空间天气风暴实验室、导航遥感科学实验室、行星科学实验室、空间等离子体物理实验室、低纬度空间环境监测与应用实验室、临近空间探测与应用实验室、空间大数据建模实验室、数字空间卫星实验室、空间材料实验室以及数字空天环境军民融合实验室等10个实验室，研究领域包括数字空间、空间天气、行星科学、空间探测、卫星导航、卫星遥感、空间等离子体物理、飞行器设计等。空间科学与应用技术研究院具有航空宇航科学与技术学科硕士、博士学位授予权。

哈尔滨工业大学（深圳）扫描分析结果如表5-33所示。

表5-33 哈尔滨工业大学（深圳）扫描分析结果

学校文化	校训：规格严格、功夫到家 学校精神：哈工大大力弘扬"铭记责任，竭诚奉献的爱国精神；求真务实，崇尚科学的求是精神；海纳百川，协作攻关的团结精神；自强不息，开拓创新的奋进精神"的哈工大精神和"铭记国家重托，肩负艰巨使命，扎根东北，艰苦创业，拼搏奉献，把毕生都献给了共和国的工业化事业"的哈工大"八百壮士"精神 学校愿景：全体哈工大人将不忘初心，牢记使命，站在新百年的历史起征点上，践行习近平总书记贺信精神，为哈工大建设世界一流的百年强校做出引领示范，坚持高起点、高标准、国际化，坚守哈工大人才培养规格与特色，吸收世界一流大学先进经验，大力引进国际高端人才，积极投身粤港澳大湾区的建设，为深圳建设中国特色社会主义先行示范区、创建社会主义现代化强国的城市范例贡献力量，为实现中华民族伟大复兴的中国梦彰显哈工大担当、做出哈工大贡献、交出哈工大答卷
相关科研平台	哈工大（深圳）致力于推动科技进步与技术创新，依托校本部深厚的学术积淀、深圳优越的创新创业环境和产业战略布局，建立了多个高水平科研平台，重点研究领域始终与科技发展、国际学术前沿保持同步。哈工大（深圳）现有各级科研平台共计58个，其中包括1个工信部重点实验室、1个广东省重点实验室、1个广东省普通高校重点实验室，1个广东省普通高校特色新型智库，1个广东省工程技术研究中心，1个深圳市诺奖实验室，深圳市航空航天大数据图像感知技术与装备重点实验室等20个深圳市重点实验室，18个深圳市工程实验室，8个深圳市公共服务平台，1个深圳市工程研究中心，1个深圳市人文社会科学重点研究基地和3个深圳市南山区创新机构等 空间科学与应用技术研究院有7个平台：空间天气数值预报研究中心（冯学尚等）、南方"空天双眼"观测与研究中心（赵正予等）、空间磁场探测技术研发中心（张铁龙等）、国家大科学计划培育项目深圳中心（左平兵等）、空间导航遥感通信研发中心（许国昌等）、量子激光雷达智能化生态环境应用示范中心（禹智斌等）、数字空间联合研究中心（魏奉思等）

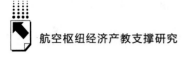

续表

相关学院及机构	建有计算机科学与技术学院、电子与信息工程学院、机电工程与自动化学院、土木与环境工程学院、材料科学与工程学院、建筑学院、经济管理学院、理学院、人文与社会科学学院、空间科学与应用技术研究院、马克思主义学院等 11 个院系 空间科学与应用技术研究院：2017 年 6 月 20 日成立，该研究院目前没有招本科生，只招硕士、博士研究生及博士后
相关学科	哈工大（深圳）在办学过程中始终坚持立足国家重大需求、立足国际学术前沿，参考全球著名理工院校的专业结构，有的放矢地调整和凝练学科方向，积极扶持和发展新兴学科和交叉学科，实施专业类招生、专业类培养、专业方向毕业的培养模式。在 24 个一级学科中，有 8 个国家一级重点学科、14 个全国第四轮学科评估 A 类学科、8 个国家"双一流"建设学科
研究生招生	拥有航空宇航科学与技术一级学科硕士点、博士点 哈尔滨工业大学（深圳）2023 年硕士研究生招生：航空宇航科学与技术（学科方向：空间科学与技术）等多个一级学科 哈尔滨工业大学 2023 年博士研究生招生：深圳研究生院，物理学（空间科学、空间物理、空间探测、空间天气学等方向）、力学（飞行器动力学与控制、风机振动与控制、航天器动力学与振动控制、连续体振动及其控制等方向）、机械工程（宇航折展机构、仿生扑翼飞行机器人、空间智能机器人等方向）、信息与通信工程（空间通信、卫星通信、无人驾驶感知技术、无人机辅助的 5G 三维超密
研究生招生	集网络技术、深空通信、无人机 SLAM、无人机编队通信空天地海一体化网络通信关键技术、空天通信的在轨智能处理与适配传输技术、空天信息传输的时效约束机理及优化、空天地海一体化信息传输、空天通信等方向）、控制科学与工程（飞行器姿态控制、航天器编队飞行、航天器控制、多机器人/无人机的协同控制等方向）、航空宇航科学与技术等一级学科包含多个与航空或航天有关的研究方向

资料来源：哈尔滨工业大学（深圳）官网，最后访问日期为 2023 年 4 月 5 日。

（二）北京航空航天大学

2022 年 10 月 25 日，北京航空航天大学庆祝建校 70 周年大会在学院路校区体育馆隆重举行。校长王云鹏代表学校做了题为"空天报国 逐梦一流"的致辞。他指出，作为新中国第一所航空航天高等学府，北航在开天辟地的峥嵘岁月中诞生，在改革开放的时代浪潮中成长，在民族复兴的伟大征程中腾飞，七十载创业兴学，谱写了培育栋梁、为国铸剑、追求卓越的绚丽华章。王云鹏表示，党的二十大为全面建成社会主义现代化强国、实现第二个百年奋斗目标、以中国式现代化全面推进中华民族伟大复兴指明了前进方向、提供了根本遵循。北航将坚守航空报国志向，勇于创新突破，矢志逐梦一流，为强国建设贡献力量。北航将坚定不移赓续红色血脉，坚定不移精育"两领"人才，坚定不移引领创新突破，坚定不移锻造一流能力。站在新的历史起点上，北航全体师生员工将更加紧密地团结在以习近平同志为核心的党中央周围，以党的二十大精神为指引，坚定信心、同心同德、埋头苦干、奋勇前进，努力谱写建设中国特色世界一流大学的新篇章，为教育强国、科技强国、人才强国建设做出新的更大贡献。

综合分析北航的国内外合作战略，形式多样，硕果累累。主要有以下 5 种形式，但是对跨省的异地办学，受 2021 年 7 月 28 日出台的《教育部关于"十四五"时期高等学校设置工作的意见》（教发〔2021〕10 号）文件的制约，受到很大影响。

1. 北航国内合作委员会主导推进的国内高水平合作

2016 年 9 月，为积极响应习近平总书记关于"把论文写在祖国大地上，把科技成果应用在实现现代化的伟大事业中"的号召，北航专门成立国内合作委员会，统筹推进国内合作工作。同时，设立国内合作办公室，作为委员会常设办事机构，支撑和保障国内合作委员会战略研究、咨询论证、授权决策、协调督办等职能的发挥，如青岛、合肥、成都、云南、杭州、苏州等地的北航地方研究院，并且北航统一招收研究生，招生人数逐年增加。按照之前的规划，北航合肥科学城将是北航的有关学院异地建设、与北航合肥创新研究院搭建本硕博贯通的人才培养链条，将建设 1 个科教融合的科学城、2 个科技产业园，参与建设量子信息科学国家实验室（精密测量板块）。到 2025 年，北航合肥科学城将参与建成 1 个国家实验室，打造 10 个国家级创新平台，集聚 100 家规模以上科技型企业，引育 1000 名高端人才，在校学生人数有 6000 人以上，力争达到 10000 人，带动千亿元产值，促进区域创新能力提升，打造国际一流的开放型、创新型、生态型的科学城。

2. 北航的国际合作

学校紧密围绕建设"扎根中国大地的世界一流大学"的战略目标，通过实施"寰宇巡天"计划，基本形成全方位、多层次、宽领域对外开放格局，提升了学校的国际影响力和竞争力。学校先后与国外近 200 所著名高等院校、一流研究机构和知名跨国公司建立了长期稳定的合作关系；加入了国际宇航联合会等国际联盟和学术组织；创设了"中英空间科学与技术联合实验室"等一批高端国际合作平台；与法国中央理工大学集团联合创办中法工程师学院，成立"国际通用工程学院"；获批设立"联合国附属空间科学与技术教育亚太区域中心"、"亚太空间合作组织教育培训中国中心"和"北斗国际交流培训中心"；联合共建"一带一路"国家顶尖高校共同建设"北斗丝路学院"，开启北斗导航服务于"一带一路"倡议的新起点；师资队伍国际化程度不断加深，国际科研合作成果显现，建立了 7 个国家级"高等学校学科创新引智基地"。

3. 基于北航工研院的全国性产业化布局

北京北航先进工业技术研究院有限公司（以下简称北航工研院）由北京航空航天大学全资设立，是国家技术转移示范机构和国家高新技术企业。为响应国家创新驱动发展战略，按照学校统一部署，北航工研院充分结合区域创新需求，采取技术转移中心、产业技术研究院、科技成果转化基地等多种形式，在地方政府的支持下，坚持"需求牵引、因地制宜"建设校地科技合作平台，促进科技成果转化和服务区域经济发展，在全国建立了北航鹤壁技术转移中心、东莞北航研究院等一批产学研结合机构。

4. 中法航空大学

2018 年 1 月 9 日，在国家主席习近平和法国总统马克龙的见证下，北京航空航天大学校长徐惠彬与法国国立民航大学校长奥利维耶·尚苏（Olivier Chansou）在人民大会堂签署北京航空航天大学与法国国立民航大学合作办学备忘录，两校在浙江省杭州市联合建立一所中外合作办学高校——中法航空大学。2019 年 4 月 16 日，杭州市人民政府、浙江省教育厅和北京航空航天大学签署合作协议，明确了浙江省、杭州市为中法航空大学的建设和发展提供持续、足额的办学资源保障的责任与义务。中法航空大学将是一所高水平、国际化、新机制的航空大学。该校定位于具有独立法人资格的中外合作大学，为我国乃至世界培养航空领域的优秀专业人才。中法航空大学项目位于杭州市余杭区瓶窑镇，一共占地 100 公顷，分两期建设，一期建设 80 公顷，二期建设 20 公顷，其中约 66.67 公顷是教育基地，约 33.33 公顷是产学研转化和国家交流基地。学校由余杭区出资建设，属"交钥匙"工程。2019 年 12 月 28 日，中法航空大学奠基，规划校区包含有中法工程师学院、航空科学与工程学院、民航学院、电子信息学院、工学院、理学院、人文与管理学院等；规划在校生规模 10000 人、教职工 2000 人左右。

从 2022 年 8 月 30 日在博士招聘网上发布的《中法航空大学 2022 年全球学术人才招聘》来看，中法航空大学正在按照"两步走"的战略加快推进。中法航空大学将按照"高水平、新机制、国际化"的办学定位，面向世界科技前沿、面向国民经济主战场、面向国家重大需求、面向人民生命健康，培养多学科交叉的复合型、创新型人才，开展前沿科学研究与关键技术攻关，努力成为一所拥有现代大学制度、面向未来的世界一流大学。大学校园紧邻世界文化遗产良渚文化遗址的核心区域，山清水秀，生态宜人。校园规划占地面积为 100 公顷，2023 年建成，将为师生提供一流的学习生活环境和科技创新条件。在筹建期间，中法航空大学在杭州市"西溪八方城"过渡校园，以北航杭州创新研究院（余杭）为学术平台，开展机制建设、学科建设、人才引进、实验平台建设、校园建设以及行政管理能力、人才培养能力、科技创新能力建设等各项筹建工作。围绕大学的建设目标，已启动民航学院、航空学院、信息学院、工学院和理学院的筹建工作，面向全球诚聘相关领域一流学术人才。招聘学科方向与研究领域按照上述 5 个学院各有侧重。①民航学院。民航学院主要开展空天地一体化网络与宽带通信、空中交通管理系统与运输规划、机载航电与卫星导航、通用航空与智慧运行、民航金融与法规等领域的研究。应聘人员应具备特定学科方向较高的学术水平，包括但不限于：交通信息工程及控制、交通运输规划与管理、载运工具运用工程、通信与信息系统、信号与信息处理、计算机软件与理论、计算机应用技术、管理科学、信息管理与信息系统、工程管理、企业管理、应用数学、运筹学与控制论、模式识别与智能系统、导航制导与控制、系统工程、网络空间安全等学科方向。②航空学院。航空学院主要开展跨速域高超音速气动热力、绿色航空与新能源、航空大数据与环境气候、无人通用航空及非常规航空等领域的研究。应聘人员应具备特定学科方向较高的学术水平，包括但不限于：飞行器设计、航空宇航推进理论与工程、人机与环境工程、工程热物理、热能工程、动力机械及工程、流体机械及工程、制冷及低温工程、大气物理学与大气环境、环境科学、环境工程、光学、物理化学、光学工程、测试计量技术及仪器、电路与系统等学科方向。③信息学院。信息学院主要开展量子精密测量、高性能量子计算、人工智能、集成电路材料与设备、集成电路自动化设计（EDA）、航空微电子、控制科学与工程、交通信息工程及控制等领域的研究。量子精密测量、高性能量子计算方向应聘人员应具备特定学科方向较高的学术水平，包括但不限于：精密仪器及机械、电子信息、量子光学、医学物理等学科方向。人工智能方向应聘人员应具备特定学科方向较高的学术水平，包括但不限于：数据科学、模式识别、计算机视觉、城市计算等学科方向。集成电路材料与设备、集成电路自动化设计（EDA）、航空微电子方向应聘人员应具备特定学科方向较高的学术水平，包括但不限于：微电子与固体电子学、计算机科学与技术、数据库、测试计量技术及仪器、磁学、物理电子、集成电路设计、计算数学、计算流体力学等学科方向。控制科学与工程方向应聘人员应具备特定学科方向较高的学术水平，包括但不限于：导航制导与控制、模式识别与智能系统、精密柔性机构分析与设计、超精密控制系统、纳米仪器设计、超精密制造系统、微纳仿生与智能系统等学科方向。交通信息工程及控制方向应聘人员应具备特定学科方向较高的学术水平，包括但不限于：车辆众源感知、交通大数据、车路协同、自动驾驶、车联网信息安全、运筹优化等学科方向。④工学院。工学院主要开展高温/超高温材料、高温功能涂层、高温腐蚀、先进轻量化材料、先进复合材料、新型能源材料、光电子材料、数字化设计制造一体化技术、碳纤维复合材料制造工艺、机器人设计与控制技术等领域的研究。应聘人员应具备特定学科方向较高的学术水平，包括但不限于：材料物理与化学、材料学、材料加工工程、生物医用材料、机械设计及理论、机械制造及自动化、机械电子工程、工业与制造系统工程、航空宇航制造工程等学科方向。⑤理学院。理学院主要开展新型量子物态、极端条件物理、医学物理等领域的研究。应聘人员应具备特定学科方向较高的学术水平，包括但不限于：凝聚态物理、理论物理、粒子与原子核物理、原子与分子物理、医学物理等学科方向。招聘人才类别主要是领军人才、杰出人才、卓越人才、博士后。领军人才：诺贝尔奖、菲尔茨奖、图灵奖等国际重大科学技术奖项获得者；中国科学院院士、中国工程院院士及世界一流学术权威机构会员；近年在国内外一流高校、科研机构任职的全球著名科学家，以及国内外一流科技型企业总部首席执行官、首席技术官等。杰出人才：获得国内外一流高校博士学位，一般应在国内外一流高校、科研院所担任终身副教授及以上或相当职务，具有国际一流的学术水平和较强的学术影响力。卓越人才：获得国内外一流高校博士学位，一般应在国内外一流高校、科研院所担任助理教授及以上或相当职务，在相关领域具有突出的学术成果或独特的技术优势。博士后：获得国内外一流高校博士学位，有较强的科研能力和较好的发展潜力，年龄不超过 35 周岁。

因为中法航空大学独特的中外办学性质，加之浙江省、杭州市、余杭区三级政府的旺盛热情，这所大学将为中国商飞的大飞机战略、东部地区强烈的航空航天产业发展动机提供强有力支持。

5. 北航青岛校区

近年来，"高校争夺战"不断上演。曾有媒体分析称，经济强市深圳可以说是这场资源争夺战中的最大赢家。事实上，在"南深圳北青岛"的国家战略之下，明星城市青岛也异军突起，高校"朋友圈"急剧"扩容"。进入 2021 年，青岛传来了 3 所"双一流"高校在此布局的消息。2021 年 4 月，北京航空航天大学青岛校区建设进展：主教学楼已全部完成封顶，图书馆已部分封顶。2016 年 12 月 8 日，青岛市与北京航空航天大学签署了《青岛市人民政府、北京航空航天大学共建北航青岛科教新城的协议》，根据协议，双方在青岛蓝谷共建北航青岛科教新城，开展本科及以上全日制学历教育、中外合作办学、学科专业建设、科研平台建设、科技创新、成果转化和国际交流等工作。北航青岛科教新城分为北航青岛校区（含国际校区）、北航科技园 2 个板块，其中北航青岛校区计划先期入驻启动中德学院、亚太国际空间学院（亚太学院）、微电子学院 3 所学院进行本科生和研究生培养；拟设立工学院、信息学院、商学院进行研究生培养；逐步开办航空航天、材料科学、智能制造、微电子、仪器仪表、智能交通、生物医学工程等 7 个特色学科专业。总规划在校生规模达 10000 人，研究生比例不低于 50%。

根据最新的研判，从 2021 年开始，国家严格控制各大高校建立异地校区，之前建的可以保留，但教育部原则上不再批准异地校区了。青岛一直期望的哈工程青岛校区、北航青岛校区的建设，目前看来已经不可能，至少本科生不会招了。目前北航和哈工程的网站上都取消了青岛校区，改成科教园或者研究院。但是哈工程和北航的青岛校区面积都很大，光是研究生的话根本用不了这么大。因此，空出来的校园可以组建青岛工业大学和青岛航空航天大学。而北航将以独特的方式，促进青岛空天类大学的发展。

（三）西北工业大学太仓校区

西北工业大学（以下简称西工大）加快成果转化，服务社会能力增强。在鼓励专注教书育人、潜心研究学问的同时，充分发挥科技对区域经济和社会发展的支撑作用，着力推动政产学研融合发展。学校聚焦国家重大战略部署，瞄准西部大开发、陕西新时代追赶超越新篇章、长三角区域一体化发展、粤港澳大湾区建设等发展机遇，与地方政府开展深度合作，发起成立了陕西空天动力研究院、陕西网络创新研究院等新型研发机构，主动融入秦创原创新驱动平台建设，协同推进"翱翔小镇""三航小镇""碑林环大学硬科技创新街区"建设，推进深圳、青岛、长三角、重庆、北京、上海、宁波等异地创新机构的建设。学校积极推进科技成果转化，获批首批高等学校科技成果转化和技术转移基地。依托优势学科创新成果培育的铂力特、鑫垚、华秦科技等一批高新技术企业在增材制造、陶瓷复合材料、高端装备制造、智能水下航行器等领域取得丰硕成果，成为地方经济转型升级的中坚力量和区域经济发展的创新源头，逐步形成了行之有效的科技成果转化"西工大模式"。西工大拥有友谊、长安及江苏太仓 3 个校区，占地面积近 460 公顷。

为了加强对太仓校区的跨区域管理，学校在职能部门中设立了太仓校区管委会。太仓校区的建设既来自西工大靠近东部发达地区的战略谋划，也来自西工大和江苏省及落户地市的紧密合作。从发展历史来看，2018 年 2 月 6 日，西北工业大学太仓长三角研究院在江苏太仓揭牌成立。该院位于太仓科教新城，聚焦民用航空、智能制造、新材料、柔性电子、卫星应用等学科前沿和国家战略需求，围绕航空宇航科学与技术、机械工程、材料科学与技术、电子科学与技术、控制科学与工程等学科领域开展研究。

2018 年 4 月 9 日，江苏省人民政府与西北工业大学在南京签署战略合作协议，共同建设西北工业大学太仓长三角研究院和西北工业大学太仓校区。江苏省委书记娄勤俭、省长吴政隆，陕西省委书记胡和平、省长刘国中等领导，西北工业大学党委书记张炜、校长汪劲松、常务副校长黄维出席签约仪式。

太仓校区管委会于 2018 年 5 月正式成立；2021 年 3 月，太仓校区党工委正式成立。西北工业大学积极融入国家长三角一体化发展战略，秉持"战略统筹、优势互补、绿色创新、发展共赢"的合作原则，与江苏省太仓市签订协议开展长期、稳定、全面的市校合作，共同建设西北工业大学太仓长三角研究院和太仓校区。西北工业大学太仓长三角研究院将紧盯关键共性技术、前沿引领技术、现代工程技术、颠覆性技术，聚焦核能材料、人工智能、智能制造、民用航空等领域，开展科技成果研发、高新企业孵化、技术转移应用、创新人才培养等工作，成为以"三高两核"（高新技术、高附加值、高成长性，核心人才聚集、核心技术聚合）为特色的一流研究院。西北工业大学太仓校区占地 118.4 公顷，2021 年一期建成投入使用，预计全部建成后在校学生数有 10000 名左右、教职工有 2500 余名。太仓校区将围绕国家科教兴国战略，面向学科前沿，汇聚一流大师，培养一流人才，建设网络安全、软件、微电子、民航、人工智能、核科学与技术等学院及相关研究中心。目前来看，已经在太仓校区入住的学院有 4 个：软件学院、微电子学院、网络空间安全学院、民航学院。

微电子学院成立于 2015 年 12 月，是国家重点支持建设的示范性微电子学院，目前坐落于历史文化古城陕西西安，同时在江南水乡江苏太仓设有集成电路与智能系统国际联合研究中心。学院拥有"集成电路技术国家地方联合工程研究中心"，是全国 15 个"国家集成电路人才培养基地"之一，是教育部质量工程建设项目"微电子特色专业建设点"，是陕西省"工程型集成电路设计人才培养创新试验区"。学院设有微纳电子系、集成电路系、智能系统系和交叉应用研究中心，设有微电子科学与工程本科专业，具有电子科学与技术一级学科博士点，可在电路与系统、物理电子学、微电子学与固体电子学、航空电子综合技术、电子信息（集成电路工程、电子与通信工程）等学科方向招收硕士和博士研究生。学院面向航空、航天、航海和相关电子信息领域，开展微电子科学研究与工程应用，服务工业化、信息化和国防现代化，在半导体材料与器件、超大规模集成电路、智能集成系统、空天电子综合系统、微纳电子和柔性电子等研究领域具有特色和优势。学院承担了多项国家科技重大专项、武器装备重点型号、国防基础科研、国防预先研究、国家"863"和"973"计划、国家自然科学基金等项目，深度参与了多型卫星、飞机、武器装备等国家重大工程的研制任务，为我国国防科技事业发展和国民经济建设做出了重要贡献。学院推动三航特色和新兴技术交叉融合人才培养，巩固和提升西工大三航微电子特色地位，打造微电子行业综合人才培养和新兴科学及三航交叉研究的国际一流微电子学院。

西北工业大学民航学院成立于 2018 年 12 月，其前身是西北工业大学民航工程学院（1994 年），是经中国航空工业总公司和民航局批准，由西北工业大学、北京飞机维修工程有限公司（AMECO）和中国西北航空公司联合组建的。学院以"民航强国"为战略牵引，坚持"建一流学院、办一流专业、育一流人才"的建设目标，围绕民航领域的科技发展前沿、重大需求和国家重点科研任务深入开展人才培养、学科建设和科学研究。学院以江苏太仓校区为主体办学，以现有西安友谊校区辅助办学。截至 2022 年 9 月，学院具有国家"211"和"985"学科建设平台以及航空宇航科学与技术、力学 2 个博士学位授权点，开设飞行器设计与工程和飞行器控制与信息工程 2 个本科专业，开展航空宇航科学与技术和力学学术型博士和硕士研究生培养，以及机械、电子信息、材料与化工工程博士和硕士研究生培养。学院聚焦绿色航空、智慧民航和航空安全与管理等特色方向，设新型飞行器与推进技术、可持续航空材料、结构轻量化与智能设计、民航大数据、智慧机场、智能运维、适航审定技术、无人机与通用航空等 9 个研究中心。学校建有冲击动力学及工程应用国际联合研究中心、结构力学行为科学与技术创新引智基地、飞行器结构力学与强度技术重点学科实验室、民航航空器冲击防护与安全评估重点实验室、陕西省通用飞机协同创新中心等科研平台，以及机载设备适航技术、通航大数据、智慧通用机场、中德通用飞机设计及适航认证等联合实验室。学院是民航科教创新攻关联盟成员单位，中国航空器拥有者及驾驶员协会（中国 AOPO）理事单位，第十三届全国表面工程大会支持单位，中国航空学会鸟撞分会挂靠单位。

（四）南京航空航天大学

南京航空航天大学大力推进开放办学，积极开展协同创新，先后建立了一批产学研合作研究基地，开展广泛的国际交流与合作，已与国外近百所著名高校及知名研究机构建立了长期稳定的合作关系，形成了"服务航空航天民航、服务江苏，面向全国、面向世界"的开放型办学新格局。学校现启用明故宫、将军路、天目湖 3 个校区，占地面积约 203.07 公顷；正在推进江北新区国际校区建设，与六合区人民政府共建南京航空航天大学国际创新港，一个在江苏密集布局的南航正在发挥巨大的创新能量。

随着南京江北新区国际校区的启动和常州溧阳市天目湖校区的逐步建设，南京航空航天大学在现有明故宫校区、将军路校区的基础上，将实现"一校两地四区"的办学格局，此外将与南京六合区共建南京航空航天大学国际创新港。在组织架构上，学校在直属单位里增设了将军路校区管委会/江北新区国际校区规划与建设办公室、天目湖校区管委会/天目湖校区规划与建设办公室、国际创新港建设管理办公室，其中天目湖校区管委会与天目湖校区规划与建设办公室合署办公。

2017 年 5 月 8 日，南京航空航天大学与常州市人民政府、溧阳市人民政府在溧阳分别签署了战略合作框架协议、合作办学框架协议。南航溧阳校区主要面向通用航空和地方需求开展学历教育。作为通航产业和实训区，溧阳通用机场充分保障校区教学与科研使用。2019 年 9 月 5 日，天目湖校区正式启用。天目湖校区位于江苏省溧阳市，共占地 64.6 公顷，建设有教学楼、基础实验楼、综合服务楼、医院、风雨连廊、操场、学生食堂、学生宿舍等建筑。天目湖校区定位为飞行技术专业人才培养基地、通航类人才培养和科研基地、高新技术和新型研发机构驻地、适应当地经济社会发展的应用型人才培养和科研基地。学校按照国内外一流校园的标准进行规划设计，体现"人本化、园林化、信息化、特色化"的理念和可持续发展的要求，打造教学、科研、生活"共享联通"的一体化空间。

2018 年 8 月 6 日，南京市江北新区与南京航空航天大学在南航将军路校区签署了共同推进南京航空航天大学江北新区国际校区建设的合作框架协议。据协议，双方将全面建立战略性、紧密型合作关系，深化人才、技术、资源的共享与互动，积极推进南京航空航天大学江北新区国际校区建设，促进江北新区与南京航空航天大学共同发展。校区规划建设面向未来世界科技前沿和国家战略需求，是以中外合作办学和新兴交叉学科发展为一体的非独立法人国际校区。南京航空航天大学江北新区国际校区规划用地面积约 26.59 公顷，可容纳师生 4500 余人；规划设计总建筑面积 363400 平方米，包含学院教学楼、国际联合实验室、综合楼、学生宿舍、食堂、图书馆、风雨操场、体育场馆、国际学生交流中心及附属用房等。未来南京航空航天大学江北新区国际校区也将充分利用南京市江北新区在区位、人才、政策等方面的优势，致力于打造学校前沿学科建设和高端人才集聚新的增长极，积极为学校"双一流"建设注入强劲动力。

2021 年 6 月 19 日，南京航空航天大学与六合区人民政府签订共建南京航空航天大学国际创新港（以下简称创新港）合作协议。创新港建设是为贯彻落实习近平总书记提出的"创新驱动战略""长三角一体化""长江经济带高质量发展"战略,加快推进"两个强国"的建设,以及南京市深入推进引领性国家创新型城市建设相关工作精神,支撑六合区打造南京市高质量发展的北部创新支点,助推南京航空航天大学建设世界一流大学。创新港选址位于六合区中心区雄州新城板块,规划面积约124公顷,充分发挥南京市的经济、产业、区位、生态、政策等优势和南京航空航天大学在航空航天、装备制造、能源动力、电子信息等领域的优势,重点建设智能制造创新园、空天科技创新园、新能源新材料创新园、产教融合创新园等四大创新园区载体,打造集科技研发、技术转化、人才培养、社会服务"四位一体"的国家级重点创新平台,成为国内领先、世界一流的先进制造领域科教和科技创新高地,进一步推动高端创新要素向南京集聚,扎实推进"强富美高"新江苏建设,加快产业转型步伐,打造国内知名的高端人才引育高地、科技创新创业港湾、科教产教融合源泉、校地融合发展示范、体制机制探索特区。

四 "双一流"建设背景下新生空天类高校综合评价

(一)对新生空天类高校的三维扫描分析

对上述 32 所空天类高校进行是否有空天类或民航类院系、"航空宇航科学与技术"或"交通运输工程"学科等、2022 年空天类或民航类本专科专业的三维扫描,分析结果如表 5-34 所示。

表 5-34 32 所新生空天类高校的三维扫描分析结果

序号	大学名称	空天类或民航类院系名称	"航空宇航科学与技术"或"交通运输工程"学科等		2022 年空天类或民航类本专科专业
1	中国科学院大学	航空宇航学院	"航空宇航科学与技术"一级学科博士学位授权点	无	

续表

序号	大学名称	空天类或民航类院系名称	"航空宇航科学与技术"或"交通运输工程"学科等	2022年空天类或民航类本专科专业
2	中国消防救援学院	消防指挥系、应急通信与信息工程系	无	无	消防指挥（直升机飞行与指挥）、飞行器控制与信息工程（消防救援方向）、飞行器控制与信息工程（森林消防方向）、航空航天工程（森林消防方向）
3	河北科技大学	电气工程学院	无	无	飞行器设计与工程
4	北华航天工业学院	航空宇航学院、机电工程学院	"航空宇航科学与技术"一级学科硕士学位授权点	机械（航天工程）专业硕士	飞行器设计与工程、无人驾驶航空器系统工程、飞行器制造工程、航空服务艺术与管理
5	天津工业大学	工学部（含航空航天学院等）	航空宇航科学与技术（学术学位）	航空工程、航天工程等专业硕士学位	飞行器制造工程
6	山东交通学院	航空学院	交通运输、机械硕士等专业硕士学位	飞行器制造工程、飞行技术、智慧交通、空中乘务
7	烟台南山学院	航空学院	无	无	飞行技术、测控技术与仪器、飞行器动力工程、交通运输专科，空中乘务
8	临沂大学	机械与车辆工程学院			飞行器制造工程
9	滨州学院	飞行学院、航空工程学院、机场学院、乘务学院、机电工程学院		交通运输硕士专业硕士学位	航空航天类7个：飞行器适航技术、飞行器动力工程、无人驾驶航空器系统工程、飞行器设计与工程、飞行器制造工程、飞行器制造工程（中外合作办学）、航空航天工程 交通运输类6个：飞行技术（驾驶方向）、飞行技术（通航方向）、交通运输（空管与签派方向）、交通运输（民航机务工程方向）、交通运输（中外合作办学）、交通工程 物流管理与工程类1个：物流工程（航空物流方向） 音乐与舞蹈学类1个：航空服务艺术与管理

续表

序号	大学名称	空天类或民航类院系名称	"航空宇航科学与技术"或"交通运输工程"学科等	2022年空天类或民航类本专科专业
10	常州工学院	航空与机械工程学院/飞行学院		飞行器制造工程、交通运输、飞行技术
11	台州学院	智能制造学院（航空工程学院）	机械（机械工程、智能制造技术）专业硕士学位	无人驾驶航空器系统工程
12	宁波诺丁汉大学	理工学院下设航空学院等院系	航空航天工程博士研究生项目		航空航天工程
13	上海工程技术大学（飞行学院）	航空运输学院	机械工程、交通运输工程等学术硕士学位	机械、交通运输等专业硕士学位	飞行技术、飞行器制造工程、物流管理（民航物流）、交通管理、航空服务艺术与管理
14	上海建桥学院	机电学院	无	无	机械设计制造及其自动化（中外合作办学）（合作方美国沃恩航空科技大学；单列专业），方向为"航空机械维修"
15	中山大学	航空航天学院	2023年硕士研究生招生：力学、航空宇航科学与技术 2022年博士研究生招生：力学	2023年专业硕士学位招生：机械	2022年按大类招生：航空航天类，涵盖航空航天工程、理论与应用力学
16	北京理工大学珠海学院	航空学院	无	无	飞行技术、飞行器制造工程、交通运输、无人驾驶航空器系统工程
17	广州交通大学				
18	黑龙江八一农垦大学	工程学院（航空学院）	有4个博士点一级学科，但无相关一级学科		飞行技术、交通运输
19	太原理工大学	航空航天学院	2023年硕士研究生招生：航空航天学院，设航空宇航科学与技术一级学科学术硕士点；航空工程、航天工程等2个专硕点	2022年博士研究生招生：机械与运载工程学院，在机械工程专业的机械电子工程学科方向继续设立飞机设计及机电系统研究方向；在机械专业设置航空工程专业博士	飞行器设计与工程、飞行技术、工程力学、工程力学（试验班）、物流管理（航空物流）

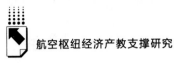
续表

序号	大学名称	空天类或民航类院系名称	"航空宇航科学与技术"或"交通运输工程"学科等		2022 年空天类或民航类本专科专业
20	合肥工业大学	机械工程学院	有机械工程、力学等一级学科博士点；有机械等工程博士点，但无相关一级学科硕士或博士点		机械类（智能制造）含飞行器制造工程专业
21	安阳学院	航空工程学院	无	无	飞行器设计与工程、飞行器制造工程等 2 个本科专业；无人机应用技术、空中乘务、飞机机电设备维修、飞机电子设备维修等专业等 4 个专科专业
22	黄河交通学院	机电工程学院			空天类本专科专业首次开设时间：本科，飞行器制造工程（2018 年）；专科，航空物流（2015 年）、无人机应用技术（2016 年）、飞机机电设备维修（2016 年）、空中乘务（2018 年）
23	南昌理工学院	航天航空学院（国际飞行学院）			2023 年招生：本科，飞行技术、航空航天工程、飞行器制造工程、航空服务艺术与管理；专科，飞行器数字化制造技术、空中乘务
24	内蒙古工业大学	航空学院	2023 年航空学院硕士研究生招生：交通运输工程（学术学位）	交通运输（专业学位）	交通工程、物流管理、交通运输（机场现场运行管理方向）、交通运输（航空电子方向）、飞行器制造工程
25	昆明理工大学	民航与航空学院（智华航空学院）	2023 年全日制硕士研究生招生：机械工程	航空交通运输（专业学位）、航空工程（专业学位）	机械工程、交通运输、飞行器控制与信息工程、飞行技术
26	云南警官学院		2023 年研究生招生：警务硕士专业学位，研究方向为禁毒。无其他相关学科		虽然"软科"对该校 2021 年的"无人驾驶航空器系统工程"专业进行了评审排名，但是查阅该校近年招生专业，未发现该专业招生 其他专业：交通管理工程

续表

序号	大学名称	空天类或民航类院系名称	"航空宇航科学与技术"或"交通运输工程"学科等		2022年空天类或民航类本专科专业
27	贵州理工学院	航空航天工程学院	"航空宇航科学与技术"1个省级特色重点学科（培育），校级特色学科群"航空宇航与智能制造"	无硕士点	航空航天类（包含专业：飞行器制造工程、飞行器动力工程）
28	西南交通大学	力学与航空航天学院	"航空宇航科学与技术"一级学科硕士点		工程力学、飞行器设计与工程
29	西华大学	航空航天学院	2023年西华大学硕士研究生招生：航空航天学院（含西华大学-北京航空航天大学天府研究院），学硕有动力工程与工程热物理、交通运输工程	专硕：能源动力、交通运输	航空航天类，含飞行器适航技术、无人驾驶航空器系统工程、飞行器动力工程等3个专业
30	重庆大学	航空航天学院	航空航天学院2023年硕士研究生招生：学硕有力学，航空宇航科学与技术 航空航天学院2022年博士招生：学术博士有力学	专硕：航空工程、能源动力 工程博士：机械、能源动力	2022年本科招生：工科试验班（工程能源类），含航空航天工程、工程力学等专业
31	重庆交通大学	航空学院（重庆航空学院）	2023年博士研究生招生：航空学院，交通运输工程Ⅱ的载运工具运用工程专业	2023年全日制硕士研究生招生：机械Ⅲ（专业学位）的航空工程专业	2022年航空学院本科招生：飞行器制造工程、飞行器动力工程
32	桂林航天工业学院	航空宇航学院、航空服务与旅游管理学院	"航空宇航科学与技术"获批为广西一流学科。无硕士点		2022年招生：本科，飞行器制造工程、飞行器质量与可靠性、飞行器动力工程、航空服务艺术与管理、物流工程、物流管理等；专科，空中乘务、无人机应用技术

（二）对通过检验条件的空天类高校分析

这些新生的空天类高校，无不抱着为强国战略做贡献和为区域发展服务的初心，持续探索，并不断提升能力。对以上 32 所新生空天类高校或民航特色高校进行综合评价后发现，中国消防救援学院、河北科技大学、临沂大学、上海建桥学院、合肥工业大学、黄河交通学院、云南警官学院等 7 所高校仅设有关的航空航天类专业或民航类专业，既没有航空航天类、民航类院系，也没有航空宇航科学与技术、交通运输工程等一级学科硕士点或者相关的专业硕士点，所以对其剔除，这样满足三个检验条件之二的高校还有 25 所。

在这 25 所高校中，同时拥有空天类或民航类院系、"航空宇航科学与技术"或"交通运输工程"学科、空天类或民航类本专科专业的高校有 16 所，它们分别是北华航天工业学院、天津工业大学、山东交通学院、滨州学院、宁波诺丁汉大学、上海工程技术大学、中山大学、太原理工大学、内蒙古工业大学、昆明理工大学、贵州理工学院、西南交通大学、西华大学、重庆大学、重庆交通大学、桂林航天工业学院。需要特别指出的是其中有 3 个高校比较特殊，贵州理工学院有"航空宇航科学与技术"1 个省级特色重点学科（培育），但是目前没有硕士点；桂林航天工业学院的"航空宇航科学与技术"学科获批为广西一流学科，但是目前没有也没有硕士点；更为特殊的是宁波诺丁汉大学因为中外合作办学的独特机制，开办的有"航空航天工程"博士研究生项目，但是考虑到宁波诺丁汉大学航空学院于 2017 年 5 月 12 日成立，由浙江省慈溪市人民政府与宁波诺丁汉大学共建，所以本书不认为该校已经在"航空宇航科学与技术"学科方面建成了较为完备的学科体系。

对剩余的 13 所满足三个检验条件的高校进行进一步分析，发现天津工业大学、中山大学、太原理工大学、重庆大学、重庆交通大学都有与空天相关的一级博士点或二级博士点。其中中山大学的航空航天学院在 2023 年首次招收"航空宇航科学与技术"一级学科博士生。天津工业大学在 2022

年博士招生中，在机械工程一级学科博士点招收航空航天方向博士研究生。太原理工大学在2022年学术学位博士研究生招生专业目录中，在机械与运载工程学院的机械工程专业的机械电子工程学科方向继续设立飞机设计及机电系统研究方向，博士生导师为吴光辉（双聘院士）、王志华；在2022年工程博士研究生招生专业目录中，在机械专业博士中设置航空工程专业，包含飞行器设计与结构强度、先进制造理论与技术、先进材料制备与成形等3个方向。重庆大学的航空航天学院，在2022年博士招生专业目录中，设学术博士：力学（含空气动力学与气动弹性学等10个方向）；工程博士：机械（含高端运载装备专项、先进材料专项），能源动力（新能源技术专项）。重庆交通大学的航空学院（重庆航空学院），形成了本—硕—博多层次人才培养体系完善，围绕行业和地区航空产业发展需求，在交通运输工程的载运工具运用工程（航空工程方向）招收博士、硕士研究生，在机械工程（航空工程方向）招收硕士研究生；航空学院在2023年博士研究生招生专业为"交通运输工程Ⅱ"，方向为载运工具运用工程，本专业接收直博生、硕博连读生。这5所博士点高校，除了重庆交通大学之外，都有"航空宇航科学与技术"一级学科，并且中山大学是"航空宇航科学与技术"博士点一级学科，而中山大学的航空航天学院成立于2017年5月，是中山大学深圳校区首批建设的工科学院之一，5年多的时间实现了空天类专业、航空宇航科学与技术学科的飞速发展，说明了"985"高校整合资源实现快速发展的雄厚底蕴。

还有一个非常特殊的就是中国科学院大学，有航空宇航学院，有"航空宇航科学与技术"一级学科的硕士点、博士点，但该校的博士点是在2022年7月才获批的。该校的本科专业目前只有15个，暂无空天类或民航类本科专业，但是该校属于较研究型大学更高一个层级的创新型大学，所以本书认为中山大学和中国科学院大学都是拥有"航空宇航科学与技术"一级学科博士点的新生高水平空天类高校。

参考文献

白平、陈俊俊、刘芳琴：《陕西航空枢纽经济发展的现状问题及对策》，《现代企业》2021 年第 8 期。

《北京航空航天大学深化校企合作、产教联合积极探索卓越工程师培养新路径》，中华人民共和国教育部网站，http://www.moe.gov.cn/jyb_sjzl/s3165/202210/t20221011_668922.html。

成都市双流区航空经济局：《立足枢纽经济 聚焦核心产业 推动双流航空经济区高质量发展》，《先锋》2020 年第 9 期。

方豪杰：《基于枢纽经济的空港经济区功能定位研究——以赣江新区临空组团二期为例》，《上海城市规划》2019 年第 5 期。

高传华：《提升中国枢纽经济竞争力探讨》，《区域经济评论》2019 年第 4 期。

高传华：《郑州航空港枢纽经济演化发展路径》，《中国国情国力》2017 年第 8 期。

宫银峰：《关于我国枢纽经济发展的多维思考》，《中州学刊》2020 年第 5 期。

宫银峰：《枢纽经济的产业链布局与优化》，《群众》2021 年第 10 期。

顾珺、上官敬芝、裴超辉、汪兆华、刘艳：《如何对标西安郑州国际空港打造徐州枢纽经济与门户经济增长极》，《中国市场》2020 年第 24 期。

顾叶华、陈田星：《国际航空货运航线引导资金测算研究》，《现代交通技术》2018 年第 3 期。

惠海霞：《加快发展"三个经济"打造国际航空枢纽》，《新西部》2020 年
　　第 Z4 期。

孔令伟、柯昌波、付军明、原二普：《航空货运视角的机场综合交通规划体系
　　研究——以湖北国际物流核心枢纽为例》，《交通科技与经济》2019 年第
　　5 期。

李国政：《枢纽经济：内涵特征、运行机制及推进路径》，《西南金融》2021
　　年第 6 期。

李霞、王明杰：《成都经济发展新思考：枢纽经济》，《中共成都市委党校学
　　报》2014 年第 4 期。

梁浩、曹小磊、何世茂、彭佳、王鹏：《南京空港枢纽经济高质量发展策略
　　研究》，2019 年中国城市交通规划年会，四川，2019 年 10 月。

刘波：《"一带一路"背景下北京国际航空枢纽建设研究》，《城市观察》
　　2017 年第 1 期。

潘多拉：《顺丰从未停下扩张的脚步》，https://mbd.baidu.com/newspage/da-
　　ta/landingsuper? rs = 1258202032&ruk = HNA1MAeYvhfr89GUr 4RPiA&is
　　BdboxFrom = 1&pageType = 1&urlext = ％7B％22cuid％22％3A％22Yu2
　　rilPgH80d82uZlav580a7val0PHaagavPu089H8KX0qqSB％22％7D&context = ％
　　7B％22nid％22％3A％22news_97208509947192878886％22，％22 source-
　　From％22％3A％22bjh％22％7D。

钱凯法：《让航空枢纽经济成为高质量发展新动能》，《新华日报》2019 年 3 月
　　26 日，第 014 版。

任斌：《解决国际快递瓶颈，促进新形势下航空货运稳步发展》，《中国民用
　　航空》2020 年第 9 期。

《上海交通大学积极推进工程科技创新人才培养改革》，中华人民共和国教
　　育部网站，http://www.moe.gov.cn/jyb_sjzl/s3165/202210/t20221012_
　　669129.html。

石学刚、周琳：《后疫情时代提升我国国际航空货运能力的对策建议》，《综
　　合运输》2020 年第 12 期。

《世界一流学科排名》，软科，https://www.shanghairanking.cn/rankings/gras/
　　2022/RS0221。

汪鸣：《物流通道与枢纽结合　推动枢纽经济发展》，《中国远洋海运》2018
　　年第 11 期。

吴振坤、杨雪萍：《国际航空货运枢纽：区域发展的新动力》，《区域经济评
　　论》2016 年第 2 期。

《西安交通大学"四个强化"加快推进卓越工程师教育培养》，中华人民共
　　和国教育部网站，http://www.moe.gov.cn/jyb_sjzl/s3165/202210/t2022
　　1017_670045.html。

徐刚：《关于我国国际航空货运能力补短板的思考》，《江苏航空》2020 年
　　第 2 期。

徐荣：《发挥临港新片区制度创新优势　提升浦东机场国际航空货运枢纽能
　　级》，《科学发展》2020 年第 7 期。

杨学兵：《论京津冀协同发展中国际一流航空枢纽的丰富内涵》，《中国民用
　　航空》2019 年第 6 期。

张洪：《成都建设中国西部国际航空枢纽研究》，《中国民用航空》2018 年
　　第 3 期。

张莉：《疫情下我国国际航空货运表现与战略性"补短板"建议》，《中国民
　　用航空》2020 年第 4 期。

张瑞、张海川：《成渝地区双城经济圈航空枢纽经济协同发展的对策建议》，
　　《民航管理》2020 年第 6 期。

张卫景：《迪拜打造国际航空枢纽港的成功经验及特点》，《港口经济》2014
　　年第 5 期。

张占仓：《郑州枢纽经济高质量发展的着力点》，《郑州日报》2021 年 2 月 8
　　日，第 8 版。

张志宏、MAGAKA NEPO、兰天：《我国内地高水平航空工业与民航类高校
　　发展动态分析》，《河南教育（高等教育）》2021 年第 5 期。

张志宏：《河南航空人才体系建设研究》，河南省民航办委托课题，2013 年

10 月。

章锦丽：《乘势而上　开启航空枢纽经济时代》，《协商论坛》2017 年第
　　2 期。

赵建军：《提升交通枢纽功能　促进枢纽经济高质量发展》，《群众》2019
　　年第 11 期。

赵巍：《全球大型国际航空枢纽分布特征》，《国际航空》2017 年第 6 期。

后　记

2021 年 4 月，全国职业教育大会召开，自此掀起了全国性的关注职业教育发展、产教融合及以培养大国工匠为目标的技能型人才的热潮。本人有多年的协同创新、基于校企合作的培育国家级众创空间的丰富经验，如何将职业教育（向上的人才链条可以延伸到专硕、专博）与临空产业相结合、如何让航空枢纽经济在高质量发展的过程中获得临空产教融合的动力支撑，都是本人思考的问题。

在长期的研究和实践过程中，河南省航空学会、河南省航空业协会、航空经济发展河南省协同创新中心、中国城市临空经济研究中心、九三学社河南省委经济专门委员会、郑州航院（钱学森）航空航天创新研究院、空天报国与红色河南研究会、郑州航院课程思政教学研究特色化示范中心"空天报国精神与红色豫西研究中心"、信阳航空职业学院"红色航空研究中心"等单位和组织都给予了本人大力支持。信阳航空职业学院、河南省航空职业教育集团也给予了本人观察、设计并推动校企合作、产教融合的实践机会。

本人深感中国的职业教育提升道阻且长，更深感中国多地临空经济发展同质化严重、航空枢纽经济地方特色化之不易。而植于内心的亲商意识、智能化"一站式"办理的营商环境机制，将成为航空枢纽经济持续发展的重要推动力量。未来，本人及团队还需要不断探索、奋力精进，为本地区和我国经济的高质量发展贡献绵薄之力。

本书仍有较大的改进空间，敬请广大读者予以谅解并指正。

再次感谢在研究过程中给予本人和团队帮助的各界人士。

图书在版编目（CIP）数据

航空枢纽经济产教支撑研究 / 张志宏著． —— 北京：
社会科学文献出版社，2023.5
（航空技术与经济丛书．智库报告）
ISBN 978 - 7 - 5228 - 1785 - 9

Ⅰ. ①航… Ⅱ. ①张… Ⅲ. ①航空运输 - 运输经济 -
经济发展 - 研究 - 中国②航空运输 - 运输经济 - 产学合作
- 人才培养 - 研究 - 中国 Ⅳ. ①F562.3

中国国家版本馆 CIP 数据核字（2023）第 079764 号

航空技术与经济丛书·智库报告
航空枢纽经济产教支撑研究

著　　者 / 张志宏

出 版 人 / 王利民
组稿编辑 / 陈凤玲
责任编辑 / 李真巧
文稿编辑 / 王　敏
责任印制 / 王京美

出　　版 / 社会科学文献出版社·经济与管理分社 （010）59367226
　　　　　 地址：北京市北三环中路甲 29 号院华龙大厦　邮编：100029
　　　　　 网址：www. ssap. com. cn
发　　行 / 社会科学文献出版社 （010）59367028
印　　装 / 唐山玺诚印务有限公司

规　　格 / 开　本：787mm × 1092mm　1/16
　　　　　 印　张：19.5　字　数：287 千字
版　　次 / 2023 年 5 月第 1 版　2023 年 5 月第 1 次印刷
书　　号 / ISBN 978 - 7 - 5228 - 1785 - 9
定　　价 / 99.00 元

读者服务电话：4008918866